营销的力量

——数字经济时代医药企业营销能力提升研究

刘欢 著

湘潭大学出版社
XIANGTAN UNIVERSITY PRESS

序

近年来，产业数字化已逐步成为数字经济发展的主引擎，数字化营销亦成为企业营销的主要模式和重要手段。数字经济是继农业经济、工业经济之后的新经济形态，在新一代信息技术的推动下，数字经济的发展速度、辐射范围以及影响程度都达到了前所未有的高度。正是在要素资源重组、经济结构重塑、经济竞争格局不断加剧的数字经济浪潮中，数字化营销的理论与实践正呈现澎湃之势，也逐渐成为推动医药企业管理能力提升的巨大力量。

医药行业乃国民经济社会的重要组成部分。一方面，人民群众日益增长的物质文化需求不断提高，“看病难”“看病贵”“高价药”现象亟待解决，而另一方面，广大药企也迫切希望物畅其流，将优质高效、价格适宜的药品方便快捷地送到广大患者手中。但理想与现实总有些差距，既有机制体制的原因，也有企业管理理念、营销模式滞后的问题，加之受疫情的影响，传统营销手段乏力，数字化转型升级已成为药企亟待解决的重要课题。

制度方面，行业改革的推动倒逼药企降低成本，营销成本首当其冲。最大限度降低成本的数字化营销，已经成为药企在行业洗牌中占据优势地位的战略布局工具。同时，带量采购、“两票制”、医保谈判等政策的实施落地，促使药企必须寻找高效、精准、合规、低成本的营销方式。以患者为中心，提升医药企业数字化营销能力，是药企在日益激烈的市场竞争中脱颖而出的首选良方。

基于数字经济时代医药企业营销能力提升的重要考量，刘欢博士以其对数字经济和医药企业营销能力提升的悉心观察和深度思考，结合自己在医药企业营销领域多年来丰富的实践积累，撰写了《营销的力量——数字经济时代医药企业营销能力提升研究》一书。全书通过聚焦数字经济时代医药生产企业的营销能力提升，从理论和实践层面上进行了系统探索和实践总结。一是对医药生产企业的营销能力特别是其特征和核心竞争力进行了深度解构和慎密分析，对营销能力的概念进行纵深拓展，从动态化视角将营销能力的“触角”进行纵向延伸和全过程剖析；二是结合数字经济时代要求，医药生产企业营销能力重建评价指标体系，选取三阶段 DEA 模型对医药生产企业营销能力进行评价，为医药企业营销能力评价提供了可靠的测度工具；三是针对数字经济的时代特征、医药企业面临的机遇与挑战，在充分的理论研究和实证分析基础上，为医药生产企业提供了一套系统科学的营销能力提升方案，并结合国内外医药企业的探索实践进行了“解剖麻雀”式的分析总结。

显然，医药企业具有自身的行业特征，为生存发展大计，企业除了加强研发力度，生产好的产品外，营销的创新对企业尤为重要，必须结合时代发展要求进行营销能力的提升，从而赢得市场、赢得客户。对于医药企业而言，生产和研发往往是人们关注的重点，而名优品牌的打造、营销模式的创新、营销团队的建设、营销能力的提升，却往往被人们所忽略。营销的力量是巨大的，而作者恰恰是关注到这点。本书以管理者、参与者的视角，从营销能力提升的角度剖析了医药企业的发展历史、发展环境、发展前景，将营销理论、企业管理理论与企业营销无缝对接，切中了医药企业当前创新发展的要害。

本书以缜密的视角，对医药生产企业的发展历程、发展前景、行业特征进行了理论梳爬，对药企营销能力提升在数字经济时代所要面临的机遇与挑战，有一个比较理性、公正、客观的分析和判断，从历史视角、创新视角、问题视角对医药生产企业营销纵向梳理、横向解构，既有理论思考，又有实证分析，既有历史把握，又有现实考量，较为全面系统地提出了医药生产企业在数字经济时代提升营销能力的途径和方法。

本书紧扣数字经济这一时代背景，深入研究医药企业营销能力提升这一重大的实际问题，选题和视角新颖。作者将数字经济与企业营销能力提升结合阐述，有综有述，边叙边议，具有很强的借鉴性和指导性。专著不乏有很多思想和见解，精准契合了企业的现实需求，其中的探索与实践，不难看出作者的感悟与匠心。在医药企业营销能力提升的探索与实践中，我们期待刘欢博士又有新的力作问世。

是为序。

洪开荣

2022 年 6 月 8 日于长沙

（作者系中南大学商学院教授、博士生导师）

目　录

第一章　绪　论

随着我国国民经济的持续快速发展，居民生活水平不断提高，人口老龄化趋势加剧疾，病类目逐年增加，与此相矛盾的是人们对美好生活的向往带来的对身体健康的追求和医疗保健的刚需，医药行业的发展不断受到来自公众层面和政府领域的关注。

第一节　研究背景

医药行业的快速发展和数字经济的呼啸而来是本书的研究背景，在这一行业和时代背景下，聚焦研究医药生产企业营销能力存在的主要问题和难题尤为重要。

一、医药行业快速发展

（一）医药行业前景广阔

医药行业是按国际标准划分的国际化产业之一，本世纪最具发展前景的朝阳产业，被称为“永不衰落的行业”。在生态环境日益恶化的今天，医药行业是与人类生命健康和疾病防治息息相关的行业，发展十分迅速。医药行业的健康发展程度与人类生活质量具有正相关关系，是一个发展体量十分庞大而且极具发展潜力和良好发展前景的产业；医药行业作为我国国民经济的主要支柱产业之一，是少有的既结合了传统产业和现代产业，又将一、二、三产业融合贯穿为一体的产业。综上可见，医药行业具有广泛的市场基础、良好的发展前景和无穷的发展动力。

（二）医药行业在我国国民经济中占比日益提高

从 2011 年以来的我国医药工业销售收入数据可以看出，医药工业的发展十分迅速，从 2011 年的 15 126 亿元增长到了 2018 年的 37 031 亿元，且都保持在 9%以上的增速。如图 1-1，医药工业的增长速度超过我国经济增长速度，增速最大时达到国内生产总值增速的两倍之多。“十二五”期间对医药行业的发展而言是一个较为明显的分水岭，随着我国政府主导下的由相关医疗主管部门对医疗体制改革的实施和药品监管的加强，相较于“十一五”期间，“十二五”期间医药工业销售收入的增长速度略有放缓，较为明显的是 2013 和 2014 两年，医药工业销售收入增速分别下滑到 18.42%和 13.23%，在这之后的 2015 年更是明显下滑到了 9.46%。虽然 2016 至 2018 年这三年略微有所回升，但也仅分别达到 10.34%、12.20%与 12.02%。到 2019 年，我国医药工业销售收入增速相较于上一年继续保持下滑趋势，但相较前两年显得较为稳定，仍然保持到了 10.27%的水平，与同期经济发展速度相比，属于较为稳定的高速增长。近几年来，在宏观经济复苏、医疗体制日渐完善、新冠肺炎疫情等多重因素叠加的影响下，医药行业的需求展现出了较高的韧性，在当前和未来一段时间，医药产业有望迎来新一波增长潮，继续恢复并保持较高水准的发展质量和较快的发展速度，这也同时意味着我国医药行业的销售收入将会进一步实现高速增长。

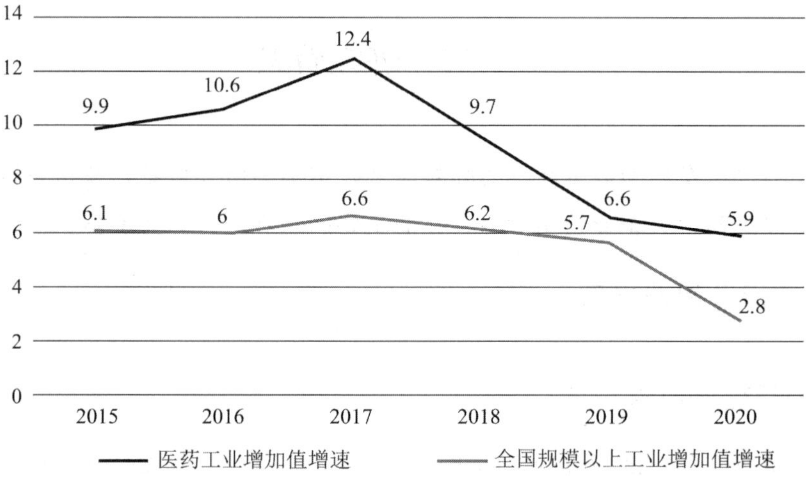

图 1-1　医药工业增加值增速

（数据来源：国家药监局统计数据）

同时，与较高速度的经济发展相匹配的是，我国卫生总费用也保持了较快的发展水平，从 2015 年到 2020 年，卫生总费用实现了从 40 583 亿元到 72 306 亿元的快速发展，明显高于我国 GDP 的同期增长速度。此外更加值得注意的是，这段时间卫生总费用占 GDP 的比重也不断提高，从 2015 年到 2020 年，卫生总费用 GDP 占比从 5.89%增长到了 7.12%，如图 1-2。可以预见的是，在未来我国的国民经济中，医疗卫生支出的重要性将得到进一步提升，医药行业的市场将会进一步扩大，而其在国民经济中的地位和价值都将有所提升。

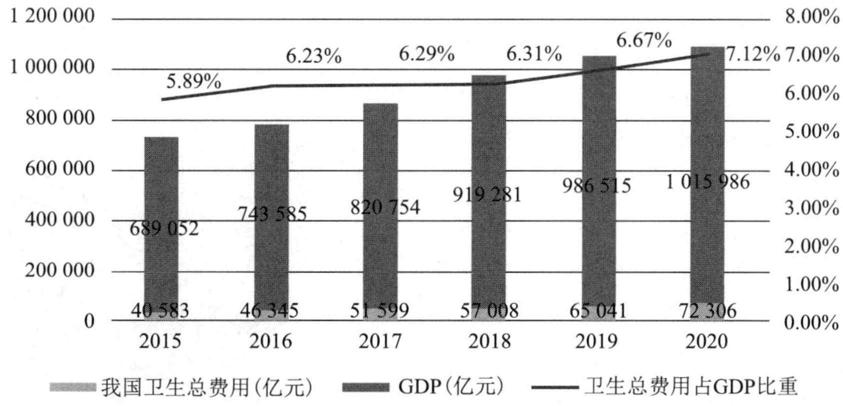

图 1-2 我国卫生总费用增长情况

（数据来源：《2020 年我国卫生健康事业发展统计公报》）

（三）医药行业呈现出较强弱周期行业特征

作为我国国民经济重要组成部分的医药行业，与我国居民的身心健康密切相关，在较强的刚性需求影响下，医药行业呈现出较强的弱周期行业特征。国家大力鼓励行业发展，不断出台医药产业政策与配套措施，逐步推动医药行业高质量发展。其中，国家带量采购政策是近年来的重磅医药政策，该政策通过“以价换量”的原则，倒逼医药产业朝着创新方向升级。根据国家统计局数据显示，2020 年医药制造业规模以上企业实现营业收入 2.49 万亿元，同比增长 4.50%；利润总额 3 506.70 亿元，同比增长 12.80%。2021 年 1—6 月份医药制造业规模以上企业实现营业收入 14 046.9 亿元，同比增长接近 30%；实现利润总额 3 000 多亿元，相较 2020 年同期同比增长达到了 88.8%的高水准。

在中医药产业层面，中医药在 2020 年以来的抗击新冠肺炎疫情的斗争中彰显出了较为明显的特色优势，对打赢疫情防控阻击战发挥了重要作用，社会各界对中医药的认识也日趋科学理性，进一步凝聚起了深化中医药行业改革发展的高度共识。2021 年 2 月 9 日，国务院出台《关于加快中医药特色发展的若干政策措施》；4 月 20 日，国家卫健委、国家中医药局印发《推进妇幼健康领域中医药工作实施方案（2021—2025 年）》；6 月 30 日，国家卫生健康委、国家中医药局、中央军委后勤保障部卫生局联合发布《关于进一步加强综合医院中医药工作推动中西医协同发展的意见》。在这一系列扶持激励和加强规范政策的相继落地影响下，中医药行业将迎来全新的发展前景，进入新的历史发展阶段，中医药企业转型步伐有望加快，并在中医药领域内开辟多种转型路径。在接下来一段时期，同时具备产品服务和品牌溢价优势、符合消费升级属性和消费者消费需求且具有明确临床医用价值的品牌中药产品的中医药企业，或将有望在新的行业格局中把握竞争的主动权。根据全国第七次人口普查数据显示，2020 年全国人口 14.12 亿人，与 2010 年（第六次人口普查）的 13.40 亿人相比，增长了 5.4%。在人口结构方面，60 岁以上、65 岁以上人口占比分别为 18.7%和 13.5%，如图 1-3，与 2010 年相比，60 岁以上人口占比提升 5.4 个百分点，我国人口老龄化程度进一步加深。根据国家卫健委数据，60 岁以上老年人慢性病患病率是全部人口患病率的 3.2 倍，人口老龄化程度加深，带来慢性病中成药治疗领域的巨大医疗健康需求。中医药是我国重要的卫生资源、优秀的文化资源、有潜力的经济资源、具有原创优势的科技资源。同时随着我国社会经济高速发展，城乡人民生活水平不断提高，人们医疗保健意识日益增强，加之人口老龄化加剧，众多扶持中医药利好政策的不断推出，势必加速推动中医药行业未来良好发展。

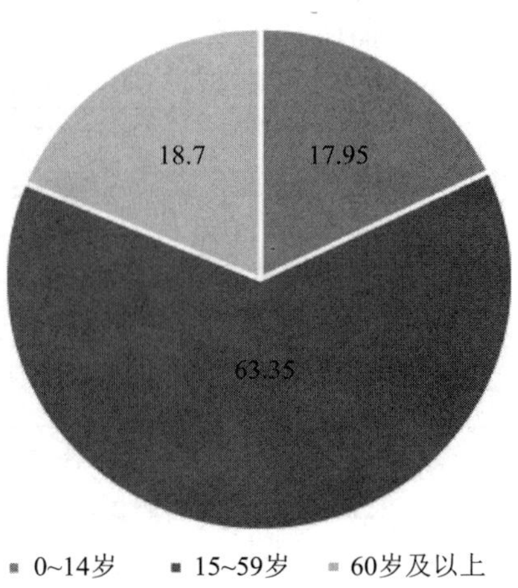

图 1-3　我国人口年龄结构

（数据来源：《第七次全国人口普查公报》）

生物医药产业方面，中国生物医药产业从 20 世纪 80 年代开始发展，随着三元基因等国内第一批生物制药企业的成立和发展，经过几十年的发展积累，已经逐步形成了长三角、珠三角和京津冀地区三个综合性生物产业基地，到“十三五”，国家已将生物医药行业作为国民经济的支柱产业大力发展，行业市场规模呈逐年快速增长趋势。2018 年，我国生物医药行业市场规模达 2 622 亿元，2019 年市场规模突破 3 700 亿元。中商产业研究院发布的《2020 年中国生物医药产业园发展前景及投资研究报告》数据显示，2020 年，我国生物医药行业市场规模将近 4 000 亿元。2021 年，深化医改工作任务发布，《医疗保障法》的出台，使我国医保法治建设取得长足进步；门诊共济保障机制的建立以及医保基金监管条例的发布，确保了医保基金安全高效、合理使用，也提高了基金使用效率；DRG 和 DIP 试点工作是 2021 年支付方式改革的重点，30 个 DRG 试点城市和 71 个 DIP 试点城市将全部进入实际付费阶段；医保目录动态调整、医保谈判常态化，各省医保增补品种的消化工作按计划进行，“双通道”加速国谈药品落地；门诊费用跨省直接结算进度加快；医保编码等医保信息化稳步推进。医疗方面，重点集中在合理用药、分级诊疗、医疗服务等领域。医药方面，一致性评价等药品监管措施落地。

二、医药行业多重因素推动快速增长的需求

（一）国家对医药行业的政策支持持续加强

1. “两票制”

“两票制”的实施对医药行业生产经营的影响主要体现在市场推广方式上。“两票制”实施前，行业的销售推广及终端服务主要由各地区经销商负责；“两票制”实施后，经销商主要承担配送职能（即配送经销商），推广职能及终端服务将由各地专业的推广服务机构和公司办事处提供。同时，“两票制”下经销商责任和角色的转变也要求医药生产企业

兼顾统筹自身的销售队伍，制定合规的销售推广制度，对企业自有销售团队、推广机构人员、医院和患者进行培训和教育，与推广机构相互配合进行市场推广及服务。由于“两票制”对医药生产企业和流通企业之间的发票开具限制，即只允许医药生产企业到流通企业或流通企业到医疗机构均只开一次发票，那些覆盖范围小、配送能力较差的经销商将不符合“两票制”下生产企业的销售需求。随着“两票制”在全国范围内的实施，公司的直接客户将以配送经销商为主，并持续加强与国内大型配送经销商的合作，提高配送集中度，利用大型配送经销商扩大覆盖范围，保障产品正常、稳定的销售。

2. 准入条件与销售模式

我国医药行业属特许经营行业，其经营模式的特殊性体现在准入条件和销售模式上。国家药监局等国家医药主管部门对我国医药行业的各个运行环节均都有着非常严格的管制措施。《药品生产许可证》对药品生产企业来说是行业准入条件之一，药品生产企业所生产的医药产品也必须具有药品注册批文，从事药品流通经营的企业还需要通过 GSP 认证。药品销售模式存在处方药销售模式和非处方药销售模式的区别、学术推广模式和经销模式的区别。

3. 国家对生物制药行业的政策支持逐渐加大

医药行业鼓励创新发展，到 2030 年，中国将由制药大国跨入制药强国行列。国务院 2015 年发布的《中国制造 2025》中就明确指出，要重点面向重大疾病开发化学药、中药、生物技术药物等新产品，重点开发具有临床优势的产品，例如新靶点化学药物、抗体药物、抗体耦联药物、全新结构蛋白和多肽药物、新型疫苗及创新中药等。在国务院 2016 年、2017 年发布的《“十二五”生物技术创新专项规划》和《“十二五”卫生与健康科技创新专项规划》中也明确提道：“紧紧围绕民生健康和新兴产业培育的战略需求，突出创新药物、医疗器械等重大产品研制和精准化、个体化、可替代或可再生为代表的未来医学发展，重点突破新型疫苗、抗体制备、免疫治疗等关键技术，抢占生物医药产业战略制高点，力争到 2020 年实现我国生物医药整体由‘跟跑’到‘并跑’、部分领域‘领跑’的转变。”

4. 医疗保障体系逐步完善

2009 年以来，我国政府推出的新医改方案，注重于逐步扩大医疗保险覆盖范围并提高医疗保险的报销比例，提升中国的整体医疗负担能力、供应能力和药品品质。“十三五”期间，我国在居民医疗保障体系建设上持续发力，在建设完善城乡居民医疗保障体系的同时继续扩大基本医疗保险的覆盖面。在医疗保障体系的日趋完善、基本药物目录和医保目录的推行、基层医疗卫生体系不断健全等多重积极因素的影响下，相当大一部分中低收入人群的药品购买和使用需求将得到进一步释放，广阔的基层社区和农村医药市场展现出了新的活力，这会使整个医药市场的规模进一步扩大。这一系列积极的宏微观因素为那些有能力进行科技创新、产品质量有保障的优秀制药企业提供了广阔的市场和可贵的发展契机。

5. 儿童用药获得优先重视

《关于保障儿童用药的若干意见》明确要求：一是在新药评审方面，通过建立申报审评专门通道、建立鼓励研发创新机制和鼓励开展儿童用药临床实验，加快儿童用药的申报审评，促进研发创新；二是要发挥定价机制的作用，对儿童用药在价格上给予一定政策扶持，可以将儿童专用剂型单列代表品，不随着成人药品的价格波动而变化；三是在生产供给方面要优先将产品研发升级、生产线技术改造、质量管理体系的建设与完善摆在儿童用药生产企业的战略重心位置。随着“三胎政策”被提上日程，儿童数量将持续上升。国家药监局药品审评中心“儿童用药专栏”正式开通，该栏目的开通有利于我国在儿童用药方面的研发与临床应用。近年来，为破解儿童用药短缺等相关问题，国家药监局出台了一系列鼓励儿童用药申报及优先审评审批的政策措施，从鼓励研发、加快申报审评、确保生产供应等多个环节对保障儿童用药提出了具体要求。

2021 年上半年，关于儿童用药方面，国家发布以下政策：1 月 25 日，国家药监局发布关于适用《S5（R3）：人用药物生殖与发育毒性检测》和《S11：支持儿科药物开发的非临床安全性评价》国际人用药品注册技术协调会指导原则的公告。4 月 26 日，国家药监局发布《关于公开征求第二批已上市药品说明书增加儿童用药信息修订意见的通知》。5 月 14 日，国家药监局发布《关于公开征求〈化学药品和治疗用生物制品说明书中儿童用药相关信息撰写的技术指导原则（征求意见稿）〉意见的通知》。目前，我国有关儿童用药的政策大多是国家层面发布，各省按要求实施，但也有部分省份已经出台了相关细化政策，如上海、北京等地。近年，我国对于儿童疾病诊疗以及儿童用药都给予了较大的关注和支持，致力于推动儿童医疗卫生服务领域改革与创新。儿童用药方面，我国实施了优先审评审批、真实世界证据支持、优先医保准入等鼓励政策，以促使药企加大对儿童用药领域的投入，为儿童诊疗日益规范提供支持。

6. 国家对创新药的鼓励与支持

为鼓励药物原始创新，在临床试验阶段的变革是力度最大的领域之一。临床试验机构由资格认定改成备案制，扩大了临床试验资源。初始临床试验原来是审批制，耗时长、效率低，现在，新药临床试验已经改成 60 天默示许可制，药品审评机构没有给出否定意见，临床试验即可开展。国家为了支持创新研发企业，延续执行企业研发费用加计扣除政策，加大加计扣除比例，自 2021 年 1 月 1 日起，制造业企业开展研发活动中实际发生的研发费用可实现全额加计扣除，通过这样的税收政策形成的优惠机制激励创新研发企业进一步加大研发投入，实现“以创新促发展”的良性发展目标；在新型疗法监管方面，药品审评审批的效率肯定会越来越高。我国药物研发政策调整非常之多，特别是创新药的政策出台，审评时限缩短，审评环节减少，审评理念更符合创新药的研发规律。2021 年 7 月 2 日，国家药品监督管理局药品审评中心发布《以临床价值为导向的肿瘤药物临床研发指导原则》指出，研发立题和临床试验设计的确定应以临床需求为导向，最大限度地保障患者利益。《以临床价值为导向的肿瘤药物临床研发指导原则》指出，临床试验设计应遵循以下原则：在药物临床试验的过程中应尽可能为受试者提供最佳的临床实践治疗方式和药物，而不是选择安全性和有效性不确定的治疗方法，以达到提高临床试验的成功率和试验效率的目的。这一原则将会改变制药产业链生态环境，促进行业繁荣。国内创新药企业整体素质将显著升级，对技术和资本的要求也将越来越高，这对于创新型企业而言具有立足长远的重要意义。

（二）其他有利和不利多重叠加因素对医药行业的推动

医药行业在目前高速发展的状况下，也面临着一些有利和不利多重叠加因素的影响。

1．人口老龄化趋势日益明显

从国家统计局的统计数据我们可以得知，第七次人口普查我国60和65周岁及以上的老年人口分别达到了2.64亿和1.9亿，分别占到了我国总人口的18.7％和13.5％。由于存在抵抗力较弱、身体素质降低等群体特征，老年人群体是流感等传染性疾病，心血管病、糖尿病、恶性肿瘤、消化系统等疾病的高发群体，其健康状况愈来愈成为社会关注的焦点，随着社会高龄化速度逐渐加快，对老年人疾病用药及医疗保健需求将进一步提高。

2．居民医疗支付能力逐步提高

随着国家经济的发展，我国居民人均可以支配收入不断增加。国家统计局的数据显示，2019年全国居民可支配收入为30 733元，同比增长8.9％；药品消费作为我国居民消费结构中的重要组成部分，其增长率与人们的日常生活息息相关。从2009年到2019年，我国人均卫生费用从1 314.30元增长到4 237.00元，年复合增长率达12.42％。随着我国居民医疗卫生支付能力的提高，居民的药品消费能力也有望进一步提升。

3．国家制度和政策红利逐步展现

从2009年4月国务院发布《关于深化医药卫生体制改革的意见》开始，各主管部门就陆续出台政策、规划和措施，不断完善覆盖城乡居民的基本医疗保健制度，建立新型农村合作医疗制度，逐步为广大城乡居民提供疾病防控、妇幼保健、健康教育等基本医疗健康服务，以达到提高全民健康水平的目的。在民族医药方面，各责任主体从产业发展规划、药品流通质量管理、基层医疗市场建设等方面入手，对医药卫生体制改革进行了一系列部署。这些改革措施和战略布局，使得我国民族医药行业的整体素质和经营管理水平有了很大的提高，行业内部的竞争生态也逐渐趋于健康，实现了医药制造业的长期可持续发展。随着医改的不断深入，政府逐步加大了对医疗卫生事业的投入力度，将基本医疗服务保障体系的受益范围进一步扩大。这些举措进一步扩大了药品的市场需求与规模，也为研发能力突出、质量控制有效的医药制造企业的快速发展提供了契机。

4．行业创新研发仍面临较大压力

我国是化学药品生产大国，但并不是化学药品强国。在“大而不强”的尴尬境地下，目前我国化学药市场以仿制药为主，创新药品的市场规模相对而言较小，与欧美大型药企的研发投入相比，我国大多数医药企业的研发投入和收入占比并不高，科研成果转化率较低。由于医药制造行业的研发存在对人才专业化水平要求高、产品研发周期长、研发投入大、产量不确定等原因，大多数中小型制药企业难以承担。受短期经济利益的驱使，多数制药企业对仿制药大多停留在简单的复制工艺上，而不愿进一步对仿制药生产工艺进行深入研究和在仿制药基础上的新药开发工作，导致国内市场上产品同质化严重，缺乏真正的核心产品。从长远角度来看，这对我国医药产业持续快速健康发展有一定的消极影响。

5. 医药企业面临的环保成本明显上升

随着新时代党和国家将生态文明建设提升到全新的战略高度，我国对环境保护的重视程度日益提升，有关部门加强了对化学药品原料生产等重污染行业的环保核查。2015新修订的《中华人民共和国环境保护法》正式施行，该法采取了“按日计罚”等更为严格的处罚方式，大幅强化了对违法排污的处罚力度，并从责任主体建设的角度强化了地方政府的环保责任，提高了地方政府和排污企业对环境保护的积极性。2015年5月，国家环保总局发布了《化学原料药污染防治条例（征求意见稿）》，该条例的颁布实施将有利于促进我国化学原料药生产企业的绿色化发展。虽然短期来看这些环保法规政策的实施会增加制药企业的生产成本和环保压力，但辩证地来看，这些法规政策将从长远的角度促进化工企业与医药企业的整合升级，并进一步改善生态环境。

综上，中国医药行业目前发展状况良好。伴随着经济发展以及居民消费能力提高、来自政府的医药政策支持以及老龄化社会加剧这一社会现状所带来的市场需求增长等，多重因素叠加推动医药行业的下一步快速增长。与此同时，不能被忽视的是医药行业本身存在着长期研发压力大和短期生产成本提高等不利条件，这些不利条件在一定程度上可能会对医药行业的发展速度和发展质量产生一定的不良影响。

三、医药企业营销能力亟待提升

自20世纪80年代中期医药行业开始改革发展后，医药行业随着国民经济社会快速发展，到2020年已经达到了2.45万亿的规模，医药生产企业也乘着改革开放的春风，艰苦奋斗、开拓创新，在生产规模、生产能力和生产质量上都取得了巨大进步，为经济社会发展、人民健康事业做出了巨大贡献。医药生产企业的发展及时代的变换必然要求销售模式的转变和营销能力的提升。

在改革开放初期，我国医药行业也开始从计划模式转入市场模式，大量合资企业进入到医药行业，大昉、史克、史瑞宝、杨森、辉瑞等公司纷纷进入中国市场，它们的加入不仅带来国外先进的医药生产技术，也带来了先进医药企业管理经验特别是营销模式，“医药代表”逐渐为人所熟悉和欢迎。

20世纪90年代，随着合资企业和国外资本的不断涌入，国内药企在先进技术和管理推动下也开始发展壮大，医药行业的竞争变得激烈，催生了OTC概念，零售与医药代表的分工日益明确，企业的营销方法、营销能力快速改进提升，但是也出现了一些医药生产和营销乱象。

进入 21 世纪后，国家开始花大力气整顿医药行业乱象，着力解决“看病难、看病贵”的问题，出台了《国家药品监督管理法》，建立医疗社会保险体系，实行大病统筹，专项整治医药购销贿赂，整顿和规范药品研制、生产、流通、使用秩序。特别是这一时段中国加入 WTO，医药企业经历了真正意义上的国际挑战，在全球化中淬炼成长。

数字经济时代加速到来，国家“十四五”规划明确提出到 2025 年数字经济核心产业增加值要占到 GDP 的 10%，一系列数字化转型、数字化变革正深刻地影响着各行各业的生存发展。医药行业作为战略性新兴产业与时代发展同频共振、发展迅速，2020 年国内医药制造业规模以上工业企业主营业务收入同比增长 4.51%，利润总额同比增长 12.81%，中国医药市场已经成为仅次于美国的全球第二大医药市场，在数字经济时代，医药企业发展所面临的供求关系、市场规模与结构、消费方式与水平、信息传播与分析、营销模式与方法等多种因素都发生着巨大变化。如何深入把握时代特征和行业发展趋势，提升医药生产企业在数字经济新时代、新条件、新机遇、新挑战下的营销能力，促进医药生产企业主动拥抱数字经济时代，推动企业自身朝着数字化的方向进行转型升级和创新发展，是每一家医药生产企业在发展的同时必须思考和解决的问题。

四、数字经济呼啸而来

(一) 数字经济快速发展

伴随互联网兴起的云计算、大数据、移动互联网、人工智能、物联网等新兴科技在产业中的运用，人类面临着一个已经到来并将持续深入发展的全新产业时代，即世界经济特别是几大主要经济体正大踏步跨入以互联网为基础、以各种新兴数字工具为象征的数字经济时代。从全球范围来看，数字经济已进入并渗透到人类生产生活、经济活动、社会形态的方方面面，影响着人类生活的方方面面。在此背景下，世界上包括中美两国在内的主要经济体都不约而同地将发展数字经济和运用数字工具作为提升自身经济竞争力、促进经济快速增长和社会发展的重要战略。2021 年 8 月，在北京开幕的“2021 全球数字经济大会”上，中国信息通信研究院发布了《全球数字经济白皮书》，白皮书显示，截至 2020 年，世界上 47 个主要国家和地区的数字经济增加值规模已经超过 30 万亿美元，相较 2019 年实现了同比名义增长率 3.0%以上，占国内生产总值的比重达到了 40%以上，数字经济的主要引擎——产业数字化所带来的数字经济规模已经占到了整个数字经济比重的 80%以上。2020 年，我国数字经济规模达到了 39.2 万亿元，仅次于美国，位居世界第二位，相较 2019 年同比增长接近十分之一，增速位列世界第一，如图 1-4。2021 年，“数字经济”作为未来中国推动经济增长的重要手段被明确载入“十四五”规划，数字经济一词也乘着“十四五”规划的东风被各地方政府重视，成为多地发展规划中的关键词。数字经济乘风而来、势不可挡!

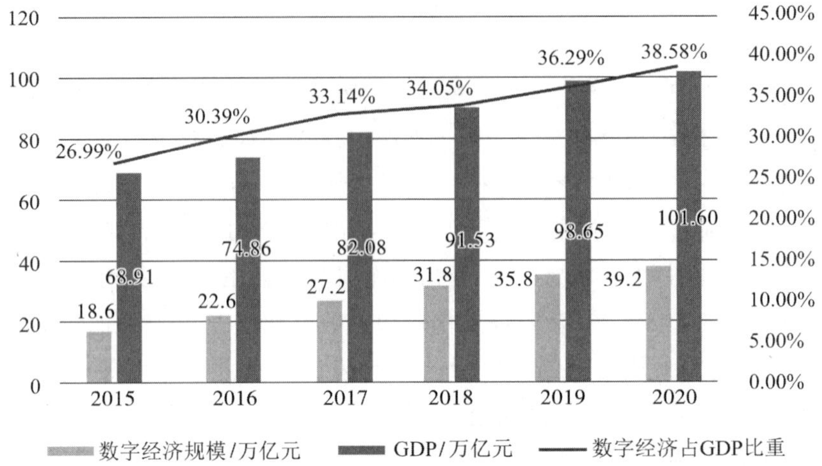

图 1-4　2015—2020 年我国数字经济规模

（数据来源：《中国互联网络发展状况统计报告》）

（二）数字经济的内涵与逻辑

数字经济这一概念首先在经济学领域被提出。定义上的数字经济是指人类通过大数据（数字化的知识与信息）的识别—选择—过滤—存储—使用，引导和实现资源的快速优化、配置与再生、实现经济高质量发展的经济形态。随着数字经济不断发展，社会各界对数字经济的理解也更加全面。目前，在很多领域“数字经济”都成为一个耳熟能详的关键词，已经发展衍生成为一个具有十分宽泛内涵的概念，且数字经济的外延和内涵还在随着经济社会的发展处于不断丰富当中。在目前人类认知水平的角度来说，数字经济的范畴就是指：通过或直接或间接地利用数据来引导资源实现合理配置，最终达到推动生产力进一步发展的经济形态。在技术层面，数字经济主要囊括了包括物联网、大数据、区块链、云计算、AI、5G 等新兴技术在内的相关经济形态。在应用层面，“新零售”“新制造”“虚拟现实”“工业 4.0”等都是其典型代表。

正如马克思在《资本论》中所言：各种经济时代的区别，不在于生产什么，而在于怎样生产，用什么劳动资料生产。如果说手推磨产生的是以封建主义为首的社会，蒸汽磨产生的是以工业资本家为首的社会，那么从马克思主义政治经济学的角度理解，在高速发展、高度发达的数字技术支撑下产生的必然是以数字企业家为首的社会。数字技术的广泛应用，增强了用户在市场中的地位和作用，用户价值主导成为企业创造与供给价值的核心理念。在数字经济下，信息的表现形式从原子转变为比特，数据驱动对企业的数字化赋能彰显了智力资本价值，加剧了替代式竞争，重构了传统的商业逻辑，推动着企业目标、治理结构以及内部管理的系统性转变。

数字经济时代最根本的逻辑是人工智能、区块链、云计算和大数据等底层数字技术的应用，而这些技术能够加剧企业间对价值供给的竞争。企业作为市场的主体，其生存和发展必然面临着市场竞争的根本问题。竞争使企业最容易从环境中获利，而这些企业往往最容易受益于无处不在的移动互联网和第五代移动通信技术（5G）商业的扩张，这使“比特”成为信息传递的主要工具，推动人类社会从物质化信息时代向数字化信息时代迈进。数字技术的应用实现了用户在生产过程中的深度参与，实现企业价值必须建立在满足客户需求的基础上。因为使用价值是用户价值的核心，所以企业间的竞争主要集中在产品的使用价值的供给上。在此背景下，企业的价值创造和实现路径都将发生变化，企业的战略决策也随之发生重构。与此同时，以数字技术为基础的数字化连接打破了企业内部和外部的组织边界，创造了跨界经营的机会，迫使企业面临颠覆式创新和来自不同行业的替代式竞争。

我国数字经济按发展程度来说可以被划分为三个阶段：从 1995 年到 2003 年是数字经济的起步阶段，又被称为“网站为王”阶段。在这一阶段，数字经济的体量还相当之小，网站、台式机、搜索引擎等关键技术在这一阶段发挥了关键作用，这一阶段主要的商业活动就是利用互联网互联互通的根本特性来为客户针对性地提供其所需的基础性产品或者信息服务，降低用户信息搜寻的成本以满足广大早期互联网用户的一些较为低水平的需求。2004 到 2014 这十年是我国互联网飞速发展的时代，是“服务制胜”时期。这一时期，互联网服务商开始注重通过为用户提供定制化、差异化的多样性服务，从而提升服务的水平和质量，达到有效增加客户黏性的目的而进一步拓展企业盈利空间。2015 年后，互联网市场上出现了一场“流量巅峰赛”，这场竞赛主要是基于移动智能手机、移动互联网、高速 5G 网络、移动端 App 等新技术成果，市场竞争的焦点落在了用户视角，即对用户注意力的争夺，谁的用户关注度高，谁就能进一步吸引用户的注意力并通过各种流量变现方式实现创收。在这种情况下，传统互联网公司纷纷转向了内容营销，以内容为核心，以打造“热点 IP”为手段，通过内容吸引用户、提高客户黏性。在新经济时代下，互联网本质上也是一种流量生意，吸引消费者的关键是内容，这就导致互联网公司将自身在整个互联网上的内容建设作为重中之重。

（三）数字经济的主要特征

数字经济被称为第四次工业革命的“钥匙”，它作为一种完全不同于传统经济的经济形态，展现出了以下六个方面的特征：

一是在数字经济中，数据资源被明确为一种极其重要的生产要素。信息的数字化形式表达、传输和存储使得数据资源的开发与应用成为数字经济发展的核心。在数字经济时代，数据已经变成一种“数字财富”，它囊括了传统意义上的生产要素的一些突出特征，并且在数字经济时代成为一种更加重要的生产要素，为数字经济活动的开展提供了关键资源，同时也是数字经济最宝贵的新型资源。在微观层面而言，企业的核心实力已经明确指向了数据资源。企业竞争力是引领产品和服务创新的能力，而企业创新的核心是充分合理地挖掘和利用用户、环境等各类数据资源。作为一种重要的战略资产，在宏观层面，数据也展现出了让人不容小觑的巨大潜力和关键作用。数据资源在数字经济时代中不仅可以被称为“石油”和“货币”这样的基础性资源和工具，更进一步来说，数据资源已经可以被誉为“陆权、海权和航空权外的另一项重要权利”，成为整个数字经济时代当之无愧的财富源泉。

二是数字经济的核心基础设施是“云＋网＋端”三者相结合。“云”是基础设施，是基于网络的数据中心、软件中心和服务中心，“网”是通过网络连接的计算资源。数字经济活动中所有的基础设施都是在围绕着“云＋网＋端”这一框架进行运行。其中，“云”就是云计算，它不仅仅表示计算算法，也对计算能力有一定的要求。云计算具有资源共享化程度高、可扩展性强、可用性和容错率高、部署快速便捷化、高度集约化、按需付费等特征和优势，为数字经济活动中的用户提供了更加高效便捷且廉价的网络计算资源和计算能力。“网”有两方面的意义，一方面是指不断提高网络的带宽和速度，增加其可承载能力；另一方面则是指在数字经济形态下“网”不仅覆盖了原有的互联网，还利用各种终端传感器将“网”的广度延伸到了物联网领域。“端”在“云＋网＋端”结构中，既是数据采集者，又是服务接入者，“端”具体表现为包括移动互联网设备、可穿戴设备、VR设备、各类信息传感器、PC和App应用窗口等在内的可以直接与用户接触和互动的终端体验，主要面向用户的主观体验。在这样一个模式下，通过对传统实体基础设施的数字化改造，实现“云＋网＋端”的数字化基础设施从“砖和水泥”到“光和芯片”的转变，推动工业经济迈向数字经济。

三是平台经济已成为数字经济最主要的商业模式。平台经济所具有的生态协作、普惠包容、开放共享等特点使数字经济下的企业展现出了完全不同于工业经济时代的垄断型企业的特征。平台经济的主导模式是“开放共享、众创众筹”，这种模式提供了极低成本的整合分散资源的能力，通过这种整合能力来促进数字资源的使用权高效流动，促使数字资源的使用权和所有权实现分割，使数字经济的参与者们普遍接受“使用而不是占有”和“使用价值大于价值”的理念，以互联网为纽带随时随地优化整个经济社会中碎片化资源来实现合理配置。这种模式的最大特征在于其以低成本为基础的开放性、自由化、个性化，为广大中小企业的发展提供了新的可能，能有效促进中小企业的创新发展，为数字经济的永续发展提供强劲的内生动力。

四是数字经济发展的特征聚焦于知识与智能。数字经济时代，数字网络技术的创新和广泛应用，推动了全球产业结构竞争力进一步知识化、智能化。知识和数据在价值创造中的比重不断提高，经济形态向知识型、智能型转变。“知识经济”将成为21世纪的主要经济形态之一。财富是重新定义的，拥有财富的数量取决于控制信息、知识和智慧的能力。智能技术使现代经济活动更加智能、灵活、敏捷，成为技术创新和商业创新的核心驱动力。知识智能不仅可以实现“以人为本”理念指导下生活场景的改变，还可以提高人类生活的舒适度，甚至还可以在一定程度上改变人类的工作场景，在不久的将来使“人机共事”的场景成为常态。

五是数字经济产生了追求个性化、多元化的新消费理念。随着互联网的发展，企业盈利模式的焦点逐渐由生产领域转向消费领域，简而言之就是企业主动面向消费者日益增长的个性化、多元化需求。在这一过程中，企业通过信息的获取和处理来应对复杂多元的用户需求，根据不同的情况来准确地定位市场特征和用户习惯，迅速建立起一个全新的数字营销服务体系——以客户为中心、线上线下相结合的体系。数字经济环境下的企业营销活动不仅能够为企业创造更大的利润空间，同时也能够为企业的发展带来全新的机遇。在搭建好的电商交易平台中，数字经济可以有效增加消费者搜寻次数，降低市场搜寻成本，为消费者提供差异化和个性化的需求产品，最大限度地挖掘和满足消费者的剩余需求。

六是多元共治成为数字经济科学治理的主要方式。由于网络的虚拟性，各网络主体的身份、地位等现实生活中较为明显的差异在数字经济时代被尽可能地模糊化了，借助不断升级发展的信息通信技术，政府、企业、社会组织以及网络两端的普通民众都可以一举跳过复杂的中间环节，直接在网络平台上进行连接，社会的组织结构变得更加直接和扁平。数字经济时代的治理体系是由政府、平台、社会组织、公众等共同构成的复杂治理系统。把平台、政府、社会组织、社会公众等数字经济生态系统的重要主体纳入治理体系，赋予它们一定的治理权限，明确责任边界，发挥各自比较优势，构建多元协同、科学共治的数字经济治理格局，是数字经济治理创新的大势所趋。

第二节 研究问题与价值

问题导向是本书的基本研究思路。如何在数字经济时代提升医药生产企业的营销能力是本书研究的主要问题，其价值也体现在对这一问题的解决之上。

一、研究问题及研究思路

当前医药企业发展呈现的主要趋势是重心向产业价值链的两端转移，即基础技术、核心技术的研发和营销体系、模式的创新，后者就集中体现在企业的营销能力上。随着行业快速发展、市场环境变化、交易条件和手段改进、客户需求多元化和精细化，医药企业的营销能力必须快速提升并适应新的变化，才能在全方位的竞争中获得并保持优势。本研究就是针对医药企业在数字经济时代大背景下的营销能力提升，从能力构成、能力评价、能力提升等方面进行立体解构并提出有针对性的建议。围绕着营销能力着重回答五个问题：一是回答数字经济时代的营销能力是什么，包含哪些特征；二是为什么要在数字经济时代着力提升企业营销能力；三是回答哪些因素影响医药企业营销能力；四是回答医药企业营销能力怎么样，也就是怎样来评价当前的医药企业营销能力；五是怎样提升医药企业营销能力。

本书是按着“提出问题、分析问题、解决问题”的思路展开。第一、二个问题主要是提出问题，提出研究的问题靶向，在充分的理论分析、文本分析基础上解释清楚什么是营销能力，为什么要提高医药企业的营销能力，为问题的深入研究提供基础和支撑。第三、四个问题主要是分析问题，找出问题的研究方向，在宏观、中观、微观的立体视角分析营销营销能力的影响因素，并运用实证分析对营销能力进行评价，从而为问题的解决提供方向。第五个问题主要是解决问题，在清楚回答前四个问题的基础上提出数字经济时代医药企业营销能力提升的科学系统、精准有效的建议。

二、研究价值

本书聚焦数字经济时代医药生产企业的营销能力，不仅对医药生产企业的营销能力特别是其特征即核心竞争力进行了深度解构和分析，还针对医药生产企业营销能力重建了评价指标体系，提供了科学的评价方法，并针对数字经济的时代特征、医药企业面临的机遇与挑战，提出具体可操作的营销能力提升建议，具有重要的理论和实践价值。

（一）理论价值

1. 系统深化了对医药生产企业营销能力的理解

营销能力是企业发展的核心能力，是企业战略规划、产品开发、市场价值实现的黏合剂。本书克服了以往从单一视角和静态视角对营销能力的分析。一方面，将营销能力置于企业生存和发展的能力体系中，重新对营销能力进行解构，并针对医药企业的特征和数字经济时代的要求重点阐述了医药生产企业营销的核心竞争力，对营销能力的概念进行纵深拓展，这有助于对医药企业营销能力的重新定位与理解，有助于医药企业对营销能力的系统化管理。另一方面，从动态化视角将营销能力的“触角”进行纵向延伸和全过程剖析，克服了以往局限于营销手段、营销业绩的静态模式，将产品的研发、生存、销售、服务的能力以及相互衔接水平全链条纳入营销能力中，有助于丰富营销能力的内涵，从而推动营销定位和职能的转变。

2. 创新构建了对医药生产企业营销能力的评价考核体系

营销能力的评价考核是企业“自我体检”的重要环节，如何构建一套与营销能力的内涵、定位、功能、水平一致的评价考核体系是企业发展中非常重要而往往容易忽视的问题。营销能力的评价容易走向两个极端，一方面是泛概念化，也就是模糊化，认为营销能力是一个无法具体评价的定性因素，涉及的部门和工作、影响的环节和指标太多，只能从整体上给出一个“好”或者“不好”“比较好”或“比较差”的评价，这种评价对于营销能力的改进提升不具有实际意义。另一方面是简单粗暴化，以销售额、销售量进行评价，这是一个结果的评价，并不是能力的评价，并不是企业营销能力的真实反映。本研究选取三阶段 DEA 模型对医药生产企业营销能力进行评价，首先通过投入导向型的 DEA-BBC 模型提取出投入的松弛变量，再利用 SFA 模型将松弛变量中的环境变量和随机误差剔除，最后将调整好的投入指标投入 DEA-BBC 模型中进行回测，为医药企业营销能力评价提供了可靠的测度工具，有助于医药企业对自身营销能力进行科学评价。

3. 全面分析了医药生产企业营销能力的影响因素

从宏观、中观、微观三个层次分析了医药生产企业营销能力的影响因素，宏观环境运用 PEST 分析法，中观运用波特五力模型分析，从理论深化了对医药生产企业营销能力影响因素的理解和认识。

（二）实践价值

1. 助推医药生产企业把握数字经济时代

数字经济是一个新事物，对于医药生产企业而言如何适应、把握好数字经济时代，并根据其要求塑造适应市场变化和行业发展的营销能力，是迫切需要解决的问题。本研究全面分析了数字经济时代为医药生产企业发展带来的机遇与挑战，并提出了应对这些机遇与挑战的方法建议，让医药生产企业在数字经济时代更加从容。

2. 助推医药生产企业提升自身营销能力

医药生产行业有其特殊性，营销能力的提升对其至关重要，特别是在数字经济时代，展现出了新的内涵和特征，加之影响因素更加多变。本研究在充分的理论分析和实证分析基础上，为医药生产企业提供了一套系统科学的营销能力提升方案，不仅对医药生产企业大有裨益，对其他行业在数字经济时代的营销工作也具有参考借鉴意义。

第三节 研究内容与方法

本书总共分为十章，内容较为充实，且灵活运用了文献研究、规范分析和实证分析相结合、定性分析与定量分析相结合等方法，增强了研究的科学性。

一、研究内容

第一章为绪论，主要对本研究的研究背景、问题与价值以及内容和方法进行阐述。

第二章为医药行业营销概念界定与理论基础，其主要内容是对相关概念进行界定以及对各种理论基础的梳理，主要围绕营销能力这一核心概念进行阐述解释，并介绍了与本研究涉及的相关理论：消费者价值理论、网络营销理论、环境动态性理论、全员营销理论、客户关系管理理论、客户满意理论等。在这一章，通过在大量阅读、分析、整理国内外相关研究文献的基础上进行进一步契合本书研究方向的系统梳理，为之后章节的研究奠定理论基础。

第三章为我国医药行业营销发展概述，主要内容是对我国医药行业与发展进行概述，并通过划分不同阶段的方式对我国医药行业与医药营销的发展历程进行阐述。并分析了医药行业和医药产品营销的特点与特性，介绍了当前我国医药企业的四类主要营销模式。分析了我国医药行业与医药营销的发展前景。

第四章为医药生产企业营销能力分析，着重分析了医药生产企业营销能力的构成，从厘清整合医药企业知识与资源、满足市场需求、制定并实施有效营销策略三种能力进行解构。

第五章为数字经济时代医药生产企业营销能力评价，运用三阶段 DEA 模型，构建了营销能力指标体系，对营销能力进行测度。

第六章为数字经济时代医药生产企业营销能力的影响因素分析，从宏观、中观、微观三个层次分析了医药生产企业营销能力的影响因素，宏观环境运用 PEST 分析法从政策环境、经济环境、社会环境、技术环境四个层面进行分析。中观运用波特五力模型分析潜在的进入者、现有竞争者、替代品、供应者和购买者这五种影响力量。微观层面从企业自身定位和发展战略、企业规模与生产实力、企业产品组合与生命周期、营销人员的综合素质分析五种影响因素。

第七章为数字经济时代医药生产企业营销能力提升的机遇与挑战，从数字化驱动下的企业管理创新、数字化支撑下的发展效能提升、数字化转型下的市场需求变化三个方面分析了当今各类医药生产企业在数字经济所面临着的机遇，从技术和产品更新速度和质量要求更高、信息管理和数据安全的难度和风险增加、营销观念和体系深度调整三个方面阐述了数字经济时代医药生产企业营销能力提升面临的挑战。

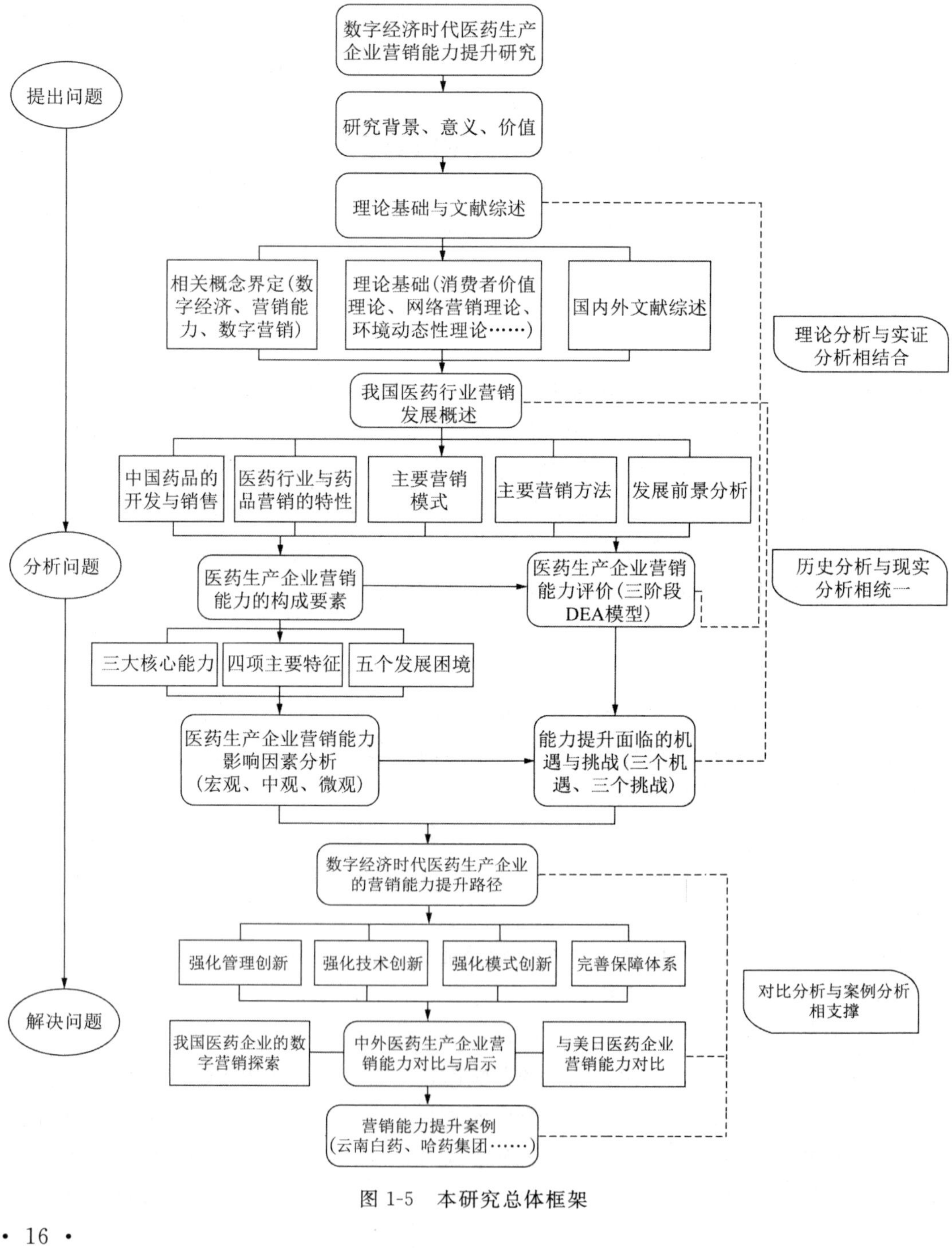

图 1-5　本研究总体框架

第八章为数字经济时代医药生产企业营销能力提升的对策建议，从强化管理创新、技术创新、模式创新和完善营销保障体系四个大的方面提出系统的建议。

第九章为我国医药生产企业在营销能力提升上的有益探索以及美、日、德等国家的先进经验对我们的启示，从实践中分析营销能力提升问题。另外，本章还阐述了当前医药生产企业营销能力的主要特征和能力提升的主要困境。

第十章为以云南白药等医药企业为例分析医药企业营销能力提升策略的实施过程与方法，从实例中剖析检验。

二、研究方法

文献研究与调查研究相结合。本研究查阅了有关数字经济、医药企业、营销能力的相关文献，整理归纳出本研究的理论框架。在文献研究的基础上，为了与我国医药生产企业的实际情况紧密结合，调查其具体情况，在医药生产企业能力的概念、构成、特征及影响因素、营销能力评价体系的构建和测评等章节中，开展了访谈和调查。

规范分析和实证分析相结合。规范分析与实证分析是两种相互区别、相互联系的研究方法。例如，在医药生产企业营销能力的概念、构成、特征及影响因素等方面，运用了规范分析，在后面的营销能力评价体系的构建和测评则运用了实证分析。

定性分析与定量分析相结合。营销能力本来就是一个比较抽象的概念，在医药生产企业营销能力的构成、营销因素等方面采用定性分析的方法分析其一般规律和内在本质，然后再借助问卷调查、数据统计及方程模型进行定量研究，得出结论。

第二章　医药行业营销概念界定与理论基础

营销是企业生产经营活动的出发点和落脚点，是现代企业管理的重要组成部分，自1935年美国营销教师协会给予其官方定义以来，其内涵以及相关概念在实践的基础上不断延伸，支持营销行为的相关理论也在不断丰富，跨学科、多元化、系统性的理论研究为本书提供了很好的理论基础。

第一节　相关概念界定

在理论分析之前，需要厘清营销能力、数字经济、数字营销等概念，这些概念的内涵随着理论和实践的发展不断丰富延展。

一、营销能力

营销能力这一专有概念起源于现代企业理论和实践的产生和发展过程中，并在实践探索中逐渐成为企业能力和竞争力的重要内容。从字面意义上讲，“营销能力”首先应该是一种“能力”，属于企业能力的一种，但在大多数关于企业能力的研究文献中，我们会发现，学界对于企业营销能力的研究并没有将其作为一个独立的研究对象来单独论述。营销能力的作用往往只是被当作一种能力来看待，而没有将其视作企业能力体系当中的一个子系统，这种主观割裂营销能力与企业其他能力的表述和分析自然也无法被企业管理者所认可。究其原因，主要有以下两个方面：一方面，研究学者们更喜欢站在宏观角度从经济学基础出发将企业营销能力视为整个企业能力的一部分或者是一个分力来研究和解释，但是这样就容易导致对包括企业营销能力在内的企业能力这一合集之间各个分力之间的关系以及各个构成要素之间关系的研究不够明确。另一方面，营销学诞生至今不足一百年，是一门名副其实的新兴学科，其发展也是随着经济社会中企业管理实践的发展而兴起的，其较强的实践性和营销在企业职能中被视为一种普通职能的定位，使得营销学在很长一段时期内并没有得到主流研究学者们的关注，从企业能力体系角度出发来开展营销学研究的学者们就更加少了。但是随着企业营销实践的不断推进发展，较多的学者已经开始将研究的目光转向对营销能力的关注。

营销能力研究的起源可以向前追溯到20世纪70年代，著名学者King（1973）在对于企业营销能力这个层面的研究中阐述了对于企业发展重要性的思考，King提出应该将营销活动和顾客关系这两种要素放到对企业资产和能力的评价过程中来，直到二十年后，营销能力这一整体概念方才引起学者们的注意。随着实践的发展，营销能力的定义也开始逐渐完善，其中最重要的定义来自Day（1994），他对营销能力的定义是，旨在将集体知识、专业技能和整个企业的资源对于实现营销业务中适销对路的需要，使企业在营销过程中能提高产品服务的附加值，并在市场竞争中取得优势的一个一体化进程。营销能力按照作用主体和发力渠道来看可以细分为三种基本能力："外部-内部""内部-外部""内外整合"这三种能力。第一，"外部-内部"能力主要包括了主动提升市场感知力、顾客关系和渠道关系的管理、为营销服务提供技术支持等能力；第二，"内部-外部"能力主要包括了营销活动中从订单处理与定价到采购与顾客服务再到新产品服务及战略开发等能力；第三，"内外整合"的能力实际上就是面向整个企业进行资源合理配置以及高效管理方面展现的能力，主要包括了财务管理和成本控制的能力、新兴技术研究与开发的能力、物流和渠道整合的能力、人力资源和行政管理的能力以及社会责任方面对于环境健康和企业安全保障的能力等。

19世纪末期，作为世界主要资本主义国家的美国，开始向垄断资本主义和帝国主义过渡，而美国国内的社会环境在资本主义经济形态进一步深入发展的情况下也发生了深刻的变化，对经济社会发展和人们生产生活产生了全面影响，使得美国国内的工业生产力发展和生产的专业化程度都得到了不断提高，人口快速增长、个人收入不断提高，这些积极变化使得市场规模不断扩大，为创新创业提供了良好的时代和市场机遇。在此背景下，市场营销的观念也随之发生了改变，企业的目标也逐渐转移到了顾客身上。这些变化因素有力地推动了市场营销思想和相关理论的产生，随着营销理论的发展，人们对企业营销能力的认识也随之发生了变化，主要可以总结为以下三个方面。

（一）资源能力理论

资源营销能力理论是指企业整合各种资源进行产品生产以满足市场需求的理论，它以生产的概念为指导，仍然以传统的以供应为中心的经济学理论为基础，也被称为"职能式"市场营销理论。Weld是最早明确用"营销"这个词的学者之一。在这个过程中，市场营销的职能不断扩大，但是企业在市场营销活动中的职能依旧只是将企业的资源、资金和产品等有效地配置到市场中去。企业市场营销管理的核心是目标客户，是企业的利益相关者，市场营销是独立的系统。早期Weld认为经济活动主要划分为生产、销售以及消费三大类别，市场营销活动应被定义为产品生产活动的组成部分之一。早在20世纪初期，市场营销管理的重点是产品的研制与生产，而且是通过销售来实现的。第二次世界大战后，随着科学技术的快速发展，市场营销的功能也随之发生了变化，由原来的产品营销向服务营销转变。以Weld与Clerk为代表的中西部学派对当时已经存在的各种市场营销理论进行了全面的整合与提炼，对企业营销活动的作用和原理进行了深入的阐述，他们认为销售的终极目的就是要找到愿意为企业产品付费的买主。Alexander（1940）认为销售应该更积极地说服现有的和潜在的顾客购买。这个销售系统的核心内容是定价、促销、分销，首先要分析企业所拥有的资源和所能提供的服务。1942 年，Clerk 补充说，销售就是创造需求，相关的整合企业资源的营销理论逐渐演变为企业整体战略营销理论，企业是拥有各种资源的系统，营销是整合这些资源的手段和平台。在《基础市场营销：系统研究法》（1971 年）一书中，Downing 认为，市场营销是企业活动的总体系统，通过定价、促销、销售活动和各种渠道向现有和潜在顾客提供产品和服务。企业作为一个系统，同时存在于由市场、资源和各类社会组织构成的大系统中，既受到大系统的影响和制约，又对大系统作出反应。但从企业系统内部来看，它是由几个相对独立的相关部门在一定程度上构成的一个有机整体，这些部门被称为企业系统中的子系统。市场营销就是一个以满足顾客需求为目标的连续反复的过程，这一过程需要企业不断观察市场，确定和评估各种变化因素，然后向企业提供正向或者反向的反馈，作为制定新战略和新行动计划的依据。

（二）策略能力理论

策略能力理论是美国管理学家卡普兰于 20 世纪 60 年代提出来的。该理论认为，企业的营销能力是运用营销策略来实现企业营销目标的能力。19 世纪中期，一些学者发展了市场营销理论，他们应用了管理学研究方法，从企业行为角度研究营销职能，使营销学成为一门科学。Bund（1956）在《营销职能的角色转变》一文中写道："营销意味着对将商品和服务从生产者转移到最终消费者的所有功能进行整合。"营销不同于单纯的获取订单和管理销售人员，营销涉及所有其他相关活动，如广告、销售促进、销售员开发、市场研究、产品计划等。Bund（1956）认为营销和销售不是名称的改变，而是内容的不同，它们之间强调的职能、地点和责任是不同的，"营销"一词的核心是技术和组织的变化，开拓性的营销管理者仅仅在一个陈旧不变的运营结构中加上一个营销名称是不成功的。由此可见，这一时期从理论界到实践界都已经开始接受从销售能力到营销能力转变。

《基础市场营销：管理方法》（1960）的出版，可以说是营销理论生产和发展史上的又一个里程碑。当时的其他书籍在讨论市场营销的管理职能时对产品的规划、定位或分销渠道、定价和促销做了类似的研究，Mc Carthy 首先将市场营销组合的这四个要素概括为 4PS（产品、价格、渠道、促销），并围绕这四个要素建立了以管理为导向的思想体系。他认为市场营销管理的目标是为了满足顾客的需要，而不仅仅是获取利润。Mc Carthy 对市场营销理论的新见解是将消费者视为一个特定的群体，即目标市场。企业在制定市场营销组合策略时，一方面要考虑到企业当前所在的发展阶段和面临的各种外部环境，另一方面要根据市场环境的变化，满足目标市场，实现企业目标。他认为，营销管理的核心是交易和 4PS，即从管理的角度研究企业如何通过控制内部 4PS 策略来适应外部市场营销环境。Mc Carthy 提出 4PS 后，许多研究者对 4PS 进行了修改和补充。1986 年，Kotler 又提出了"Megamarketing"的概念，认为公司可以影响他们所处的市场营销环境，而不是简单地顺应和适应。

（三）价值能力理论

价值能力理论认为，营销能力是企业实现自我价值的关键环节。市场营销理论研究在几十年的发展历程中取得了很大的成绩，但是在相当长的一段时间内市场营销学者都机械地认为营销能力是企业获取竞争优势的核心。随着企业组织形式和职能的转变与现代化，学者们开始将包括系统学、社会学和政治经济学等其他学科在内的相关理论纳入市场营销理论的研究，许多学者如 Kotler 教授就丰富和补充了“战略式”营销理论，包括 Kotler、Zaltman 在 1971 年提出的社会营销、Shostack 在 1977 年提出的服务营销、Gronroos 在 1981 年提出的内部全球营销、Levitt 在 1983 年提出的全球营销等等，这些有关营销的理念和理论都围绕着企业的价值取向展开，开始反思企业的存在本质、意义和社会角色，进而分析企业营销在实现这一意义和发挥这一作用中的自身角色定位。他们将企业的营销能力定义为以外部客户为基础的内部客户满意度，以竞争者为导向，使企业内部组织通过知识的积累实现与外部市场的良好沟通，制定有效的营销战略和策略，使企业实现自身价值和终极意义。营销是企业整合和利用共享的知识、技能和资源，提高商品和服务的价值，以满足市场需求和提高竞争力的一个过程。营销能力是通过设计将集体知识和技能应用于营销领域的综合流程来增加价值，从而建立关于顾客需求和市场趋势的知识基础，并提高企业增加新价值的能力。

在这一理论指导下，学者们对企业市场营销能力的认识进一步细化，林媛媛（2005）将市场营销能力定义为企业引导产品和服务从生产者向消费者或使用者转移的经营管理能力。她提出，营销能力包括营销信息系统、一级概念营销策略、营销策略、营销实施保障、营销效率以及每个营销系统下的几个二级概念。王政（2007）将营销能力划分为营销文化、顾客导向、竞争者导向、内部顾客导向、营销学习能力、市场感知能力、部门协作能力、营销战略能力和营销策略能力等。刘玉来（2005）将营销能力定义为使营销者能够实现其营销目标，即实现企业价值和消费者价值的系统和内在的支撑能力。他把企业的营销能力分为三个层次：首先是基础层潜在能力层，又被称为核心层，包括营销文化、营销制度创新能力和软资源开发利用能力；其次是基本能力层，也称为决策能力层，是指企业制定营销战略、选择目标市场、制定营销策略的能力；最后是外显能力层，也称为技术操作能力层，包括调查预测能力、营销策略实施能力等。

二、数字经济

数字经济作为一种经济学概念，是人类利用大数据（数字化知识和信息）识别、选择、过滤、存储、使用，以达到实现更快速度的资源合理配置、经济高质量发展到一种全新的经济形态。数字经济是以数据资源作为关键要素，以信息通信技术融合应用和全要素数字化转型为主要动力，通过现代信息网络开展经济活动的一个过程，公平与效率统一于这一过程中。数字经济是继制造业、服务业之后的第三次产业革命，是经济全球化的重要推动力量，是未来世界经济发展的重要方向。数字经济发展迅速、辐射范围广、影响程度深远，正在推动生产、生活方式和治理方式发生深刻变化，是重塑全球要素资源、重塑全球经济结构、改变全球竞争格局的重要力量。

数字经济作为一个相对宽泛的概念，可以被纳入任何直接或间接利用数据引导资源、推动生产力发展的经济形态。数字经济包含两个方面：一是主要包括大数据、云计算、物联网技术、区块链技术、人工智能技术、5G通信技术等技术在内的技术层面。二是以“新零售”和“新制造”为代表的应用层面。当前，数字技术、数字产品、数字服务正在加速向传统产业的多方位、多层面、多链条渗透，这一渗透过程就是所谓的“产业数字化”；与“产业数字化”相对应的概念则是“数字产业化”，即以Internet Data Center（IDC）建设和服务为代表的数字产业链和产业集群的发展。中国重点建设的5G高速移动互联网络、工业互联网和数据中心等新型基础设施，本质上就是围绕科技新产业的数字经济基础设施。

数字经济通过升级网络基础设施和智能机、区块链、物联网等信息技术工具，提升了人类处理大数据的能力，推动了人类经济从工业经济向信息智慧经济形态转型，大大降低了社会交易成本，提高了资源优化配置效率，提高了产品、企业、产业的附加值，为社会生产力快速发展提供了技术基础。数字经济，又称智能经济，是工业4.0、后工业经济的本质，是信息经济—知识经济—智慧经济的核心要素。正是由于数字经济带来的历史机遇，我国在很多领域实现了弯道超车的超越性发展。

数字经济发展对企业的竞争战略、组织架构、文化等管理实践产生了重大影响。这种冲击主要体现在企业的运作模式、企业的管理理念、企业的组织结构以及企业的员工行为上。当先进的网络技术应用于实践时，我们最初的时间和空间观念都多多少少受到了挑战。企业组织正设法在数据、信息系统、工作流程和工作实务方面将其业务与客户、供应商和合作伙伴结合起来，但是因为这些方面都有不同的标准、规程、传统、需求、激励措施和工作流程，给企业组织也带来了不同的挑战。

数字经济领域存在三大被社会各界公认的发展定律。首先是梅特卡夫法则：该法则认为互联网的算力价值和某一区域上计算机节点数的平方相等。通俗地来说，当整个互联网上的计算机数量越来越多的时候，该互联网上每台计算机所展现出来的能力和对使用者的价值就越高，这种关系产生的计算机价值增殖速度呈现出指数相关的增长关系。其次是摩尔定律：该定律在回溯电子计算机数十年的发展历程后总结出来了计算机硅芯片的处理能力和运算速度可以在每一年半实现成倍的增长，与此同时其单个芯片的制造价格也会下降到上一个周期的二分之一。最后是达维多定律：这一定律主要是聚焦产品在市场上的投放换代速度以及盈利能力之间的关系，该定律认为，如果某一产品作为第一代产品进入市场，可以获得高达50%的市场份额。在这一定律的支配之下，某一特定行业中的任何一家公司在发展更新产品线时都必须先淘汰掉自己上一代生产的产品。在这几个定律的支配下，数字经济展现出来了以下基本特征。

一是快捷性。互联网自身具有极高的渗透性，可以有效跨越国家、区域、空间的限制，使得整个世界在互联网上紧密联系在一起，构建一个线上的“网络地球村”。除了空间上的跨越，互联网可以打破时间的限制，有效缩短了人们进行信息传输和经济活动的时间跨度。现代信息网络的出现，使得人们的生活方式发生了巨大的变化。从互联网的这个特性出发来看，数字经济实质上就是速度型经济。当今，互联网的传播速度以光速运行，接近实时速度，互联网用户可以以更快的速度来收集、加工和使用信息。

二是高渗透性。信息服务业是第三产业中的一个重要组成部分，它在整个社会生产和人民生活中起着越来越重要的作用。信息和网络技术可以突破自身处于第三产业的限制，实现跨产业的快速发展，并以其自身极强的渗透性，推动原本处于第三产业的信息服务业迅速向第一、第二产业延伸，实现了第一、第二产业的信息化，进一步模糊了各个产业之间的传统界限，使三者相互融合。

三是自我膨胀性。随着整个互联网上接入用户数量的增加，整个网络产生的经济效益和计算能力会进入指数增长模式。数字经济是一种新兴的经济形态，它的发展必须有一个良好的市场环境，但数字经济的发展也存在一些问题。由于人们在心理反应与行为习惯上存在约定俗成的惯性，优胜劣汰的规则在数字经济中表现得更为明显，数字经济和信息技术在发展到一定程度之后，就会在整个互联网体系中形成垄断局面。

四是边际效益递增性。主要是表现为数字经济的边际成本递减和边际产出递增，在数字经济体量不断增大的环境下，经济效益的范围形成都会不断扩大和变化，而且数字经济会呈现出累积增值性的特点。

五是外部经济性。网络上每个用户在使用互联网产品中获得的对于用户自身的效用与整个互联网上存在的用户总数有一定关系，具体而言就是互联网上用户人数与每个用户的平均边际效用存在正相关的关系。

六是可持续性。数字经济是符合可持续发展要求的一种经济形态，可持续性是实现可持续发展的必要条件和核心要求。数字经济由于其自身的虚拟性，可以在相当大程度上减少传统经济模式下工业生产对全球资源和能源的大量消耗，实现“绿色发展”，缓解全球环境污染的形势，改善人居环境和提高生态文明建设水平，最终实现社会经济可持续发展。

七是直接性。在互联网主导的数字经济时代下，企业的竞争已经转变为供应链的竞争。企业等经济组织的组织结构会随着网络的发展和网络工具的出现而呈现出扁平化的特征。处在两个不同网络端点的产品生产者和消费者可以直接突破时间空间的限制而直接沟通，减少了传统经济活动中对于中间商和代理商的需求，从而较大幅度降低经济活动的交易成本，提高经济发展质量。

数字经济的精髓在于信息化。信息化是在计算机和互联网革命的推动下，工业经济向信息经济转变的社会经济过程。分角度来说，信息化包括了信息技术产业化、传统产业信息化、基础设施信息化和生活方式信息化。信息化是一个动态的过程，信息的产生和应用是两个关键方面。信息生产需要发展一系列新的和先进的信息技术和产业，包括微电子产品、通信器材和设施、计算机硬件和软件、网络设备制造以及信息和数据的获取、处理和存储。信息技术在经济领域的应用主要体现在农业、工业和服务业等传统行业的转型升级上。

当今世界正经历着人类历史上最迅速、最广泛、最深刻的变化，处于“百年未有之大变局”。世界各国已经敏锐地关注到了信息化对于本国经济社会发展的重要性，纷纷主动推动自身融入信息化这一当今世界潮流，信息化已然成为当今世界经济和社会发展的必然趋势。加快信息化建设成为了世界各大经济体推动自身经济和社会发展的一项重要战略任务。数字经济环境下进行的数字革命催生出了一大批信息产业，这些产业既可以和制造业结合，也可以和服务业相结合，甚至可以实现与两者一起交叉结合，成为各类型产业实现信息化、寻求新的增长点的“万能胶”。

数字企业是数字经济基础设施建设的核心，是构建我国数字经济底层的关键环节。传统企业只有完成了数字化转型，才能形成我国经济发展的内核动力。如果中国大多数企业不能快速数字化，仍然采用传统低效的运营、管理、营销和销售方式，即使有了先进的数字化技术，这些企业仍然没有可持续发展能力。只有大多数国内企业实现数字化转型，形成中国数字化企业的产业集群，才是未来中国以数字经济打造核心竞争力的重要保证。

三、数字营销

数字营销是指利用互联网、电脑通信技术、数字交互式媒体等手段，实现营销目标的营销方式。它不同于传统的广告，也不同于其他的营销手段。数字营销的主要特点就是可以利用先进信息化工具和互联网技术，用各种高效且经济的方式来开拓新市场、吸引新的消费者。

数字营销是以明确的数据库对象为基础，通过电话、短信、邮件、电子传真、网络平台等数字化媒体通道，将传统的营销活动推向更高层次和水平。在数字化的初始阶段，数字营销相当长一段时间内只是被视为特殊领域内的一种独立的营销形式，但自 2003 年以来，它开始被视为可以涵盖大多数传统营销领域，因为它提供了相同形式的受众沟通方式（尽管是数字形式）。

数字营销不仅是一场技术手段革命，更是一场更深层次的观念革命。数字营销是在现代计算机和网络技术支持下，以信息技术为基础的新型营销模式。它结合了目标营销、直销、分散营销、客户导向营销、双向互动营销、远程营销或全球营销、虚拟营销、无纸化交易和客户参与式营销等营销方式。数字营销给营销组合赋予了新的内涵，其功能包括信息交换、网上购买、网上出版、电子货币、网上广告、企业公关等，是企业在数字经济时代的主要营销方式和趋势。

数字营销的理论基础来源于杜邦公司在财务管理方面的分析，即净资产收益率＝销售净利率＊资产周转率＊权益乘数，净资产收益率随着资产净利率的变动而发生变动，此外资产净利率受两个指标的影响，即销售净利率和资产周转率。为了提高销售净利率，企业需要在扩大销售收入的同时降低成本。资产周转率是企业资产占用与销售收入之间关系的反映，影响资产周转率的重要因素是资产总额，可以看出：销售净利率越高，资产净利率越高。资产周转率越高，资产净利率越高。数字营销的实践证明：企业运行过程中的财务投资核心在于在加强资产管理，提高资产的流动性和资产利用效率，以达到降低企业的成本费用的目的。数字营销的信息反馈机制主要集中在加快资金周转率、提高 FIC 效率、减少库存损耗、加快流动资金、减少利息损耗、降低成本中心成本等方面。

数字营销还具有以下几个特性：

集成性：实现前端与后端的紧密结合，这是快速响应顾客个性化需求的依据。可以实现从商品信息发布到用户信息收集以及售后服务的贯通，打造一个完整的营销渠道。一方面，互联网技术的发展为企业的营销传播策略提供了新的选择。另一方面，企业可以利用互联网络对不同的传播营销活动进行统一设计规划和协调实施，有效规避不同端口的沟通不一致性带来的消极影响。

个性化服务：数字营销根据客户的需求提供个性化的产品，还可以跟踪每个顾客的销售习惯和兴趣爱好推荐相关的产品。网络营销是企业在激烈的市场竞争中求得生存的一种重要手段，是一种低成本、人性化的营销方式。

产品信息：互联网可以提供详细的规格、技术指标、保修信息、使用方法，甚至解答常见问题。用户只需要在网上下载一些简单的产品资料，就可以看到商品的价格，互联网的广泛应用也是一种商机，它为企业提供了一个更好的营销平台。用户可以很容易地通过互联网找到产品、价格和品牌等信息。

选择空间：数字营销和实体营销明显的差异就是数字营销不受到货架和库存的限制，这就相当于提供了一个巨大的“网络展厅”来展示企业产品，用户几乎不会受到选择空间的限制。

成本优势：数字营销可以直接在互联网上来发布自己的产品信息，并且可以通过互联网把各种信息投放到对这一产品有购买需求的消费者，从而有效地扩大了销售范围，降低了用于促销的费用和成本，最终这一费用成本可以从产品的价格上体现出来，从而以低价优势来提高自己产品的价格竞争力。同时成本优势还表现在可以根据需要在网上发布信息，扩大了产品的知名度和产品库存。库存量也可以根据订货情况进行调整，以降低库存费用。

市场：可根据客户需求、竞争环境或库存情况，调整营销产品的类型、价格和营销方式，网络可以超越时空限制，发挥多媒体“声、光、电”的功能，提高营销人员创新能力。

数字营销还具有多媒体、跨时空、交互式、拟人化、超前性、高效性、经济性等特点。数字营销是传统营销与数字技术的有机结合。由于数字产品的各种属性的运用，数字营销在改变传统营销手段的基础上，又增添了许多新的、传统营销手段并不具备的特点。

基于上述特点，数字营销拥有了许多前所未见且不可替代的竞争优势：能够整合产品说明、推广、客户意见调查、广告、公共关系、客户服务等营销活动，进行一对一沟通，真正达到营销组合追求的综合效果。这类营销活动不受时间和地域的限制，将文字、声音、视频、网片、音频等结合起来，以动态或静态的形式呈现，可以快速、便捷地更新，消费者也可以反复浏览。数字营销不仅能够为企业的发展提供强大的支持，而且能够给企业的发展带来企业内部的数字化营销信息，还可以将这些信息随时随地传递给客户。这些技术的运用和功能的结合，使得每一个人都可以成为经销商以及业务代表。

数字营销人员必须认识到，对于广告而言，用户拥有绝对的掌控力。如果企业提供的这些非人性化的广告是不准确的、不相关的和令人不安的，那么就会迫使用户离开该网站，并忽视该企业接下来一段时间的广告。从用户习惯的角度来说，所有多媒体广告必须清楚标明静音、暂停、停止和关闭按钮，而且按钮不应与 Windows 或其所展示的载体操作系统上的按钮太相似，以免造成混淆。如果广告是为了吸引用户而制造出的，那么它必须是一个真实的、可信赖的，并且可以在广告发布后使用户印象深刻。任何干扰该网站正常内容的广告都应该只有几秒钟长，除非用户以某种互动的方式对该广告表示兴趣。

数字营销活动中的一对一服务可以拓展消费者的自由空间和犹豫时间，尽量减少冲动消费的存在，使消费者在更多的比较后做出决策。网上服务是一种新兴的商业模式，人们认为网上服务比传统的营销更加快捷，因为网上服务具备 24 h 内及时响应甚至更快的响应速度。在客户咨询购买的过程中，企业还可以提供及时的服务来帮助客户完成采购行为，网络提供售后服务可以使原本通常占到开发费用的 70%左右的售后服务成本进一步降低。

三、医药市场营销

医药市场营销即医药企业所从事的医药市场营销，是医药企业的一种市场经营活动，即企业从医疗需求出发，综合运用各种科学的市场经营策略，把药品和服务整体地销售给医疗机构与患者，尽可能满足他们的需求，并最终实现企业自身的生存和发展目标。可以从以下五个方面来理解它的含义：(1) 医药市场营销的主体为个人和医药组织；(2) 医药市场营销的客体是医药产品和价值；(3) 医药市场营销的载体是交换；(4) 医药市场营销是一个社会管理过程；(5) 医药市场营销的最终目的是有利益地满足需求。

医药市场细分是指医药企业依照必然的细分变量，即影响医药市场购买者的欲望和需要、购买适应和行为等因素，把整个医药市场细分为若干个需要不同的产品和市场营销组合的市场部分或亚市场，其中任何一个市场部分或亚市场都有一个有相似的欲望和需要的购买者群，都可作为医药企业的目标市场。依照市场细分的程度不同，能够将市场细分化分为四个层次：细分营销、补缺营销、本地化营销、个别化营销。

药品市场营销的特点是由四个互相关联的理念所反映出来的，这四个理念是患者导向、目标市场、整体营销、利益远景。(1) 患者导向，是指企业营销活动的出发点是患者需求，所有的营销策划都必须以满足患者需求为目的。药品市场营销的关键是满足医疗机构与患者的真正需要，并比其他同行做得更为出色。企业要对医疗机构与患者的要求做出反应，让医疗机构与患者满意。医药批发企业的经营对象是各级医疗机构，医药零售企业的营销对象是患者，企业的上述顾客来自两种顾客群：新顾客和老顾客。吸引新顾客比保持老顾客要花更多的成本，因此，保持老顾客比吸引新顾客更加重要。(2) 目标市场，即企业依据市场细分方法，把总体市场区分为多个有不同需求特征的子市场，然后选择其中的一个或几个子市场作为营销目标，为之设计专科的药品，开展针对性的营销。药品目标市场的选择必须根据制药企业的特点和优势进行，而且最好是能专攻某一领域的药品，如专门生产抗生素类药物，专门生产五官科用药、儿科用药、妇科用药等。任何制药企业不可能在每个市场都经营，也不可能满足市场的所有需要，只有选定若干个自己生产、经营能力所及的目标市场，并设计有针对性的营销策略，企业才会做得更好。(3) 整体营销，要求药品市场营销企业在从事市场经营活动时必须利用多方位的综合性策略，营销理论中把这种综合性策略称为市场营销组合，它是整体营销这一理念的具体表现。在药品市场营销观念支配下的医药企业，不主张利用单一的手段从事市场经营，而认为应在产品设计、包装、商标、定价、销售服务、分销渠道、促销、公关、仓储运输等多方面，均需认真制定相应的策略，即整体营销。药品营销把这些策略和手段归结成四个方面，即产品策略、定价策略、分销渠道策略和促销策略，并称为四大营销策略。在每种策略中又包含了一系列的具体手段，比如产品策略中，包含此种药品是治疗常见病的药品，还是治疗罕见病的药品；是创新药品，还是仿制药品；还有药品生命周期、包装、品牌等。定价策略中包含了成本核算、价格构成、定价技巧等多种手段。促销策略中，包含广告、人员推销、营业推广、学术推广等手段。分销渠道策略中包含了销售渠道、销售地点、存货控制、运输仓储等手段。可以说，药品营销组合包含了四大策略，而每一个策略中，又包含了许多具体手段，成为次下层的组合。药品市场营销就是强调这种市场经营策略和手段的综合性、整体性运用。当然，在具体设计营销方案时，也可以有所侧重。随着药品营销业务的不断发展，企业营销策略也在不断扩大，如企业在营销中要处理好多方关系，争取舆论支持，树立良好形象，所以公共关系又成为企业必不可少的营销策略之一。此外，在营销中还应强调调动人的主观能动因素，更好地发挥人的作用，包括对企业外部的与营销有关系的人以及企业内部的员工作用的发挥。在营销过程中必须十分重视理解人、了解人，要善于处理好与各种人之间的关系，使所有的人都来关心和支持企业的营销活动。(4) 利益远景，指的是医药企业要追求的不是一时的药品营销利润，而是通过科学、合理的营销手段谋求企业的长期生存，从而获得长远利益。也就是说，企业应以追求利益远景为自己的营销理念。药品市场营销观念认为获取利润是企业经济活动中的基本目标，但是从事市场营销的企业追求利润的手段应建立在满足患者需求的基础上，即在营销药品或服务时，企业不能先考虑利润，然后才考虑患者，而应倒过来，首先看这种药品能满足患者的哪些需求，然后，再考虑盈利。患者需求被满足的程度越高，企业的盈利也可能越多；反之，需求被满足的程度越低，企业的利润也就越少。

药品市场营销的观点还认为，企业在满足社会需求的过程中，必须充分尊重患者。首先是既要满足患者的治疗需要，同时又要顾及其长远利益。一些药品虽然能治愈疾病，但往往又有不同程度的不良反应。因此，医药经营企业在销售这类药品时应充分介绍其作用，同时说明不良反应及其预防措施，使患者有一定的心理准备。其次是企业在生产或销售各种药品时，要满足不同患者的个别需要，如不同规格、不同剂量的药品，比如阿司匹林片剂，既要有规格 500 mg 1 片的，也要有规格 25 mg 1 片的，这样才能满足解热镇痛与抗凝血等不同的治疗要求。

第二节 相关理论基础

企业营销理论历史悠久、丰富多样，下面对本研究中实际借鉴与运用的理论进行简要介绍分析。

一、顾客价值理论

顾客价值理论是现代营销的基本理论之一。一般认为，市场营销的核心是帮助交易双方认识到产品和服务的价值。把整个营销过程看作是一个价值感测、价值创造、价值传递的过程，其中，价值感测过程旨在发现新的价值机会；价值创造过程审查如何有效地形成和塑造更有前途的新的市场供应品；价值传递过程涉及如何利用企业或营销组织的资源库和能力，更有效地向终端顾客传递价值。客户感知价值的核心是客户感知利益与获取和享受产品或服务的感知代价之间的权衡，即收益与损失之间的权衡（trade-off）。

其实早在20世纪50年代，著名学者Drucker就指出，消费者购买和消费的虽然看起来是产品，但更深层次注重的其实不是产品本身而是整个产品的使用价值。他还进一步提出顾客价值是指顾客在购买产品或服务时所感知到的价值。尽管学者们使用了顾客价值的概念，但他们没有详细地描述和解释顾客价值。1988年，Zaithaml从顾客的角度出发，首次提出了“顾客感知价值理论”，她将顾客感知价值定义为通过权衡感知的利益与获取产品或服务的成本，对产品或服务的效用进行总体评估。Sheth等人将客户价值分为五类：功能性价值、社会性价值、情感性价值、认知价值、条件价值。Burns结合客户评价过程，将客户价值分为产品价值、使用价值、占有价值和全部价值。Woodruff和Flint把它分为实受价值和期望价值。感知价值的核心内容包括顾客满意度和顾客忠诚度等，感知利得与感知利失之间的权衡是感知价值的重要构成要素。从以上分析不难看出，尽管学者们对顾客价值有很多理解，但他们都是从交换的角度看待价值，一致认为感知价值的核心就是感知利得与感知利失的权衡。

从顾客价值的概念来看，不难总结出顾客价值的几个基本特征：第一，顾客价值是客户对产品或服务的感知，是与产品或服务相联系的，是基于客户个人的主观判断；第二，客户感知价值的核心是客户感知的利益与获取和享受产品或服务的感知代价之间的权衡，即利得与利失之间的权衡；第三，顾客感知价值是分层的，从产品属性，将属性效用转化为预期结果，再转化为客户的预期目标。

这一理论的大师科特勒从顾客让渡价值和客户满意度的角度出发，提出了客户总价值与总顾客价值之差的可让渡价值理论。前者指顾客从某一产品或服务中获得的一系列好处，包括产品价值、服务价值、人员价值、形象价值等。后者指顾客对产品或服务的让渡价值，包括购买价值、使用价值、社会价值和心理价值等。顾客总成本是指客户为某一产品或服务而支付的包括货币成本、时间成本、精神成本和体力成本在内的一系列成本。客户是价值的最大化者，他们希望以最低的成本从产品中获得最大的利益，以使他们的需求最大化。

Jeanke、Ron、Onno等建立了顾客价值模型。该模型将顾客价值分解为顾客价值的主观感受和客观感受。从供应商和顾客的角度，它描述了随着业务的发展，价值从模糊的概念向市场上特定的产品转变的过程。对于供应商来说，“价值交付”的概念是基于感知的顾客需求和公司自身的战略、能力及资源。对于供应商来说，顾客依据的是企业的战略、能力和资源，形成“想要得到的价值”的概念。由于企业条件或产品开发与市场脱节，企业根据“自己想提供的价值”来设计“设计价值”，两者之间就存在“设计差距”。对于客户来说，客户想要的是“他或她想要的价值”。由于社会环境和科技发展程度等客观因素的影响，市场上的产品不可能与客户想要的价值完全匹配，存在着“折中差距”和客户的“预期价值”。这样就导致在“顾客想要的价值”和“你想提供的价值”之间存在不可避免的信息差距，因为供应商和客户之间对客户需求的信息不对称，或者因为企业在客户需求调查过程中有太多的想法，企业对客户需求的分析也就不一定客观、准确，这就是客户主观价值感知导致“预期价值”和“设计价值”之间的“感知鸿沟”。当客户使用产品时，“收到的价值”和“期望价值”之间的差距是“满意度差距”。通过缩小差距，企业可以提供客户真正需要的价值。

Woodruff（1997）进一步构建了一个顾客价值层次模型，回答了客户如何感知企业提供的价值问题。该模型建议客户以途径到目标的方式来形成期望的价值。归根到底来说，在购买和使用具体产品时，客户会考虑产品的具体属性和属性效能，以及他们是否有能力达到预期的效果，客户也会基于这些结果对自己实现客户目标的能力形成预期。结合该模型，他研究了顾客价值评估的方法和实践，并且指出，顾客会对产品的结果形成一个整体的感知。从最高层次往下看，客户将根据自己的目标决定使用场景中每个结果的权重。结果表明，顾客对产品的期望价值和顾客的目标实现能力是一种动态的关系，也决定了属性的相对重要性及其有效性。同时，该模型还强调了使用情景在顾客价值评价中的重要作用，即当使用场景发生变化时，产品属性、成果和目标之间的关联也会发生变化。层次模型还提出通过比较产品使用前的期望价值和使用后的实受价值，使顾客在各个层次上都有满意感觉。因此，客户可能会对产品属性、属性效能、使用结果以及目标意图的程度感到满意或不满意。

二、网络营销理论

进入20世纪90年代以来，Internet的飞速发展推动了全球的互联网热潮。应运而生的网络营销为企业提供了适应全球网络技术发展与信息网络社会变革的新技术和新手段，形成了现代企业的营销策略。网络营销这一概念是由美国经济学家Mikhailov首先提出的，他说网络营销是企业利用互联网技术达到特定受众的一种营销方式。在电商企业发展之初，各大企业仍然直接引用传统企业的营销模式，但这种机械陈旧的营销模式显然无法达到预期的效果，而且还会消耗掉企业大量的人力、物力和财力，基于这种矛盾，就催生了一种不同于以往的营销渠道，借助新媒体、新技术，从不同角度、不同领域、不同消费热点，甚至是“炒作”的营销模式。网络营销是以网络为平台，通过互联网来进行营销活动。随着互联网的发展和营销模式的变革，形成了以下理论。

（一）网络整合营销理论

网络整合营销是以整合企业的所有内外部资源为手段，对改造后的企业的生产行为和市场行为进行重组，充分调动一切积极因素来实现企业的目标，进行全面且一致化的营销，简而言之就是一体化营销。将客户这一主体融入营销过程中，要做到这一点，企业必须同样重视客户需求和利润的最大化，相较于传统营销管理模式下的顾客价值取向也就发生了改变，届时整个营销过程将以客户的需求为出发点，并在整个营销过程中不断与客户互动，每一个营销决策都要站在消费者的角度出发，而不是像传统营销管理一样主要从企业角度出发。传统的营销管理经济理论是以厂商理论为基础的，即企业的利润最大化，而实际的决策过程就是市场调研→营销战略营销策略→反向营销控制，这是一个单向链，没有把买方融入整个营销决策过程，这就使得传统的营销管理经济理论在买方垄断市场会出现失效的情况。以舒尔兹教授为首的一批营销学者从客户需求的角度研究了市场营销理论，提出了所谓的4C组合：用户需求与期望（Customer）；用户花费的费用（Cost）；方便用户购买程度（Convenience）；企业与用户的沟通（Communication）。在整个营销过程中，顾客的参与度达到了一半以上，并且这种交互作用对企业的成功与否直接影响到企业的效率与效益。菲利浦·科特勒总结说："4P"反映了销售者对能够影响买方的营销工具的看法；从买方的角度来看，每个营销工具的设计都是为了传达客户的利益。他还认为，4P与4C有一对一的关系（即Product-Customer、Price-Cost、Place-Convenience、Promotion-Communication），"4P"应该为其客户提供价值，这个价值就是"4C"。根据这一经典论述，我们认为，网络营销整合模式是在企业与客户不断互动，清楚了解每个客户的个性化4C需求后，在这个前提下，做出相应的4P策略决策，以实现企业利润的最大化。网络营销的整合模式实际上就是一种基于消费者的、面向消费者的整合模式。由此可以看出，个性消费的复归，使得消费者需要与企业进行沟通，了解企业的个性需求，企业要想实现企业的目标，就必须将消费者融入传统的营销过程中。网络环境下的个性化服务的研究与发展，使整合营销模式的建立是由两个关键因素决定的：一是企业的战略，二是企业的文化。因此，个性化复归的直接结果就是需要一个完整的整合营销模式，网络的即时交互为该模型的实现提供了物质的基础。因此，在这两者的影响下，整合营销成为网络营销的首要理论基础。

（二）网络直复营销理论

直复营销理论在20世纪末期是一个引人注目的概念。关于这一理论美国直复营销协会所下的定义是："一种为了在任何地方产生可度量的反应和达成交易所使用的一种或多种广告媒体的相互作用的市场营销体系。"该理论的核心观点就是说明了网络营销是可测试、度量和评价的，这就从根本上解决了传统营销效果评价的困难性，为更科学的营销决策提供了依据。基于互联网的直复营销更加符合直复营销的理念，这表现在如下四方面：一是作为相互作用体系的直复营销强调了"营销者—目标顾客"之间的双向信息交流，这种信息交流的目的就是克服传统市场营销中营销者和顾客之间无法沟通的致命弱点。二是直复营销活动的关键是为每个目标顾客提供直接向营销人员反映的渠道，企业可以凭借顾客反应找到不足，为下一次直复营销活动做好准备。三是直复营销活动强调在任何时间、任何地点都可以实现与顾客的信息双向交流。四是直复营销活动最重要的特性是直复营销活动的效果是可测定的。

（三）网络关系营销理论

网络关系营销是一种以网络为基础，以满足顾客需求为目标，以顾客价值最大化为宗旨的新型营销模式。关系营销是自 1990 年以来一直强调的一种营销理论，该理论主要包括两个方面：在宏观层面，要充分认识到市场营销可以对广泛的领域产生影响，包括顾客市场、劳动力市场、供应市场、内部市场、利益相关者市场和影响市场；在微观层面，认识到企业与顾客之间关系的变化，市场营销的核心应该从简单的一次性交易关系转向注重长期的交易关系。企业是社会经济大系统的子系统，企业的营销目标受多种外在因素影响，企业的营销活动是与消费者、竞争者、供应商、分销商、政府机关和社会组织互动的过程。关系营销的核心是为客户提供高度满意的产品与服务价值，通过在加强与客户联系的同时为客户提供有效的服务，并与客户建立长期联系的渠道，在与客户建立长期关系的基础上进行营销活动，以达到企业的营销目标。通过互联网交易企业，实现从产品质量、服务质量到交易服务的全过程质量控制。互联网的出现给企业带来了很大的挑战，但是也有许多优势，例如，互联网可以连接更多的人，使得营销活动更加有效，更加有针对性。各个企业和组织之间也可以通过网络构建的交流平台实现相同领域或者不同领域的合作，实现双赢发展的目的。网络营销的方法主要分为两种：网站营销和无网站营销。无网站营销主要靠电子邮件营销和虚拟社区营销，而网站营销则是网络营销的主要主体。

（四）网络软营销理论

网络的发展最初并不是为了商业行为，而且在一定程度上可以说是抵制网络商业行为的。企业在网络上提供商品信息必须遵守一定的规则，不能类似传统营销活动一样将强势广告模式照搬到网络营销上来，这是受“网络礼仪”（Eliquelle）约束的。这一“网络礼仪”的基本规则是不欢迎主动提供的信息，这就需要把营销的重点放在“软营销”上，“软营销”的特点主要体现在遵守网络礼仪，通过潜移默化地运用网络礼仪，获得微妙的营销效果。强势营销是以企业利益的最大化为目标，而软营销的基本原则是以“礼貌”为企业营销的基本原则。软营销和强势营销的根本区别之一是：软营销的活跃分子是消费者，强势营销的活跃分子是企业。个性化消费需求的回归，使消费者的心理需求更加活跃，网络的互动特性使消费者的心理需求更加活跃。在网上，消费者对于广告信息的需求是很大的，他们不会去寻找所需的产品信息，而是会选择一些个性化的产品信息。不请自到的广告是不受欢迎的，但它们是出于在网上寻找信息和广告的个性化需求，在这种情况下，商家会默默地等待消费者找到你，一旦消费者找到你，你就应该尽一切努力留住他，以提高客户忠诚度的手段来留住客户。

三、环境动态性理论

动态环境是指宏观经济环境、产业环境、企业内部环境、社会环境，其形式、内涵和状态随着时间的推移而变化，其中各种环境处于复杂多变和不稳定的状态，主要特点就是变化。企业的经营环境是在一定的历史条件下形成的，并且随着时间的推移而发生着变化。战略对于企业的生存和发展具有十分重要的意义，因此动态环境下的战略管理问题就显得十分关键，尤其是当企业的经营环境变得越来越动态化和复杂化的时候。因为制定和实施战略的目的是为了实现企业内部条件环境和外部环境之间的一致性。战略管理本身就是对动态环境下各种环境变化时应采取对策的管理和通过变化进行动态的战略管理，其核心就是环境变化和组织适应问题。战略管理者就是变化寻求者，他不但要自己适应变化，还要向其他的组织成员传达如何变化才能使组织适应环境的变化，这样就形成变化是不可避免的经营理念。

随着企业外部环境的不断变化，不少学者开始关注环境、战略与组织之间的关系问题。学者阿尔里奇（1979）、钱得勒（1962）、安得鲁斯（1972）和查尔德（1972）等人认为，环境是真实的，组织与环境是相互分离的，所有构成战略态势的环境要素都独立于观察者。战略制定者必须通过扫描客观存在的环境以发现机会和威胁，并找到与这一环境事实相匹配的最佳战略方案，理性的分析过程是寻求特定环境态势下最佳战略方案的关键。为了应对动态变化的外部环境，企业需要谋求战略变革和创新，原先用于制造业的柔性思想逐渐被应用到了企业管理中。

柔性（Flexibility）是指企业在经济活动中自主对市场环境中产生的新变革或新情况做出一定反应或主动适应的程度和质量。安索夫（1965）首先提出了柔性战略观点，并提出要将柔性思想实践于企业战略管理活动中，认为企业柔性包括内部柔性和外部柔性。其中内部柔性（internalflexibility）是指组织快速适应环境要求的能力；外部柔性（externalflexibility）则是指组织能动地影响环境的能力，它通过保护性（防御性）策略或开拓性（进取性）策略来减少组织的脆弱性。刘益和李垣等（2005）就认为，柔性战略不仅仅是一种面向市场被动调整的适应性战略，该战略本身更强调的是通过创造和利用市场变化来把握企业在市场上的主动权。或者说，它是一种破坏旧的竞争优势并通过变化创造新的竞争优势的战略。阿克和马什卡雷尼亚什（1984）提出了实现柔性战略的方法，如多元化、投资于未经充分利用的资产以及减少专用性承诺等。桑切斯（1995）则结合资源理论和能力理论，认为柔性战略的成功实施依赖于两方面，即企业可用资源的固有柔性（如备选资源的使用范围、资源的转换成本与转换时间）以及企业运用现有资源解决实际问题的能力。综合各位学者的观点，笔者认为，柔性战略观是指企业在不断变化的竞争环境中，通过利用、整合或创造内部和外部资源，对环境变化作出的能动性反应，以实现其战略目标的行为。

四、全员营销理论

全员营销是整合营销中的一个重要概念。整合营销需要企业的所有活动协调一致，以服务于客户的利益为目的，全员营销是整合营销的必然结果。近年来，全员营销已被通信运营企业所广泛采用。这种做法不仅造成企业内部管理和员工的工作负担过重，而定位无非把员工当作营销人员。但在具体的商业实践中，人们对它的理解往往是狭义的、肤浅的。所有的营销人员都明白，自身都应该为企业承担具体的营销工作，所以集团分公司和各个部门就通过层层制定指标的方式，把指标完成度和奖金的发放联系起来。指标分解到每一位销售人员，并且严格要求，不管是什么岗位，不管是什么工作，都要在规定的时限内完成。孙丽辉给出了一个比较完整的全员营销管理的定义，全员营销管理是指公司以市场营销部门为核心，采购、研究开发、生产作业、物流、人力资源、财务管理等部门统一以市场为中心、以顾客为导向，进行营销管理，参加企业整个营销活动的分析、规划、执行和控制，为顾客创造最大的让渡价值，实现顾客满意最大化，使公司从中获得长远发展和长期利益。也有一些行业中比较正确地使用了全员营销理论和方法，例如酒店行业。全员营销最重要的是树立全员市场导向意识而不是全员性地去做市场营销。

五、客户关系管理理论

顾客关系管理（CRM），源于以客户为中心的商业模式，是通过一个详细管理企业与客户之间关系的系统，以实现客户价值最大化。有资料反映，CRM 起源于 20 世纪末期的“接触管理”，专门收集客户与公司的所有信息。1990 年，许多美国公司开始开发销售自动化系统，以满足竞争的需要，然后把重点放在客户服务系统上，1996 年，一些公司开始将两个系统结合起来，即营销策划和现场服务，以及将计算机电话集成技术集成起来，组成一个将销售和服务结合起来的呼叫中心，这就是客户关系管理（简称为“客户管理”），其核心思想是收集客户呼叫中心的信息。顾客关系管理系统是美国计算机技术咨询集团顾问组于 1997 引进的，目的是建立一个系统，使企业能组成关系实体，客户服务、销售和支援方面互相协调，客户关系管理理论经历了“以产品为中心”的管理模式向“以客户为中心”的管理模式的演变过程。客户关系管理系统是企业与客户之间建立的管理联系活动的信息系统，通过对客户信息资源的有效管理，对客户需求特点的分析，不断发现客户价值，为客户提供满意的产品与服务，最大限度地瞄准老客户，吸引新客户，提高企业竞争力，建立企业与客户之间长期、稳定、互信的关系。客户关系管理是一个动态的、系统的过程，其目的是为了更好地开发和利用客户资源，充分发挥客户价值，实现企业经济效益和社会效益的最大化。客户关系管理是以客户为中心，以企业的经营战略和企业文化为基础，以提高企业竞争力为目标，以满足客户的个性化需求为宗旨的管理模式。客户关系管理的核心理念是将客户作为企业发展和市场营销的重要资源，对企业与客户之间的各种关系进行全面管理，建立统一的客户信息数据库。

客户关系管理系统包括一些基本功能，根据这些功能模块开发了软件系统，将客户关系管理应用于企业前端组织，例如销售组织、服务组织和营销组织，销售管理是这些组织的核心业务部分。吴新敏认为，客户关系管理的实质是客户价值差异化管理和应对方法差别化管理。客户关系管理理论与客户价值理论密切相关，只有看到客户价值的核心，才能实现“以顾客为中心”的转变。目前，客户关系管理已经将科学的市场营销管理理念运用到软件系统中。企业在实施客户关系管理战略时，应当注意顾客价值理论在客户关系管理中的作用。企业只有建立资料数据库，注重服务营销与关系营销的有效结合，才能真正关注客户的长期价值。近年来，欧美的许多企业都已开始使用了 CRM 系统，20 世纪末，国内企业开始走向 CRM，但目前大多数企业还处于 CRM 的熟悉与培训阶段。CRM 的实施，不单纯是一个技术问题，还是个管理和经济问题，需要对企业的业务流程进行再造，需要与前台的办公系统和后台的应用软件集成一个完整的系统，才能发挥其技术优势和管理优势。但不可否认的是，关于 CRM 的研究和应用还有很多问题。医药商业企业在营销活动中如何运用价值链管理，以及如何利用这些理论和技术来解决实际问题，成为当前医药营销研究中的重点。

六、客户满意理论

“客户满意”（CS）一词是莱维特创造的，他在 2007 年《哈佛商业评论》发表的《营销近视》一文中写道：“工业生产是顾客满意的过程，而不是产品生产。销售只是求爱，婚姻才紧接着刚刚开始。”作为一种管理理论，“客户满意理论”始于 20 世纪 80 年代美国、瑞典、日本等发达的市场经济国家的企业实践中。客户关系管理的实质就是建立与客户相联系的企业组织结构和运用先进的管理方法来提高客户价值观、理念、管理模式等方面。CS 是一种以客户价值取向为中心的新型营销理念，顾客满意应该是客户关系管理的一个重要目标。

客户满意理论的核心理念是把顾客需求作为市场开发的源泉，在产品功能、外观设计、价格策略、分销渠道、建立促销环节、完善售后服务系统等方面，以便利顾客为原则，使顾客最大限度地感到满意。顾客满意理论的发展经历了从顾客导向到顾客满足的演变。顾客满意理论在西方发展的较早，而在国内的研究则相对滞后。在国内研究中，曹礼教授主要从客户满意度出发，探讨了顾客满意战略与服务营销之间的关系。在不同的研究中，对“顾客满意”有不同的解释，如顾客对产品特性的满意、对交易过程的满意、对品牌价值的满意、对消费体验的满意等。王永贵、韩顺平等人则认为，在实践中，至少有两种不同的方式来定义客户满意度，一种是交易导向的客户满意度，另一种是累积性客户满意度。前者是指对某一特定购买交易行为的事后评价，而后者是指基于全面的采购和消费经验对客户进行的全面评价。

从国外的研究趋势来看，客户满意理论已经从一个概念发展成为一套可操作的客户满意度定义、度量、评价和调查方法，可以在此基础上进一步深入研究客户期望的类型、影响客户期望的因素分析等。刘震宇（2018）在研究中专注于企业运营中的客户满意度分析，为企业提供了一套顾客满意度调查和研究方法。如果我们将客户价值理论与顾客客户关系管理理论结合起来，就会发现顾客客户关系管理的建立意味着客户价值管理可以获得大量的利润，即实现顾客期望的感知价值要求。盛丽（2019）揭示价值创新与客户满意度的关系，她认为企业要真正贯彻顾客满意理念，必须认识到企业的竞争已经不是单纯的产品和服务的竞争，而是服务与价值的竞争。企业要真正践行客户满意的理念，就必须为客户创造更多的让渡价值，实施价值创新战略，提高客户效益，降低购买成本，实现顾客满意与企业利益的战略双赢。

七、制度营销理论

制度营销理念是世界著名管理大师彼得·德鲁克的创见。作为制度思想家的德鲁克在他早期的管理著作中指出，战略管理的基础是组织能够在多大程度上利用交易规则（营销制度）为其客户建立自己的价值观和价值主张，他还提出了制度营销的概念。德鲁克强调，各组织的管理者必须了解交易规则的后果，以及如何利用这些规则为该组织的生存和发展承担社会责任和社会成本。

除了德鲁克对营销制度的管理和策略有深刻的理解外，许多学者也从不同的研究领域对特定的营销制度进行了研究。Amdt（1981）认为，营销制度是指组织为实现与顾客的交易和其他互动而制定的一套条件和规则。正规的营销制度主要是指条款化交易规则，包括客户战略、销售合同，沟通战略、服务承诺等等。例如 Carsn 等人（1999）分析了制度安排，包括合约、所有权和社会因素如何影响营销体系的效率和利润，并提出了相应的制度设计原则。他们认为制度的有效运行需要交易各方的共同努力，并且交易各方应用这些原则，可以有效地提高产品或服务的营销效果。Bharadwaj 等人（1993）的研究表明，顾客服务计划有助于为服务企业建立可持续竞争优势。这些研究都表明了营销制度在营销管理中的重要作用。Gundlach（1994）认为，交易过程中的正式营销制度或贸易规则将保护交易当事方的利益。Homburg 等人（2002）指出，大客户管理制度的功能是保护交易双方的权利。Dahlstrom 和 Nygaard（1999）研究了连锁分销渠道的交易前和交易后成本，发现营销制度可以减少机会主义行为。Afltia 和 Frazier（2000）研究了渠道成员对违约的反应，发现合同的强制力越强，绩效越好。Mohr 和 Nevin（1990）的一项研究发现，渠道成员之间的沟通战略对渠道绩效有影响，这表明，当沟通战略与渠道条件匹配时，渠道绩效得到改善。因此，基于相关的学术成果，特别是德鲁克制度营销思想，本文认为企业的交易规则或营销制度可以作为营销战略基础，成为新营销模式的核心内容。在制度营销中，企业与消费者的关系更加密切。简单地说，制度营销可以被看作是企业利用规定的交易规则来吸引和留住客户的一种营销手段或营销模式。其中，规定交易规则是企业所采用的正式营销制度，其目的是实现与客户的交易及其他互动。这种营销方式在西方发达国家中得到了广泛应用，并且为企业带来了良好的经济效益。传统营销主要是通过人际关系、促销和广告吸引消费者，使消费者处于被动影响的地位，而制度营销则不同，制度营销通过长期、稳定、公开的交易规则或制度，界定和明确消费者的权利，更加注重消费者在交易过程的知情权、安全感权和公平感权，使消费者能够积极的比较和选择，满足其公开、公平、安全消费的期望。

第三节　国内外文献综述

国内外学者对企业营销能力和医药生产企业有着较为丰富的研究，已形成体系的研究成果。下面聚焦主题，根据研究的主要内容，从企业营销能力构成、企业营销能力评价、医药企业营销能力提升三个层面进行文献综述。

一、关于企业营销能力构成的研究

国外对企业能力构成的研究起步较早，Webster（1992）强调，企业在研究动态环境中的营销能力建设时，应更全面地考虑各种关系和联盟所固有的组织方面和战略层面。营销能力作为企业的核心竞争力之一，是一个动态的概念，据此，他提出了企业能力的构成框架。在他看来，营销工作体现在企业层面、业务单元层面和职能层面。在企业层面，营销是文化；在业务单元层面，营销是一个包含市场细分、市场选择、市场定位的战略；在功能层面，营销是以实施 4PS 营销战略为核心的活动。Kotler（1999）在分析公司竞争的优势和劣势时曾建议，企业的市场评价能力应该包含以下 12 个方面：企业信誉、市场份额、产品质量、服务质量、定价效果、销售效果、促销效果、销售效率、创新效果、地域覆盖范围。Hooley（1998）认为，市场能力是一种可以使企业获得竞争优势的资源，企业的战略营销能力主要是指企业对市场的认知、定位、目标市场的选择；功能市场能力是指客户关系管理、客户接触、产品管理、新产品研发能力；经营任务营销能力是指实施市场营销的能力。

营销管理计划和营销能力是一种制度安排。企业业务单元层面上，营销是一种技术，包括市场定位、市场策划和市场实施。Vorhies（1999）通过衡量营销能力，并确定了营销能力的六个方面：市场研究、定价、产品开发、渠道分销管理、促销管理和营销管理计划。Vorhies 和 Morgan（2005）通过深度面谈和重点小组讨论发现，营销能力应包括八个测量维度：产品开发能力、定价能力、分销能力、营销沟通能力、销售、市场信息管理能力、营销计划准备能力和营销执行能力等。Furlan 和 Grandinetti（2011）运用系统分析出企业营销能力的结构包括功能能力、关系能力和动态能力，功能能力是指高效率和有成效地履行企业核心职能（运营、营销和研发）和辅助职能（人力资源管理和会计等）的能力；关系能力使企业能够高效和有效地利用外部资源，并能成功管理现有关系网络的能力，例如，供应链管理和顾客关系管理能力；动态能力是指企业生产、整合和重新配置内部和外部资源以适应甚至创造市场变化的能力，其中一些能力是发展和整合职能与关系，而另一些能力则是为企业寻找和选择适当的合作伙伴、协调复杂的投资组合和重新配置整个企业价值网络。

进入 21 世纪以后，随着社会主义市场经济体系的建立和各种市场经济基础设施的完善，国内学者对企业营销能力的构成也进行了广泛的研究。王政（2007）认为，企业营销能力应包括八个方面的能力：营销文化、客户导向、竞争对手导向、内部顾客导向、营销学习能力、市场感知能力、部门协调能力、营销运作能力、营销战略能力。李永林（2005）认为企业营销能力可以从营销战略、营销组合和营销创新三个方面理解。吴泗宗等（2006）提出，企业营销能力应该包括营销文化、营销情报、战略定位、产品与产销整合、过程协调、利益平衡等。刘玉来（2005）将企业的营销能力分为三个层次：第一层是基础层，又称核心层，包括营销文化、营销体系创新能力等，如营销组织化程度、市场驱动化、软资源开发能力、诚信力、形象力；第二层是基本能力层，又称决策能力层，是指企业制定营销战略、选择目标市场、制定营销策略的能力；第三层是外显能力层，又称技术操作能力层，包括调查预测能力、实施营销策略各要素的能力，如产品设计能力、推销能力等。赵伟（2010）将企业的营销能力分为价值力、销售力和持续力三个部分，价值力可以分为产品力、服务力、品牌力，销售力可以分为价格力、渠道力、促销力，持续力可以分为产品生命力、顾客关系维系力、营销执行力。

二、关于企业营销能力评价的研究

对企业营销能力的评价主要是针对某一行业或某一类企业进行，采用的方法主要是模糊综合评价法、层次分析法、DEA 模型、专家咨询法等等，下面简要介绍一些有代表性的研究。王莹（2008）建立了房地产企业营销能力评价指标体系，将模糊综合评价法引入到房地产企业营销能力评价中。王岩（2006）利用层次分析法、盈利能力分析法、DEA 模型对哈尔滨四家公司的网络营销绩效的评价进行了实证分析。孟志鹏（2015）运用层次分析法和模糊综合评价法建立旅游地产营销能力评价模型，得出影响旅游地产营销能力的五大因素：第一是营销战略，第二是旅游产品竞争力，第三是品牌和营销传播能力，第四是顾客关系价值，第五是营销组织能力。杨帅（2017）从提高灰关联度的角度分析了企业营销能力评价过程，从营销观念的时效性、营销信息的使用率、营销策略、营销效率、营销执行情况五个方面对企业营销能力进行了评价。张景岚等（2019）利用德尔菲专家咨询法构建的大型公立医院网络营销能力评价指标体系涵盖一级指标 3 项，二级指标 27 项。谭晓（2020）建立了一个中小型制造企业营销能力体系模型，使用“专家意见法”收集数据，并使用 ANP 网络层次分析法（ANP）和 DEMAETL 确定了中小型制造企业营销能力模型各维度要素的相对重要性。

三、关于医药企业营销能力提升的研究

关于我国制药公司的营销能力和渠道创新的研究在 80 年代才开始，随着医药行业的发展，研究也越来越多。王道军（1998）认为，要把我国的药品市场分成不同的市场，并采用不同的市场营销方法，把我国的药品市场分为国内外市场、普药市场和新药市场、制药企业市场和非药品企业市场。彭兆文（2006）根据我国药品市场的特点，提出了在我国药品市场中，要采取有效的营销措施，既要从企业着手，也要从政府着手。他指出，在企业方面，中国面临着“入世”和新的外部环境，制药企业应提高医药营销的专业知识，学会运用医药市场中介，探索打破由第三方代理引起的信息不对称，充分发挥自身资源优势，解决企业与医药机构之间的矛盾；在政府层面，要通过制定科学合理的措施保护多方切身利益，更加注重维护消费者的切身利益，更加注重平衡药企的切身利益，更加注重建立医药卫生协调发展的体制机制。任玉红（2006）提出了销售组织架构和管理的重要性：在国外先进制药企业相继进入中国医药市场并凭借强大的综合实力获得巨大企业利润的背景下，中国制药企业应分析研究国外企业的各种销售组织架构，总结其在销售组织架构的设计、实施和管理中的先进性、科学性和合理性经验，以获得实践的启示和帮助。罗孝玲（2007）设计了医药商业企业营销能力评价指标体系，提出了指标体系中定性和定量指标价值的确定方法。潘振（2010）以 4C 营销理论为基础，研究了中国非处方药的市场营销问题。他指出，在这样一个高速增长、竞争激励市场中，一个单一的营销策略是无法应对的，企业需要详细分析企业营销的社会宏观环境和行业微观环境，从而合理选择营销战略，并在营销实践中运用理论进行持续的营销创新。张丽云（2006）探讨了新形势下制药

企业的营销模式创新。在开展治理药品购销贿赂专项行动、整顿和规范药品市场秩序、促进新一轮药品降价的新形势下，我国制药企业应创新市场营销渠道模式，如经销商组合模式、厂商与终端联盟模式、经销商与直营结合模式、经销商与代理结合模式等。刘险峰（2014）还提出，在新形势下，医药企业要转变营销观念，树立正确的药品营销价值观——产品要用于让患者恢复健康，而不是单纯追求企业利润；还应该优化营销链条，实现高效的营销，最后实现直接面向消费者的营销模式；要加强队伍建设，打造一支以权威医药专家为核心的营销团队。这些论述对我国医药企业在新形势下如何提升营销能力具有一定的借鉴意义。

综上所述，当前关于企业营销模式、营销方法、营销能力等方面的研究相当扎实，特别是在营销能力的内涵、意义、构成等方面也有比较深入的探索，但还有两个方面有待进一步研究。一是对营销能力的解构还是基于传统 4PS 和 4C 理论，且评价方法比较简单，不适应数字经济时代的立体动态评价要求；其次，当前我国学界对医药企业营销能力的研究仍然比较薄弱，往往停留在国外医药企业营销能力评价、组织结构、营销方法等方面，还没有充分考虑我国的特殊国情和我国医药市场的基本特征，也没有充分梳理审视我国医药行业发展的内在逻辑和未来发展趋势。

第三章　我国医药行业营销发展概述

我国医药行业营销的发展有明显的阶段性，在不同的阶段有不同的使命，也有不同的特征和特性。特别是在引进国外先进模式，并结合我国医药行业实际不断实现营销创新发展的基础上，我国医药行业已经形成了比较完善的营销体系，在新时代有着光明的前景。

第一节　中国药品的开发和销售

现代制药企业的成功离不开两大支柱：新药开发以及药品营销。中国医药产业的发展还处于起步阶段或者说是不成熟阶段。改革开放前，中国实行的是高度集权的计划经济体制，医药管理体制也是集中和统一模式。企业只能被动地接受国家的政策法规和政府的指令，被动地执行国家制定的法律法规，被动地生产出来药品，而且政府的政策法规不允许企业进行自主营销，受限于政策环境的影响，医药产业的发展缓慢。在这样的制度下，企业既没有动力，也没有必要进行独立的营销。改革开放以来，随着中外合资药企的兴起，医药营销也进入了中国。国内医药企业的生存与发展面临严峻的挑战，医药市场的竞争日趋激烈。本节则将中国医药市场营销发展进一步细分为四个阶段，在营销转型的过程中，每个阶段都有其自身的特点。

一、第一阶段：计划经济时期（1949—1978 年）

新中国成立后，医药营销是完全计划经济的产物，处于统一购销的模式。在这一时期，药品的流通属于国家所有，其流通渠道分为四个层次，即三级的批发和一级的零售。这种模式下的医药商品流通，不仅不利于医药市场的繁荣，而且阻碍了抗生素、生化药品、生物制剂、激素、生物制品等药品的生产。那一时期我国只有北京、上海、沈阳、天津和广州 5 个一级医疗商品医药批发站。医药流通渠道的单一性、垄断性，使得医药流通成本居高不下，医药企业利润微薄，医药流通行业的整体效益差强人意。因此，在医药流通领域，完整的计划经济体制已形成不合理的格局。医药生产企业只能按计划向一级批发站，以及部分二级批发站销售，再从一级（或二级）批发站向下级批发站、从三级批发站向医院和药店销售部分药品。

它的主要特点如下：

（1）医药企业、药品批发站企业只能按照国家计划生产、销售，生产企业与一级、二级批发企业签订年度供货合同。

（2）流通渠道单一、畅通、有序（低水平的有序），不存在渠道冲突。

（3）药品流通领域价格波动幅度不大，商品交易流转加价率在15%左右。

（4）药品流通渠道耗时9个月左右，周转时间长，药品流通效率低。

二、第二阶段：市场过渡时期（1979—2000年）

这一时期是整个中国医药营销的起步阶段并大步迈入快速发展跑道的时期，是中国医药营销的真正起点，本质上说，这一阶段是以国外医药企业进入我国医药市场开始的。改革开放以来，中国医药营销的发展与市场化进程息息相关。改革开放以前，中国医药市场是一个比较封闭的市场，医药企业的经营方式比较单一，医药市场化进程缓慢。外资医药企业进入中国医药市场后，在我国医药营销的发展中起着举足轻重的作用，其产品质量、经营方式、市场策略、价格体系和营销网络等都不断地影响着医药营销发展。所以，想要研究改革开放后至今中国医药营销产业的萌芽与发展，就无法绕开外资医药企业对大环境的带动影响作用。

推动这一起步阶段的主要角色是两家合资企业——中美史克和西安杨森，这两家合资企业在中国市场开创了一种新的药品营销模式，随着肠虫清、康泰克和吗丁宁等知名药品广告的面世，在中国开创了一套全新的药品推广模式。这种现象的根本原因在于，当时中国的医药市场尚未完全形成成熟的、具有竞争力的产品营销模式。那一时期中国医药产业正处于由计划经济向市场经济转型的关键时期，严格意义上的药品销售推广处于萌芽阶段，消费者仍处于盲目选购和被动采购阶段。

20世纪80年代，国家医药管理局在“新产品、新技术、外向型”的基础上，提出了“医药行业利用外资三要原则”，启动了对医药行业的大规模引进外资。1980年8月，中国第一家中外合资医药企业——天津大冢制药有限公司正式签约成立。以此为起点，中国大呆制药有限公司（中日合资）、美国上海施贵宝制药有限公司（中美合资）、天津史克制药有限公司（中美合资）、西安杨森制药有限公司（中比合资）、龙德医药器械有限公司（美国合资）、辉瑞制药有限公司（中美合资）等1 790家“三资”医药企业的成立，如重锤般打破了当时中国医药企业的封闭状态，中国医药行业向市场经济转型的脚步明显加快，这些企业不仅为整个医药行业带来了资本、技术、产品，更带来了先进的管理思想以及新颖的营销模式和战略。

20世纪90年代，中国改革开放进入了深化改革和扩大开放的新时期。国家为了加快经济发展，实现小康目标，提出了“三步走”的战略目标。国有医药企业抓住深化改革的机遇，采取多种模式来转变自身经营机制。但是，由于行业监管跟不上行业发展的步伐，市场秩序不断受到冲击，各方力量不断干预医药批发和经营业务，医药生产经营企业在这一时期迅速扩张，数量激增，随之而来的是医药管理和医药市场本身所存在的严重问题也不断地暴露。1996年，国务院要求工商局等部门处理药品流通领域的回扣问题，但收效甚微，回扣风依然普遍，医药价格虚高。1997年，党中央、国务院颁布《关于卫生改革和发展的决定》，城镇医疗保险制度改革、医药卫生体制改革和医药企业市场营销分类管理制度全面铺开。这一时期是医药营销快速调整和发展的时期，也是中国医药市场最混乱、最无序的时期。医药企业在这一时期也经历了从传统的批发零售业态向现代化连锁经营模式转变，在转变过程中也出现了一些新的营销手段和方法，带来了“喜忧参半”的结果，虽然这一时期医药市场表现出异常活跃的特点，但是以区域代理制为主的销售模式使得医药市场矛盾日益凸显。

改革开放早期，由于医药流通领域还未向外资开放，当时的医药“三资”企业主要还是生产型企业。随着医药市场的不断开放，医药流通领域也开始逐渐对外资开放，医药“三资”企业相应地进入到整个医药市场的所有环节中来。医药“三资”企业的市场特征主要体现在六个方面：企业生产的产品大多为新产品和专利品、产品垄断力量雄厚、产品知名度高、企业盈利水平高、企业销售增长率高、产品扩张速度较快。

改革开放早期，我国医药行业存在以国有企业为主、企业经营管理水平较低、产品市场竞争力不强、产品营销模式落后等实际问题。而“三资”企业在中国医药市场采取的营销行为可谓是极具创意，其优秀的传播理念和先进典型的营销案例对整个中国医药营销发展都具有明显的示范和带动作用。同时“三资”企业在不断提高自身企业实力的同时，也使得我国医药市场逐步走向规范。这一时期，中国首批医药代表出现在上海施贵宝公司，标志着医药代表作为药厂和医院医生之间的桥梁关系开始建立起来。医药代表的出现具有三重职能，即推广产品、传播产品知识、解决产品疑难问题。在这一段时间内，大多数药品营销企业仍是较为普通的“卖产品”阶段，而部分企业已经领先进入“产品广告”阶段，同时少数企业还开展了“服务＋商品＋广告”试点。

概括起来，“三资”企业带动作用主要体现在以下几方面：

第一，“三资”企业带来了更为先进的营销理念。“三资”企业所追求的先进营销观念是现代市场营销理念，这显然比当时国有企业的营销观念要先进得多。树立起了以顾客为中心，以产品为基础，以顾客满意度为目标，以企业效益为导向的现代化营销观念。相应的，医药企业也需要根据病患者和医生的需求进行生产经营，开始了适销对路和全面营销活动。

第二，“三资”企业促使更为精细的市场调研出现。市场调研的主要内容和目的就是分析市场形势，确定营销目标。对于任何一家企业来说，制定营销策略都是无法忽视的基础性工作，是指导企业选择市场，降低市场风险的保证。市场调研是一门实践性很强的应用学科，它涉及经济学、社会学、医学、药学等多个领域。“三资”企业普遍非常重视市场调研，他们建立起行业内高效的市场信息系统，以便于能够及时了解市场动态。例如西安杨森的达克宁霜在推出之前就做了大量的市场论证和消费者调研工作，对广大消费者们的需求有了一个简单清晰的认识。该公司不仅采用问卷、电访的方式进行访问，甚至采用面访的方式了解消费者的需求，经过这样严格且细致的调查研究，他们得出，消费者不仅期待药物能有效治疗脚气，而且认为药物对预防脚气复发也同样至关重要。因此，达克宁霜的广告特别注重宣传该产品具有减少脚气复发的可能性，这一行为直接为消费者指明了消除脚气不适的关键，使得达克宁霜一经推出便取得了巨大的成功。

第三，“三资”企业带来了更为精准的市场定位。能否正确的选择目标消费者不仅是营销战略的基础，也是提高营销效果的关键。在激烈的市场竞争中，没有一款产品能满足所有群体的消费需求，更不用说靠一款产品垄断整个医药市场。医药企业只有在细分市场的基础上，结合产品品种、企业资源条件，选择局部市场或区域性市场来推出产品，才能够取得好的反响和收益。因此，医药“三资”企业的营销策略也是以细分市场为基础的。从详细的市场资料和实践情况来看，“三资”企业可以有效细分医药市场，整合产品和资源优势，将营销重点放在病员数量多、市场潜力大的精准细分市场，这已成为全行业的行业共识。医药企业需要明确一个产品或自身企业在选定的市场中的明确定位，并建立个性化且令人印象深刻的形象。医药“三资”企业市场主要以新产品、专利产品为主，明确了自身在中高档水准的市场地位，不断地促进企业的规范化。

第四，“三资”企业具有独特的产品优势。相对于本土医药企业而言，“三资”企业的产品凭借其先进的生产技术、可靠的产品质量、产品差异化的优势，在市场中天然带有鲜明的特色。得益于公司强大的技术积累，公司产品主要由新产品和专利产品组成，技术含量高，毒副作用小，深受病患者和临床医生欢迎且市场覆盖面高。具体来说，“三资”企业的产品特点主要表现在两个方面：一是产品质量可靠性好，一般来说，“三资”企业都符合先进生产工艺的要求，因此产品质量的可靠性相对较高；二是由于国外的专利产品和新产品都受到法律和政策的保护，一般都是在市场上完全垄断或有特许生产的情况下生产的，产品市场地位好，经济效益高。

第五，“三资”企业具有行而有效的营销策略。“三资”企业是在相对成熟的市场经济环境中成立并且经过长期发展的跨国制药企业，有比较系统的营销组织和营销模式，并移植到中国市场进行改革，从而形成药品营销的先入优势。“三资”企业的营销策略主要体现在营销渠道建设、品牌建设和企业形象建设三个方面：一是“三资”企业重视对中间经销商的选择和有效激励，其营销渠道建设呈现出高效率、低成本的特点；二是在“三资”企业的营销中，注重品牌塑造是其鲜明的特色，从而赢得了医生和患者的信任，从产品命名、企业标识、名牌意识、公关策划到企业形象建设，体现了“三资”企业对于品牌建设的系统安排；三是“三资”企业注重广告宣传，广泛利用媒体，通过多层次、多形式向消费者宣传产品的优势、用途、价格、用量、功效等信息，树立目标消费群的周知率和信任度；四是建立健全营销网络和营销队伍，这是行业建设的基础，也是医药企业发展壮大的基础，他们的广告宣传重点是针对目标市场进行广告策划，有效的广告投入、周到的广告策划和恰当的媒体选择是其广告宣传的特点。营销网络与营销队伍的建立是医药“三资”企业得以出现众多成功营销案例的又一“秘密武器”，他们不仅拥有数量庞大的产品营销队伍，而且这些营销人员都具有较高专业素质和营销技能，得以与目标市场区域的机构网络互动相对应。

三、第三阶段：改革深化时期（2001—2011）

这个时期药品市场变化剧烈，同时也伴随着频繁医药政策改革，这些改革也取得了非常明显的作用。这一特征在2001年中国加入世界贸易组织之后显得尤为突出，整个医药卫生行业的改革和开放也逐渐加深。伴随着各种医药行业政策的大量出台，医药市场快速发展，行业结构深刻变革，外资大规模进入，各种矛盾利益纠葛在一起，国家对医药行业也实施了力度更大、范围更广的规范治理行动。

从市场层面上看，在这一期间，作为医药行业主流产业的现代医药物流、药品零售等产业得以高速发展，同时一些新型行业也如雨后春笋般涌现。药店开始兼具超市的职能——销售日化用品和化妆品，在2002年，中国开始出现一些新颖的药品超市以及平价药品卖场。与此同时，药品分销领域也迎来了外资的进入。根据中国加入WTO后医药行业对国际市场做出的承诺，2003年1月1日起，药品零售业务开始对外商开放，允许外商在中国境内从事采购、储存、运输、零售和售后等全链条服务。截至2004年12月11日，药品分销领域完全向外资开放。2002年年初，北京医药股份有限公司与西门子德国泰克集团共同建立了一座现代化的医药物流配送中心。2003年6月27日，海王星辰公司与美国政府签署合作协议，以100万美元的价格从Medicine Shoppe公司的手中购买特许经营权，取得在中国市场（包括香港和澳门）特许经营该公司的医药项目。同年1月24日，三九集团与日本医药连锁企业株式会社宣布，将在中国扩大发展医药连锁产业，大力助推医药企业改革。2003年5月16日，中国新兴医药科技总公司与瑞士裕利集团旗下的裕利医药公司成立了合资公司——永裕新兴药品公司，中外合资比例为51∶49，这是外资首次真正进入中国药品分销行业。此外，随着2007年药品直供模式的出现，制造商之间出现了新的合作形式。药品直供是目前中国药品零售业务的主要模式之一，作为一种全新的模式，实际上是指药品生产企业与零售药店直接合作关系的供应模式，即产品从生产厂家直接配送到终端药店，没有其他中间环节。同年8月，上海医药集团与美国西门子合作成立上海医药股份有限公司，并于2004年4月正式投入运营，这是大型连锁超市和大卖场崛起后，制药企业试图寻找突破口的一种尝试。2006年，一些大型连锁药店开始致力于贴牌药物的生产，在一些领域，甚至出现了贴牌产品挤压品牌药市场的现象。

从政策和政府监管层面看，国家对医药市场进行了大力度整顿和大规模治理，主动推动医药行业特别是市场营销的管理走向规范化、制度化。2000年5月8日，国家颁布《关于纠正医疗机构及其药房对外销售药品问题的通知》，自2000年起，药品集中招标采购成为整个药品流通体制改革以及整顿药品市场秩序的突破之处，得以在全国范围之内强力推进。在这一年，国家还出台了《中华人民共和国药典》2000年版、《医疗器械监督管理条例》《关于城镇医药卫生体制改革指导意见的通知》《药品经营质量管理规范（GSP）认证管理办法（试行）》等一系列文件，从药品和医疗器械的制造、经营、销售、流通、使用、管理等方面进行了系统治理整顿，并集中开展了药品零售跨省连锁试点、药品广告治理、修订医疗器械国家标准、行业标准项目计划、药品分类管理、药品招标代理机构资格认定及监督管理、集中纠正医药购销中不正之风等方面的工作。

此后，2001 年出台的《中华人民共和国药品管理法》，对药品的购销规范以法律的形式确定下来，并集中整治了市场上生产、销售假劣药的企业和行为，重点加强了对药品进出口的管理。2002 年出台的《医疗器械标准管理办法》，全方位治理医疗器械生产、经营、销售、使用。自 2006 年元旦开始，处方药凭处方销售的方式在中国的药店将基本实现，而其余九个大类的药品将全部各种零售药店退出。与此同时，抗病毒药、肿瘤治疗药等消费者必须严格按照处方购买。2005 年 7 月，广告审查暂行规定出台，成为整个医药保健品行业历史性的转折点。2006 年 3 月 6 日，国家食品药品监督管理局发布了最新修订的《药品说明书和标签管理规定》和《关于进一步规范药品名称管理的通知》，两份文件明确指出，今后将大力整顿部分企业扰乱市场秩序、侵犯消费者合法权益甚至损害消费者健康的“一药多名”问题，文件指出，药品的通用名必须在其包装上突出且明显的展示出来，并严格限定商品名和商标的使用。2007 年，中央决定开展城镇居民基本医疗保险制度试点，2007 年在一些具有成熟条件的省份选择几个市，在当地推进建立以大病统筹为主要内容的城镇居民基本医疗保险制度的基础试点。该试点从 2007 年下半年开始启动，次年进行试点经验的总结进而继续进行推广，一直到 2009 年在全国范围内推开。同时出台的《药品广告审查发布标准》和《药品广告审查办法》，对医药营销中的包装、广告行为进行明确规范。2008 年，党中央国务院出台了《关于深化医药卫生体制改革的意见》，旨在深化药品、医用耗材集中带量采购制度的改革，全面形成市场为主导的合理、健康的价格形成机制，增强医药服务可及性。2009 年，医改方案再次更新并正式出台，该方案提出应当建立健全医疗保障体系，努力实现基本公共卫生服务的均等化，如此才能够完成从“重治疗”向“重预防”转变的先决条件。同样在 2009 年，《基本药物制度实施方案》应运而生，在该方案的保障之下，国家基本药物制度工作得以正式实施。2010 年，卫生部着力推进“先诊疗，后结算”的模式在全国范围内实现。然而由于诸如医保报销水平等的限制，一直到 2012 年该模式仍然无法实现在全国范围内的推行。

四、第四阶段：创新发展时期（2012 至今）

前三段时期的探索发展为我国医药行业和医药管理体系的成熟与健全打下了良好基础，为人民卫生健康事业做出了巨大贡献。但总体上还是在实践中模仿学习苏联和西方的模式，并根据国情、民情进行调整适应，重点解决在实践中的突出问题、紧要问题，具有较为明显的阶段性和历史性特征。伴随着国内医疗市场的建立、医药行业监管体系的健全、医药技术的发展、营销模式和手段的丰富、人民对医药需求和期望的不断提高，我国医药行业摸着石头过河的时期已经过去，即将进入到国际并跑甚至领跑阶段，中国医药生产企业和监管部门适应时代发展，不断进行创新探索，建立了具有中国特色的医药体系与营销模式，拥有了中国产权专利的医药产品与技术。这一阶段医疗行业的发展主要体现在以下几个方面。

一是注重战略规划和体系构建。2016 年 10 月 25 日，中共中央、国务院颁布《“健康中国 2030”规划纲要》，针对工业化、城镇化、人口老龄化、生态环境、生活方式不断变化等带来的新挑战，着力统筹解决关系人民健康的重大和长远问题。2018 年新的国家医疗保障局正式成立，其具备多重职能：统一医保基金管理、药品招标采购和定价等，该部门的主要核心成员则来自人社、财政、卫计、发改等相关部委，使得原本较为分散的职能收归统一。通过机构改革，实现了“三保合一”，使得与医保相关基金能够做到统筹使用，不仅使得效率得到提升，同时也让全国范围的医保互联互通的实现成为可能，也从实质上形成了医疗服务和药品的“超级采购方”。2019 年 8 月 29 日，国卫办发布《关于印发紧密型县域医疗卫生共同体建设试点省和试点县名单的通知》，建立分级诊疗制度，面向扭转当前医疗资源配置格局不合理的局面，解决资源分布不均衡的问题，以大量医院和基层医疗卫生机构为依托，围绕城乡医疗卫生服务网络建设，合理配置资源，盘活存量资源，提高资源配置使用效率。国务院办公厅于 2021 年 9 月 29 日印发《“十四五”全民医疗保障规划的通知》，提出要不断深化医保支付方式改革，全面推行以按病种付费为主的多元复合式医保支付方式，推进区域医保基金总额预算点数法计分方式改革，到 2035 年，基本实现以病种为单位的统筹地区全面覆盖。2021 年 11 月 26 日，国家医疗保障局印发《关于 DRG/DIP 支付方式改革三年行动计划的通知》，提出从 2022 年到 2024 年分阶段加快全面推开药品加成/医保支付 DRG/DIP 付费方式改革，2024 年底前完成全国所有统筹地区 DRG/DIP 支付方式改革，2025 年底前实现符合条件的医疗机构住院服务全覆盖。2021 年，国家卫生健康委印发《医疗机构设置规划指导原则（2021—2025 年）》，旨在优化医疗资源配置，加快优质资源扩容和区域均衡布局，推动公立医院高质量发展，构建分级诊疗重大疫情防控体系。

二是以改革开放实现创新发展。近年来，国家出台了一系列鼓励医药创新的政策，从创新药的审批、临床试验、生产及后续销售等全生命周期提供政策支持审批和临床试验方面，加快审评审批、绿色通道、优先评审。2017 年 1 月颁布《关于在公立医疗机构药品采购中推行“两票制”的实施意见（试行）》，“两票制”这项试图通过减少流通环节来降低虚高药价的医改政策得以在全国范围内强力推行，“两票制”意图让代理商从流通环节“挂靠、过票、洗钱”以兑付药品回扣的“底价代理”模式无法维系，用行政手段实现了减少流通环节的目的。2018 年 11 月 15 日，《4＋7 城市药品集中采购文件》发布，国家组织药品集中采购试点，药品领域降价已经取得明显成果。2019 年 10 月 15 日，国家药监局发布《化学药品注射剂仿制药质量和疗效一致性评价技术要求（征求意见稿）》和《已上市化学药品注射剂仿制药质量和疗效一致性评价申报资料要求（征求意见稿）》，对注射剂一致性评价的参比制剂、处方工艺、原辅包、质量研究与控制、稳定性及特殊注射剂/改规格注射剂等方面都明确了具体要求，注射剂一致性评价全面展开。2021 年是医药卫生体制改革进入深水区的关键之年，这一年的改革重点主要聚焦于不断地推动国家医保谈判、药品落地使用和药品耗材的集中采购，深化全体医务人员人事薪酬制度的改革，推进城镇居民、城乡居民医保支付方式改革，完善分级诊疗体系，加强公共卫生体系建设等。

三是突出“以人为本”的医疗服务理念。2012年，国家强制降低了药价和诊疗价格价格，要求医疗机构实行基本药物“零差价”销售，在政府主导下实施“基层综合改革”，包括医院管理体制体制改革、药品招标采购配送制度改革、保障制度改革、人事制度改革、分配制度改革等。2013年国家发改委、卫生部、中医药管理局发布新版《全国医疗服务价格项目规范》，公布了医疗服务的价格项目，基本医保制度城乡医保的覆盖面进一步扩大，达到了95%以上，个人医疗支出占卫生总费用的比例大幅下降。强化“一老一小”的医疗服务供应，将老年人、妇女儿童、残疾人、低保人员、流动人口等重点人群健康问题的解决放在重要位置。积极应对人口老龄化，扎实开展老年健康服务工作，积极完善生育支持措施，提高优生优育服务水平。2016年，出台的《关于加强儿童医疗卫生服务改革与发展的意见》，旨在大力发展高等院校中儿科医学人才的培养，改革儿科医学专业化教育，制定普通高校开展儿科医学专业人才培训规划。2016年起，“5+3”一体化医学教育模式在39所高校实施，旨在进行一体化儿科医生培养。此外，主管部门还相继出台了《关于促进护理服务业改革与发展的指导意见》《关于加强老年护理服务工作的通知》《关于加强老年人居家医疗服务工作的通知》，2021年，开始在北京、天津、福建、广西等15个省市开展老年医疗护理服务试点工作，增加老年人医疗护理服务供给，精准对接老年人多样化医疗护理服务需求。

四是大力推动医疗技术与新科技的融合。2017年，中共中央办公厅、国务院办公厅印发《关于深化审评审批制度改革鼓励药品医疗器械创新的意见》，国务院发布《新一代人工智能发展规划》，其中提到，应当运用人工智能技术治疗的新模式、新方法，建立快速且精准的智能医疗体系。2018年政府要求人工智能向基层领域自上而下渗透，进一步明确了在医疗影像、智能服务机器人等细分行业发展的目标与大方向。2021年7月，国家药监局出台了《人工智能医用软件产品分类界定指导原则》，将人工智能医用软件产品的类别界定进一步进行了明确，可以适用于辅助决策、底层技术和顶层政策设计。目前按照第三类医疗器械管理已有40余款AI类产品获批上市，增强了资本进入人工智能医疗行业的信心。2016—2020年人工智能医疗投融资规模呈现波动上升趋势，2020年中国人工智能医疗总融资金额达到39.8亿元。

第二节 医药行业与药品营销的特性

无论是国际还是我国的经济体制中，制药都是一个具有鲜明特征的产业，这些特征对医药生产企业的营销能力产生了重要而深远的影响。

一、医药行业的特点

一是医药行业是一个不断稳定增长的行业。消费者对防病、治病以及保健的需求促进了医药行业的产生和发展。医药本身是一个历史悠久且不断发展的产业，在世界经济中的占比也同样不可忽视，被誉为“永恒的朝阳产业”。医药产品具有相对稳定的需求弹性，据现有研究表明，药品价格在药品需求变化之下的变化属于生活必需品消费的变化。因此，当国家经济发展向好时，个人可支配收入的增长会推动个人药品需求，但在相反的情况下，药品需求却不会大幅度的下降。国际经验表明，当国家经济低谷时，药品行业受宏观基本面的影响相对较小，因此往往优于其他行业。

二是医药行业具有高投入、高收益、高风险的特性。由于新药开发和生产离不开巨额的投入，同时由于其整个生产工序非常复杂，也导致了其具有研制周期长的特点，使得医疗行业前期投入巨大。国外医疗行业的实验数据表明，一种新药的开发与投放，前期大约要投入数亿美元的研发费用，与此同时至少需要历经一年的时间研究，并且在这一段时间里依旧面临着无法避免的高失败率。此外全球不仅对药物临床试验而且对所有新药上市销售的规范要求愈发的严格，从而导致新药研发的投入仍旧呈现出不断增长的趋势。

同时，医药行业在药物研发方面具有高风险的原因主要体现在三个方面：

第一，新药一旦开始进行临床试验或者是上市销售后，如果市场反应表明其具有严重的副作用或者是此药品的药效提升空间不大的话，就很快会被整个市场淘汰。这样导致的损失是巨大且无法挽回的。在过去的几十年里，这种例子不胜枚举，例如，2003 年美国默克公司在两种抗抑郁药和一种糖尿病药快完成药品研发进入上市程序时，却由于以上的两个原因不得不蒙受巨大损失的情况下宣布其后期研发失败。

第二，由于技术的不断鼎新，大部分专利新药的垄断特点具有局限性和暂时性的特点。某个企业的专利，只在一些个别领域具有垄断性，而某个企业不可能完全垄断全部医药市场或者是某一类药品的市场。并且，虽然药品具有专利保护，但是这并不是无限期的，这也导致这种垄断只能持续一段时间，当专利保护的持续时间结束之后，该药品的竞争优势就会不受控制的下降。与此同时，随着科技的发展，制药技术的不断升级也使得药品市场在一直不断的迭代更新发展，即便是口碑再好的药物，在上市之后，都具有被药效更佳、治愈功能相似、价格相差较小的新药取代的可能性。最后，医药企业业绩也同样受到市场波动的影响，其收益往往悬殊并且容易产生波动。与此同时，一种药品的畅销期由于以上原因的存在，只有 3 到 5 年的最佳销售期，其风险不可谓不大。一些大型的跨国医药企业，虽然企业的底蕴雄厚，但是其业绩也经常性地出现大幅度的波动。从另一个方面来说，医药行业也同样具有其他很多行业难以企及的高附加值的特点。药品特异性强、技术含量高、疗效好的新药一旦研制成功并进入市场进行推广和销售，就会为药企公司带来巨额的收益。目前，由于专利新药的存在，世界排名前 10 位的医药企业利润率都在 30%左右。

第三，科技含量比较高。新药的开发始终都是技术密集型的产业，在行业中汇集了生物学、医学、化学等众多学科的知识和实践技术，可以这么说，全世界最为高精尖的生物技术都被广泛地运用于医药领域。在这种情况之下科技研发对制药企业的生产和发展非常重要，科研投入占比非常高，如图 3-1。

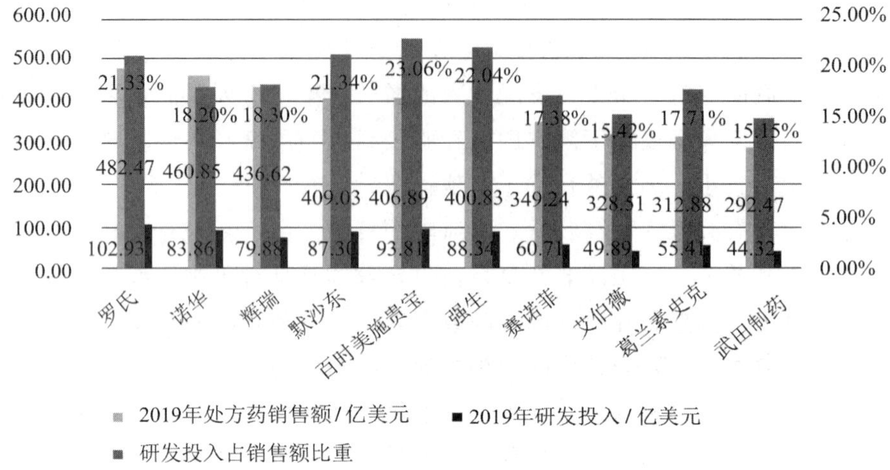

图 3-1　2019 年全球前十制药企业科研投入情况

（数据来源：FierceBiotech 统计数据）

三是市场准入壁垒高。一直以来，药品一词与人类健康和安全有着密不可分的关系，关系到民生问题。所以世界各国对药品的生产、经营、销售以及进口都实行严格的监管，在大多数国家，未经认证的药品和企业很难进入市场进行销售。同时，之前讨论过的制药行业的高技术、高风险、高投入的技术资本密集型特点，也使得新企业很难进入市场。我国的医药产业政策也对药品的市场准入进行了严格的管理和规定，对一些特殊药品采取的是生产经营特许制度，国家实行特殊许可定点经营。

四是集中度高。在全球范围内，医药行业是最集中的行业之一。这种集中化表现在世界百强医药企业占世界药品市场的四分之三，而其余的 1 万多家制药企业只占四分之一。大型制药企业可以充分利用规模优势，从而压缩成本，形成成本优势。与此同时，大型药企也能通过提高自身新药开发能力，在同行业的市场竞争中获得较大的优势和高额的垄断利润。药品的分销和批发也很集中，例如，欧盟前三的药品分销企业，以 65％的市场占有率取得了绝对的优势地位；日本位居前五的企业则占领了 80％的市场份额；美国前三的分销企业的市场占有率则达到了惊人的 96％。同时，美国占世界药品市场份额的 40％以上；日本药品销售额批发商只有 70 家，却占到了世界药品市场的 12％。法国 8 家药品批发企业中，有 3 家占据 95％的市场份额；德国仅保留了 10 家大型药品批发商，其中最大的一家占据了 60％～70％的市场份额。

五是具有高市场特异性。从医药消费的角度来看，医疗服务关系到人的生命，即使付出高昂的代价，也要不断地进行投入。这明显是一种非理性的消费，具有高度的优先性，这种特性需要在技术上要达到一定的高度，需要按照消费者自身的情况，提供差异化的服务，还需要高知识、高技术、高性能的设备和安全有效的药品，以确保必要的精确性。从医药供给的角度来看，要以医生和药师的决定为依据，使医生享有医疗生产和供应的专属特权，具有专业垄断性；医疗供给也是全程性的，不能受支付能力的限制，用药的基本要求是“对症下药”，大多数药物都是专门针对健康和生活的。

正是由于上述消费和供给的特点，医药市场存在一些缺陷：一是医药市场具有垄断性。二是供需双方在信息方面具有高度的不对称性，使得消费者处于较弱势地位，同时因为大部分的消费者缺乏相应的知识储备和信息，无法充分对自己的医药需求和医疗、药品质量形成合理合适的认识，且无法了解整个医疗服务的全链条，因此难以像购买其他消费商品一样进行任意的选择。三是医药消费明显是完全被动消费，大部分消费者医疗知识的缺乏，导致他们只能在医生的指导和确认下才能最终拥有合理且有效的医药需求，然而在这个被动接受的过程中就有可能发生误导消费。四是医药服务具有大部分公共产品受市场影响的特点，特别是在保障消费者基本健康权的基本医疗部分，药物的供应价格不是由消费者的经济能力能否承受决定的，私人部门往往不愿意提供这些公共产品。因此，医药消费拥有其独特消费渠道，医疗企业的市场行为离不开独特的相关部门的监管政策。

二、药品营销的特性

在医药行业中流传一句话“市场营销与科学同等重要”，这句话明确地表示出在当今医药行业中市场营销具有极其重要的地位和非常重大的作用。药品市场营销实际上是市场营销的一个特殊类型，具有市场营销的普遍特征却也拥有其特殊性，究其本质，其实就是“药品服务的具体化实践过程”，在这个过程中使消费者的健康需求得到完全的满足或者保证其能够获取实际的健康利益。

一是药品营销具有区别于其他营销的专业性。药品是一种特殊商品，具有特殊的质量标准，并且具有特殊的经营管理要求。药品与人民群众的防病治病、公共卫生身体健康、计划生育需求密切相关，是卫生工作和医疗卫生事业的物质基础。

二是药品营销政策性较强。因为药品的质量高低会直接影响到消费者的健康和生命安全，具有无比重要的地位。因此，药品被认为是世界上监管最严格的商品之一。药品监管机构批准和管理市场上的药品，制药企业则被严格限制直接向消费者介绍其产品及其特点。

三是药品营销必须适应特有的分类管理，即处方药营销和非处方药营销。非处方药的市场特性与其他零售市场中的消费品相似。处方药的市场规律与其他产业有着很大的不同。处方药营销的主要对象是医院医生而不是直接销售给消费者，他们在处方药和决策中发挥着重要作用。但是，随着时代的发展，近年来处方药营销者已经能够越过处方药医师，直接针对消费者，但针对处方医师的处方药销售方式仍然是一个最为主要的市场渠道。

以上三点是药品营销的总体特性。近年来随着时代的进步，药品营销也衍生出了新的趋势，药品营销延伸到了药品研发阶段。医药企业的营收增长主要依赖于新药的开发，掌握新药的开发规则，就相当于掌握了“财富密码”。不断变革的技术，使得新药上市速度越发加快，每种药物的研发和商品化都离不开大量的资金和时间的投入，但也同时面临着药品的专利期较短的问题，在专利到期后，就不得不要面对大量的企业仿制药的竞争问题。随着大量同类药物的出现、顾客认知能力的不断增强，信息差异逐渐缩小，药品价格呈现出整体下降趋势。另外，随着人们生活水平的提高，人们对药物的需求也不仅仅局限于对于疾病的治疗，消费者们对药品的质量和医药企业的整体服务方式都提出了更高的要求，消费者的需求，变得愈发难以满足。

近年来，品牌药品和品牌营销逐渐发展起来，这也是医药营销的另一个新趋势。产品品牌营销的实质是一种企业行为，它通过一定的策略，使企业的产品和服务在一定的范围内获得消费者的认同，从而提高其知名度，扩大其市场份额。营销公司普遍具有较强的产品营销能力，他们根据市场特点进行产品开发，在此之后迅速开拓新的渠道即时向客户进行推广和发货，对于消费品公司的营销思路，部分制药公司也在努力朝着这个方向发展，药品品牌构建和管理也越来越受到青睐。药物品牌营销的重要性在于可以通过适当的营销努力手段，将专利保护期内建立起来的专利药品的声誉与品牌联系在一起，这样一来，即使是在专利失效之后，该品牌仍旧可以承担起继续推广该药品的责任，并且拥有一大批忠实的消费者群体。

虽然在药品消费环节中，消费者的消费具有被动性，营销人员也逐渐认识到，伴随着消费者消费水平和对自身健康的认识度以及关注兴趣的不断提高，消费者必然会拥有更强的话语权，这就意味着，现在直接面向消费者的营销和过去以医师为导向的营销所带来的收益正在趋同。因为从根本上来说，消费者群体始终是品牌药品的战略基础。可以预见，品牌管理和品牌营销将越来越多地为企业创造价值。在医药市场竞争日趋激烈的今天，企业要想在激烈的市场竞争中立于不败之地，就必须重视品牌营销的作用，并充分利用好这一营销手段。成功的制药企业通常拥有专利形式的丰富知识产权，医药品牌营销的作用则在于让这些宝贵的企业资产发挥出持久的价值。

第三节　当前医药生产企业的主要营销模式

当前医疗改革的步伐在不断地向前推进，取得了丰硕的成果。目前基本医疗保障制度已全面覆盖城乡居民，城乡居民“看病难、看病贵”的难题得到有效的化解。全国范围内的基本药物制度已经初步建立，城乡基本医疗卫生服务体系进一步完善，公共卫生服务已基本普及全国。虽然新医改方案仍只是一个框架性的指导方案，但目前中央医改的基本方向已经相对明确，且对医药行业的影响也是可以预见的。根据近期医药行业改革措施的积极影响来看，不同行业、不同企业都有不同程度的受益。但总体来看，医药市场扩容和行业集中度的提高是行业发展难以逆转的趋势，从长远来看，在这样一种趋势的影响之下，医药行业也会受益于医改的深入推进。在市场营销的过程中，生产企业必须要深入了解各种营销模式，了解其不同的适应性，才能制定出适合企业发展的营销策略和营销方案，才能够在激烈的市场竞争中处于优势的地位。对于医疗机构来说，存在两种基本的选择，一是自己组建营销组织和销售队伍，这种选择可更好地应对新的医改方案，实现医药流通企业的必要转型。另一种则是通过其他药品批发企业或中间商进行销售，这样的模式被称为代理制，而这种模式的划分主要是根据中间商的作用而定的。

一、直营制模式

直营制是一种自营模式，也叫直销，这种营销模式下，制药企业建立自己的销售公司，有些甚至直接在各消费地区设立终端营销办事处，其特点是在一个企业内部建立一个营销中心，负责整个企业的营销活动。在国内，自营模式始于20世纪末期，西安杨森洋森、中美史克国际、施贵宝世济宝等部分合资企业，都通过企业自身强大的营销网络培养了大量专业的医药代表。

直销的生产企业有自己的销售队伍，但销售人员只负责推销公司生产的药物。在过去的药品销售模式里，直营制占据了很大的比重。直营制模式的销售活动是由生产企业策划并且推进的，所以，销售部和市场部也逐渐成为重要的职能部门，其主要工作内容就是负责收集和分析市场信息，从而进行专业的具有特色的产品定位和公司产品的推广。这种模式其主要特点是可以及时反馈公司信息和市场信息，更易于了解市场变化，效率较高且销售队伍成员稳定，能够实现资源共享。直营制是医药外企的主要营销模式。在这样的模式下，企业可以通过自身的资源优势，实现国际化的发展，但是直接销售的模式也存在难以避免的缺陷。

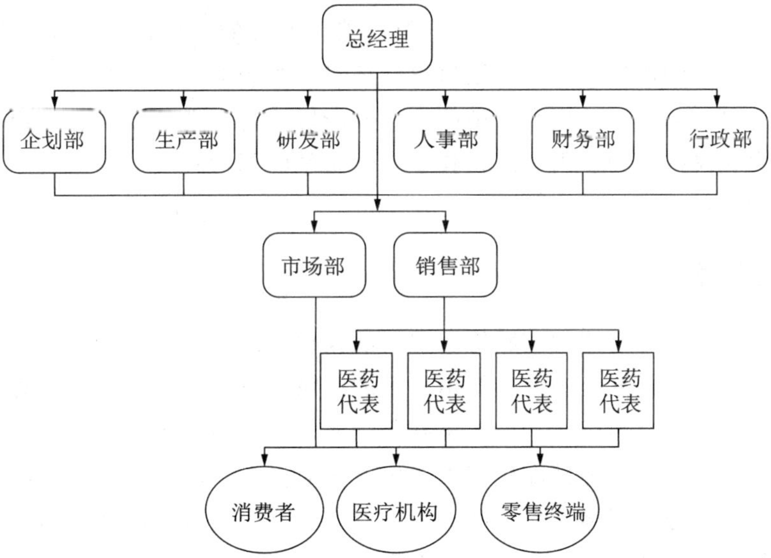

图 3-2　直营制模式结构图

如图3-2所示，在直营制模式中，医药企业拥有专门的营销部门、市场部门和营销团队，销售部门直接对总经理负责，根据公司发展战略和利益制定销售计划、开展销售行动，对公司的战略计划和领导的意图贯彻的比较彻底，执行效率高，销售成为医药企业生产经营的重要内容。销售部通过销售人员直接面对市场及各类型的消费群体，因此销售人员需要有比较专业的医药知识和综合素质，是企业面对市场的形象，重要程度高。销售部门还需要和其他部门配合，企业的策划、研发、生产都必须充分吸纳销售部和市场部从市场获取的信息来制定和调整本部门的计划，行政、人事、财务等部门要根据销售业绩、企业效益来规划本部门的工作，销售部与其他部门关联度高。

就整个医药营销历史看来，在20世纪80年代及以前，医药企业的营销活动相对单一，对医药企业的市场资源与制药能力的要求都普遍较低。但是到了20世纪90年代，随着竞争的日趋激烈，药品的终端营销开始出现，医药营销企业强大的营销效力也深受制药厂商的喜爱，这不仅完全改变了传统药品营销活动的广度和深度，也使得制药企业必须向医院和药店终端这最后“一公里”迈进，但是这对营销资源和营销能力提出了更新和更高要求，直接促进了直销的差异化。那些具有雄厚资金和高级技术的制药企业则可以依靠规模经济优势，通过不断推动直营队伍和整个营销体系的建设，打造出更强大的直营模式。综上所述，外资企业对于中国医药企业所起到的示范作用主要体现在建立自主控制的营销组织和团队。有了受到自己控制的营销组织，国内制药企业就可以直接站在市场的最前沿，获得直接的消费者信息，根据这些推出不同的营销策略和模式。直销模式在中国的实施，使我国制药企业的竞争力有所增强，这些企业也取得了很好的效果。但是更为普遍的做法则是各制药企业在成立了自己的营销销售公司后，开始致力于在全国各大城市设立营销办事处，从而更为高效的招募人员对自己企业生产的产品进行销售，一些公司甚至单独设立了专门的OTC营销公司，比如国内大型医药企业太极集团、中新药业、三九集团、同仁堂等，都在全国范围内建立了大规模的终端连锁网络，可见企业对渠道的重视是直接的。由于企业对市场有第一手的了解，不受经销商的控制，可以增强销售终端的渗透能力，有效地促进产品的销售。此外，销售终端还可以为企业树立良好的形象，让企业快速进入市场，拥有自己的销售队伍和营销网络，并能够应对市场的变化并提出相应的解决方案。但是这种模式对资本的要求更高，建立营销队伍的周期较长，这对资金紧张的制药企业来说是更大的负担。

二、总经销模式

总经销模式，也就是俗称的“底价承包”的大包方式，是以制药企业为核心，以经销商为主体的大包方式。根据经销商对营销品种的区域竞争力，可分为全国总经销和区域总经销两种模式。全国总经销模式是指一家制药企业将在全国销售某一特定医药产品的唯一权力授予一个机构或企业。经销商代替主要生产企业以自己的名义销售药品，法律和经济后果由经销商自行承担，因运输、仓储产生的产品质量问题责任由经销商承担，通常采用底价现款结算的方式。就中国药品经销商而言，由于中国药品批发企业的区域总经销模式比较分散，尚未出现覆盖全国的药品批发企业，因此大部分药品批发企业仍处于区域配送模式。制药企业通过招商、特许经营等方式，以现款现货价格向单位或者个人销售其产品，单位或者个人购买一定数量的产品后，与制药企业签订区域总经销协议，取得在特定区域内销售其产品的独家销售权。区域总经销模式就是制药企业将某一种或某些品种在某一区域内的销售业务全权交给某一机构或企业。在经销制模式下，制药生产企业可以从经销商规模、管理规范化、信誉、配送等多个方面选择总经销商，这样更容易对市场进行监控，使制药企业的产品能够在短时间内快速打开市场，也符合未来专业分工的明确原则。企业对各区域经销商实行统一底价供货，可以实现价格相对统一。此外，还可提供现金，从而最大限度地减少应收账款。

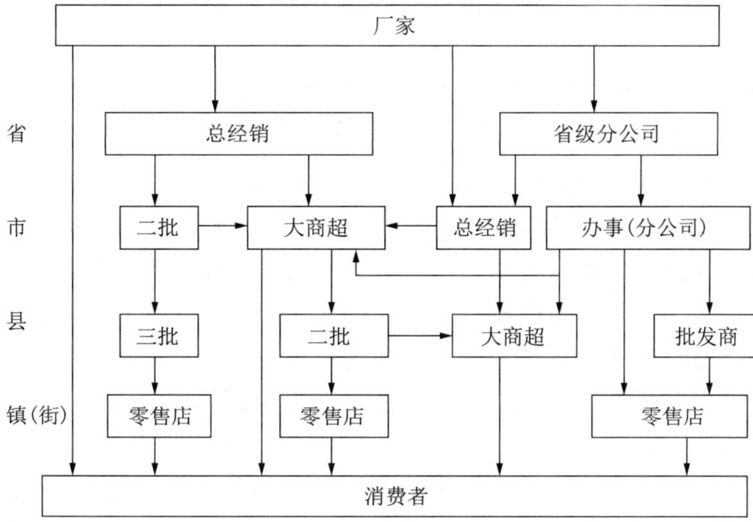

图 3-3　总经销模式结构图

但从长远来看，总经销模式也有其弊端。区域总经销方式人为地分割市场，不利于生产企业和批发企业做大做强，也不利于规模化经营。在这种模式下，制药企业处于被动的市场地位，市场完全掌握在经销商的手中，市场发展成功，经销商就占据了主导地位，可能会与生产企业博弈，使生产企业无法有效管理和控制价值链的下游环节，市场控制力和影响力将受到影响。这种总经销模式，往往采取底价结算模式，使制药企业的利润摊薄，企业很难形成较高的资金积累，发展前景受到影响。一旦市场开拓不足，经销商很容易转换合作伙伴，减少市场投入和市场网络建设，甚至可能中断合作。此外，由于经销商之间的差异以及不同地区的销售政策不同，区域分布难以保证，企业的长期经营战略难以实施。

三、总代理模式

所谓总代理是指该代理商统一代理某厂家某产品在某地区的销售事务，同时它有权指定分代理商，有权代表厂商处理其他事务。因此，总代理商必须是独家代理商，但独家代理商不一定是总代理商。因此总代理模式下，代理层次更为复杂，因而常常称总代理商为一级代理商，分代理商则为二级或三级代理商。分代理商也有由原厂家直接指定的，但是大多数分代理商由总代理商选择，再报厂家批准，分代理商受总代理商的指挥。

代理在经营活动中更多地受供应商的约束和指令。医药营销代理主要有全国总代理、省级总代理、地市县代理和县级代理以及混合代理几种形式。从代理机构的数量来看，有独家代理和多家代理。

根据以往医药企业的营销实践，由于国家政策要求进口药品必须由具有进口药品经营权的企业在中国市场销售，因此外资公司进入我国市场的销售渠道通常实行独家代理制。独家代理商只能从在市场上获得授权的商家获得企业产品，要求代理商具备较强的网络布点能力，还要具备技术咨询指导和系统设计能力，引导其他经销商或者二级代理商服务于客户。省级总代理是由一个企业的总部直接管理，这种模式的特点是，代理商之间相对独立，代理商对客户的需求信息掌握比较全面，代理商可以通过网络进行信息沟通。国内医药企业采用多家代理制，即在较大的市场区内选择两个或两个以上的代理商。上述省级总代理、地市县代理、县级代理、混合代理均属于多家代理。

作为一种新兴的市场营销方式，代理具有其独特的优点和特色。独家代理制的实施对中小企业的营销组合策略选择具有重要的指导意义。中小企业无法在市场上设立自己的市场组织，也无法雇佣到高层次的市场营销人员。因此，选择代理制度是一种很好的方式，能够在短期内进入市场，降低生产商对市场的投入，并充分发挥代理商的终端营销网络，把公司的运营风险分散到各个渠道。独家代理具有统一管理、协调运作、配送流程简便、效率高等优点，而多家代理模式的优点是降低了中间环节。

这两种模型都有一定的风险。招商欺诈、逾期还款、代理佣金、厂商利益冲突等问题都有可能发生，代理商窜货、市场开发不顺畅等问题也会对代理制度的执行产生不利影响。多层次代理制是指代理商之间的竞争是在相互竞争的情况下进行，代理商之间争议的焦点在于如何看待多家代理制的可能性。由于代理商选择不当，独家代理制会直接影响到所有店铺的经营范围和速度。由于众多商家参与竞争，可能会导致相邻市场区域之间由于货源渠道和服务的不平衡而出现过度竞争，从而影响到厂商的利益。

四、加盟制模式

加盟制是由生产厂家生产产品，经销机构提供网络、资金支持的营销方式，由生产厂家制定营销策略、产品推广指导、培训、售后服务等。加盟制与代理制度相似，是由代理制度演化而来的一种行销方式。加盟制的核心内容是加盟商对生产企业的服务和生产企业对加盟商的支持，生产企业和加盟商共同分享经济利益，共同承担风险。在此模式下，制造商与销售者的关系与直销、代理等有着明显的区别，该模式的创新之处在于其与直销、代理的关系更为完备。此模式集完美的代理销售网络与专业的市场营销方式于一体，为公司提供优质的产品和技术支撑。这种营销模式的重点在于销售人员的培养和管理，根据长远发展战略，对各地区的加盟者进行专业的培训和技术支持，并在人员管理、市场开发、资金周转、政府资源、价格控制等方面进行整合，从而在市场上形成一支具备强大战斗力的专业化队伍。在这种模式下，生产厂家和地区经销商可以分享市场资源，实现优势互补。通过一定的市场运营，商家和加盟者都能从中获利，从而提高企业的品牌形象，提高公司的盈利能力。

第四节 当前医药生产企业的主要营销方法

伴随现代企业经营管理的发展，企业的营销方法也在不断完善创新。现代企业一般都会采用多元的方法矩阵，形成立体的营销体系。

一、目标营销

随着消费需求的多样化和差异化，企业可以在深入、科学的市场调查基础上，针对每个细分市场进行产品策划、包装设计、价格定位、分销规划和广告活动等，使每个细分市场的产品个性和产品利益点更好地契合大众消费群的具体需求。史克的“兰美抒”投放了大量的广告和非常详细 OTC 市场操作手段，但效果并不令人满意。太太药业“汉林清脂”的市场操作和推广策略几乎没有偏差，但市场销售却非常不成功。上海复星制药集团，它的新生命之树药品包装设计的精致、新颖、独特、实用、简约，都是很有特色的。由此可见，在日益同质化的药品市场中，越来越难以依赖单一的品种。与此形成鲜明对比的是，中国很多其他医药公司都在制定有针对性的市场营销战略方面取得了骄人的成绩。

养生堂 2003 年推出的“成长快乐”系列产品，在“金施尔康”之后，又推出了“善存片”，在众多维生素、保健品的簇拥下，异军突起，收效甚佳。该产品不是面向全社会，而是以儿童为对象，以希望子女健康成长的父母为销售对象，宣称复合维他命是儿童生长发育的主要产品。因为精准的市场定位，养生堂仅用了短短半年，就让健康成长的复合维生素产品脱颖而出。

二、品牌营销

据统计，名优 OTC 产品占 OTC 药品总销量的 70%～80%。医药界有一个共识，即品牌比销量更重要，但好的品牌与处方药似乎不在大众媒体上做广告。如今，随着人们生活水平的提高和健康意识的增强，人们对药物的选择范围也逐渐从处方药扩大到非处方药，这也使得药企的品牌建设面临巨大挑战。为此，不少药企开始通过处方药推广非处方药，将原来用于处方药的广告宣传转化为非处方药广告，通过非处方药广告宣传，承担起品牌建设的重担。

百时美施贵宝（美国百时美施贵宝）因其销售施尔康、百服宁等非处方药物而出名。非处方药物的销售日益以消费者为导向。原来的 OTC 市场广告投入很大，带有独特的营销风格，目前正进行着一系列的根本变革。

在品牌营销模式的应用上，东盛科技取得了很大的成功。东盛科技是我国第一家从事制药企业品牌营销的高科技企业。早在 2003 年，东盛科技就推出了“抗感风暴”的品牌战略：用“白加黑”支持东升科技企业品牌，再依托东盛动力、东升品牌板蓝根颗粒、东盛牌抗病毒口服液及一系列感冒药，形成了抗感家族。

“白加黑”在 1994 年推出后，仅仅 3 个月内销售额就超过了 7 000 万元，在医药市场上创造了一个神话。到 2002 年，“白加黑”感冒药在品牌知名度、美誉度和忠诚度上都是最好的。在医药市场竞争激烈的情况下，“白加黑”能够迅速占领市场，主要得益于它在市场开拓上的一招。2003 年，在非典期间做出突出贡献的东盛集团就掀起了“抗疫抗感”风暴，在“白加黑”的旗帜下推出了近 20 款产品。

三、直销

直销是一种营销手段，但实际上，它的使用范围很小，最直接的是健康食品和化妆品。任何一种适合直接销售的商品都具有以下两个特征：第一，生产费用在商品的价格中所占的比重很低，也就是渠道的流通费用非常高。第二，这种产品几乎都可以家庭使用和个人使用。由于这种产品消费的经常性特征，有可能形成一个连续的连锁消费行为，从而形成了一个直销业市场。

当前，天狮集团已成为中国药品和保健品直销的先行者。天狮集团的直销网络是一种高效、高质量的营销手段，在 2001 年他们就推出了一个更复杂的营销策略，即“三网合一”的市场战略，其在美国设立了一座与 86 个国家相连的庞大网站，缩短了全球范围内的交流与资源共享，使管理制度化、科学化、信息化、系统化。

四、网络营销

美国的消费者每年花费 2 300 亿美元在网上购买药品，这一趋势表明，在线药房将是医疗费用公司未来的主要竞争战场。目前，美国有近 1/3 的人在上网，其中大部分是老年人、孕妇及儿童，预计网上药店未来 5 年将增长 20%到 25%。药品网上销售有先天优势。

药物的很多特征都是利于网络销售的，除了体积小、重量轻、运输方便等物理特征之外，还有清晰的规范标准，易于在网上浏览和描述。医药企业的经营模式涉及批发商、供货商、医药公司等多个中介组织。传统的医药流通网络中，代理商在实现药品的网上销售过程中具有双重的优越性，而通过网络销售，可以减少不必要的中间环节，从而大幅度地降低药品的价格，所以，在网络上出售药物具有明显的价格优势。

其次，有效地运用电子商务，可以有效地解决制药公司存在的“传统问题”，提高生产效率和产品质量、促进技术革新、减少繁杂的工作，让员工有更多的时间和精力为顾客提供服务。现在美国有 1 000 多个在线药房，在接下来的两年里，在线零售和批发的规模将会超越传统的医药。

在国内，早在 1999 年 9 月，原国家经贸委就发布了《关于开展医药电子商务试点的意见》，选择了规模较大、计算机管理基础较好的中国金药信息网络公司武汉分公司作为医药电子商务试点单位。1999 年 11 月，在武汉成立了中药材网站。在政府的扶持下，国内的药品电子商务市场越来越火爆，很多制药企业、分销商都开设了自己的网站宣传和销售自己的药品。

五、连锁营销

连锁药店是医药行业最关注的焦点。药品零售企业的发展，不仅要满足人们日益增长的健康保健需求，而且要满足人们对药品质量和服务水平的更高要求。药店的发展，特别是具有一定规模的连锁药店的发展，可以说是医药流通领域的一大亮点。

药品连锁企业首先需要考虑的问题是规模和服务。相对于发达国家而言，我国的连锁经营规模和服务水平仍然很低。以美国为例，美国有超过 19 000 家传统连锁药店、7 000 家食品超市药店和 5 000 家购物商场，连锁药店占全国处方药销售的 60%；我国药店的连锁化程度还较低。美国排名前十位的药品连锁店有 22 000 家，占全国药店总数的 68%，其中规模最大的 CVSCorp 有 3 954 家药店，零售额达 90 亿美元。我国最大的连锁企业规模不到 1 000 家，销售额约为 5 亿元，因此，扩大规模是当务之急。

同时，服务水平的提高也是一个需要考虑的问题。近年来，国内连锁药店积累了大量的宝贵经验，如一致模式、和平药房模式等，集中招标采购、建立配送中心、实行网络化管理是连锁药店发展的重要方式，也是竞争力重要体现。配送是连锁药店的重要功能，也是连锁药店发展的核心竞争力之一，配送能力是衡量连锁药店的核心指标之一。目前，一致药店、海王星辰药房、和平药房、华润药房、桐君阁药业等已建立了较为完善的配送体系和网络管理系统，但多数药店还不具备这一能力。

2021 年 6 月 27 日，深圳海王星辰与美国投资集团 Pacific Gateway Capital 在深圳签署《Medicine Shoppe 特许经营协议》，标志着外资开始进入我国药品连锁市场。外资进入药品连锁市场，主要是由于中国市场具有巨大的发展潜力，而且中国的药品连锁企业在管理水平、资金实力、规模、品牌等方面都存在不少问题，外资的进入将对我国药品连锁企业的经营管理产生影响。

六、虚拟营销

2002 年 9 月，国家颁布了《药品生产监督管理办法（征求意见稿）》，使国药贴牌生产 OEM 进入了市场。如此一来，不但拯救了一批没有资格获得 GMP 证书的公司，还可以将一些销量好的产品转交给符合条件的公司，让他们摆脱生产的包袱，专注于产品的销售和研发，最主要的是，让那些已经达到标准的公司，将多余的产能重新投入到生产中。OEM 带来的另一个直接后果，就是形成了一种全新的商业模式。新药研发人员在对药物有信心的前提下，可以独立完成药物的审批，将生产任务交给医药公司，销售可以通过招标方式进行，从而保障药品研发方利益最大化，促进新药研发。

七、知识营销

知识营销是一种新型的医疗保健产品销售模式，它是通过向目标客户和潜在客户传递信息，并通过与消费者的交互作用，让消费者认识到其作用和适应情况。在国外，很多新的药品、保健品的新品牌、新产品，都是通过知识营销来进行的。

广告宣传和地面推广是我们通常接触到的药品和保健品的主要营销形式，知识讲座和专家培训是辅助手段。很少有企业把知识营销当作一种重要的市场营销手段来规划、管理和实施，这是一个错误的认识。医药保健品的研发、生产和效用是消费者所不能理解的，只有通过知识营销，消费者才能真正认识到它们的功能，进而实现品牌和产品信息的传递，在新产品、新技术和新品牌的推广中，知识营销显得尤为重要。

很多保健品企业都在打广告，但是和消费者之间总是存在一定的距离，这是为什么呢？造成这一差距的原因是消费者对医药保健品知识缺乏了解，对医药保健品品牌认识不够深入。品牌知名度高并不等于品牌销量高，与消费者的沟通仍然是实现销售的关键。知识是通过营销手段的选择来实现的，它的实施过程是一个系统工程。知识营销不仅仅是一次义诊或两次学术讲座，而是充分调动研发、销售和应用的优势，注重与消费者的沟通，从而避免激烈终端竞争、耗时耗力的地面推广，更准确地瞄准消费者，形成品牌与消费者需求的互动。

上海罗氏公司是一家生产减肥产品的领军企业，它通过知识营销拓展中国市场。2000年公司创立了“全国最好的瘦身品牌”赛尼可，其市场营销是以医院为中心长期宣传医疗知识，提供专业的科技咨询。他们在中国的 2 400 多家零售店里使用了首批医师，进行了关于减肥知识的培训。罗氏公司还在医院组织医疗会议、学术讨论会和经验交流，让中国的医生和医院了解赛尼可。当塞尼可来到中国的时候，拥有一群精通赛尼可的医师和药剂师，他们都获得了成功。在宣传成本上，罗氏公司提供的资料主要有：40％的医院学术宣传费、30％的零售终端及媒体宣传费、30％的售后服务。经过一系列的知识推广，公司已占领 90％的医院减肥产品，并成为全国第一个临床减肥产品，并在终端市场上取得了很好的成绩。

八、服务营销

研究表明，成功品牌 80％的利润来自忠诚消费者。忠诚度不仅能产生巨大的利润，还能降低营销成本，而且获得新客户的成本是留住老顾客的 20 倍，所以说忠诚是一种无形资产。有眼光的公司将忠诚顾客视为自己一块巨大的市场资源，这样才能在品牌中占据更大的市场份额，从而使公司获得更多的利润。因为他们的口碑和榜样效应，这些老顾客还能吸引新的顾客。

要想让消费者对品牌产生忠诚度，就必须要忠实于他们，即将他们视为真正的朋友。这是由于消费者对品牌的忠诚度并非由其自身的产品或服务所具备，而是透过与品牌互动、互相依赖的方式来达成。提升客户忠诚的途径就是要加强用户和品牌的联系。

第一，要建立顾客满意度制度，这是以满意度为核心的一种新的经营模式。在今天的社会背景下，企业的主导地位逐渐向顾客转变，那些不能从顾客的角度思考问题、不能让顾客满意的公司必然会被淘汰。客户满意度的价值是一种建立在客户和公司之间的关系，所以医药公司对顾客要有礼貌，不抱怨，不否认，不找借口，客户他们不会轻易向公司表明自己的忠诚度，公司应该理解并负责任地做出反应，而不是说“对不起，这是公司的规定。”每一次客户与企业接触，他们都会根据自己的感受，默默地评估企业的产品和服务。

第二，要处理好顾客数据库。顾客信息是企业的一项重要资产，信息是企业的动力，企业要怎样才能增强企业的实力和盈利能力？数据库可以让行销人员“看得见”自己的客户和可能的客户，并对这些信息进行理解和分析，从而为行销的成功提供帮助。数据库营销的主要特征是“以顾客为中心”，顾客可以随时随地通过电脑、手机或其他任何设备访问他们的数据库，是一种典型的具有较强针对性的“一对一”市场营销。

肝药“速立特”是国内首个引入“服务营销”理念并行之有效的新药，多年来疗效显著，服务完善。服务营销理念的应用和推广，使企业的营销活动从传统的生产型转向以市场营销为主要目标的营销活动中来。“速立特”的服务营销主要表现在以下几方面：

环保理念：在原材料采购、设备选型、工艺流程、包装材料、污染处理等各环节均遵循环保理念。

“远离乙肝，感受生命健康”的服务理念：通过大量接触肝病患者准确了解肝病患者的治疗情况，提出了“远离乙肝，感受生命健康”的先进服务理念，并以此理念为指导，为患者提供完善的售前、销售和售后服务。在短时间内，“速立特”公司建立了覆盖全国的服务网络，并开始运营，给肝病患者带来了“亲密的体验”，很多人亲切地将周围的服务机构称为“我们的家”。

顾客信息系统的建立：“速立特”引入 CMS 信息系统技术，为国内每一位肝病患者建立顾客档案，详细记录客户信息。同时，该系统还将患者的基本资料、服药记录等内容做详尽的整理，并建立起“速立特”患者资料库。对于快消症患者，由本地医疗机构的专家追踪病人服用药物前后的状况，并将个性或共性问题及时反馈给专家组，以便为病人制订治疗方案。先进的信息系统能快速、及时、准确地传递专家、机构、患者信息，保证患者获得科学、权威的医疗服务。

星级服务：包含免费提供最新医学资料、免费提供肝病治疗仪、定期检测仪器、免费专家家访、免费参加活动、免费送药等。

第五节 我国医药行业与医药营销发展前景分析

我国医药行业整体上正处在从高速发展向高质量发展转型升级的关键时期，一些重要特征、关键因素正在发酵和形成，医药营销发展也变得尤为重要。

一、降速优质跨步发展

近 10 年来，我国医药制造工业增加值年均增长率达到了 12%以上。2018 年 3 月至今，受整体经济增速放缓、医疗资金投入增长降速、医疗监管日益严格等各种市场和非市场因素的影响，我国医药制造业的增长速度出现了明显下滑，并表现出了持续低于平均增长速度的特点。在新冠肺炎疫情爆发以来，我国医药制造业的收入和利润呈现出了在增速上先升后降的特征。

医药制造业是我国制造业中最具有创新力的部分之一。2020 年初，受新冠肺炎疫情影响，国内企业普遍因疫情防控政策出现大面积生产停工，医药制造业增速同比放缓至 2%的历史低水平。在采取积极的防疫措施和全国人民的努力下，国内疫情得到了有效控制，各大医疗机构逐步复工复产，国内大部分制造企业也在逐步恢复到了疫情爆发前的水平。相较于之前的较低基数，2021 年初，医药制造业工业附加值增速实现了大幅回升，但到了下半年出现增长乏力的情况，增速放缓，2021 年 12 月增速保持在 17.0%的水平。医药制造业 2021 年前十一个月实现营业收入 2.61 万亿元，相较上一年增长了 18%以上；利润总额达到了 5 403.5 亿元，同比增长了 76.70%，2021 年医药制造业营业收入和利润增速大幅增长，主要是受到了前一年疫情低基数、相关疫苗生产和病毒检测企业利润大幅增长的影响。

医疗器械及服务版块迅速成长为核心子行业。医疗器械和医疗服务版块在过去十五年间取得了较大的发展，逐渐从边缘产业走向核心产业。医疗服务版块的规模增长速度最快，医疗服务版块市值增长率达到了 30%，医疗器械版块的增长速度为 20%。在 2021 年医疗器械版块总市值增长的同时，上市公司数量也大幅增长，截至 2021 年底，医疗器械版块总市值达到了 1.89 万亿元的较高水平，占 6 大医药生物版块总市值的 24.84%；医疗服务版块的市值为 1.41 万亿美元，占 6 大行业的 18.53%，从 15 年前的行业垫底水平提升到行业前列。

医药政策和医药市场的变化也推动着制造产业链价值分配的深度变革，国家政策鼓励高品质、高标准的发展，这就有利于龙头企业扩大市场占有率。2015 年，随着我国实施制造业供给侧改革，国内药品工业结构得到了明显的改善，许多中小规模、低品质、低环保水平的企业逐步退出市场，2016 年国内化学原料药和化学药制剂企业由去年的 5 065 家降低至 4 176 家，数量上减少了近千家。《推动原料药产业绿色发展的指导意见》和《关于推动原料药产业高质量发展实施方案的通知》在 2020 年 1 月、2021 年 11 月相继发布。到 2025 年，我国的原料药行业的创新发展和先进制造技术将会得到进一步的提高，而我国的龙头企业或将在未来获得更大的话语权和谈判空间。

近年来，根据中国药品和保健品行业协会的统计数字表明，我国的原料药出口总量已经超过了一千万吨，预计到 2021 年将达到 1 119.4 万吨，出口额达到了 388 亿美元。亚洲仍然是最大的出口地占 47%，欧洲占 28%，北美占 13%。由于欧美等标准化市场的供给比重持续上升，中国公司在美国、欧洲申报的 DMF、CEP 证书数目也在持续增长，预计国内企业的产能将会得到进一步提高，拿到文号后将更快进入规范的市场供应商体系，中国有望成为具有全球影响力的原料药产业基地，获得量价的双向提升。

在政府的大力扶持下，中国的核医学在近几年得到了飞速发展。截至 2019 年 12 月 31 日，我国核医学学科已达 1 148 个，较 2017 年增长 23.8%；从事核医学相关工作人员 12 578 人，较 2017 年增长 38.4%。核医学学科和人员数量的增加，极大地促进了核药物在临床应用中的快速渗透。除了专业和人才的培养，更重要的是其硬件建设。当前核医学市场的发展主要由诊断项目推动，近几年，PET/CT、PET/MR 等数目不断上升，2019 年末已达 427 例，较 2017 年增长 39.1%；2019 年末，单光子成像设备（SPECT、SPECT、γ 照相机）共计 903 套，较 2017 年增长 5.4%。

政策推动之下，核医产业发展前景更加广阔。2020 年 7 月，卫健委发布了《2018—2020 年大型医用设备配置规划数量分布表》，PET-CT 计划数从 710 个增至 884 个。随着国家越来越重视核医学相关仪器的建设，它将更好地满足临床诊疗、科研和医疗服务的需要，同时也会促进核医行业的快速发展。浙江省医疗保障局在 2021 年 5 月发布《关于将肿瘤全身断层显像纳入大病保险支付范围的通知（征求意见稿）》，正式将 PET-CT 纳入医保范围。随着将来 PET-CT 纳入医保范围的省份越来越多，我国核素检测试剂的发展速度将会加快。2021 年 6 月，国家原子能机构联合科技部、国家卫生健康委、国家医疗保障总局等 8 个部委共同颁布了《医用同位素中长期发展规划（2021—2035 年）》，并提出了在 2025 年前，将实现一大批医用同位素发展的关键技术突破和稳定的自给自足，并在 2035 年内大力推进医用同位素“走出去”。这意味着，核医学进入一个崭新的发展时期。

具有较强商业化和国际化能力的高质量公司具有较强的竞争优势。近几年，在药政改革的推动下，国内创新药的申报和批准数量迅速增加，药品创新也逐渐步入了成熟期。2021 年，国家药品监督管理局批准 1.1 类新药 27 项（不包括疫苗、中成药、新适应症、5.1 类原研药）。获得新药的批准需要大量的研究经费，无论是老牌制药企业，还是新兴的生物科技公司，其研发费用都在不断增长。

政府继续加大扶持中医药企业发展的力度。近年来，我国政府出台了多项政策，推动了中医药健康发展。国家医疗保障局和国家中医药管理局在 2021 年 12 月 30 日发布了《关于医保支持中医药传承创新发展的指导意见》，发出了强烈的积极信号，明确提出为中医传承创新技术开通审批绿色通道，医院自制中药制剂自主定价，中医医疗机构可暂不实行按疾病诊断相关分组（DRGs）付费，中药饮片及配方颗粒进价仍可加价不超 25%。

新中药制剂与传统中药制剂相比，具有“高效且易于应用”等优点。2020 年，中国中药制剂市场规模达到 250 亿元左右，且未来 4 年内将以 20%以上的速度增长。但是我国对中成药的渗透率只有 10%左右，而日韩的中成药渗透率高达 60%左右，故新中药制剂还有很大的发展空间。

二、政策端带量采购、医保谈判常态化

药品带量采购、医保谈判日趋常态化，高值耗材领域器械集采模式日趋成熟。高值耗材领域是医药制造业中最具有潜力的产业之一。为规范医药产业发展，2018 年国家卫健委牵头成立国家医保局，启动了国家带量采购和医保谈判政策工作，自 2018 年第一批“4＋7”以来，国家卫生健康委已经先后主导开展了 6 次全国集采和医保谈判，频次逐步加快，药品集采和医保谈判成为常态。2020 年，医疗器械集采工作正式上线，首批纳入的是一些高价值的耗材，如心脏支架、骨伤科植入物等，这些耗材的单价更高、用量更大，但是却更容易形成单一标准。

作为成本端控费的组合拳政策，带量采购和医保谈判成为市场关注的焦点，但在药品和医疗器械的集采政策上还存在诸多分歧。

1. 带量采购仿制药效果显现

从药品端看，每年进行 2～3 次带量采购的主要是仿制药。而带量采购的品牌知名度高，更符合医生的操作习惯。医保谈判的主体是国家部门，但在政策的具体实施过程中，企业成了重要的参与者。每年开展一次医保谈判，针对创新药，加快推进创新药医保、医保资金腾笼换鸟。

2. 注重器械的临床价值而不是价格本身

从设备端看，由于设备一致性评价标准不统一，厂家与厂家之间产品和规格差异较大，医师操作习惯的品牌黏性较大，设备集中采购相对困难。目前，我国冠状支架、人工关节等设备产品的市场规模和技术标准也较为成熟。此外，相比于药品集采的“价格厮杀战”，中标规则和谈判方式更加合理，从冠脉到骨科人工关节，从医疗器械集中采购的角度来看，更注重器械的临床价值而不是价格本身，要求更低的终端价格，确保患者的可负担性。

3. 带量采购覆盖面逐年扩大

药品带量采购政策长期实施，带量采购覆盖面逐年扩大。截至2021年底，我国共采购6批次（集体采购5批次、胰岛素专项采购1批次），品种逐年增多，剂型规格逐步丰富，其中，第一批“4＋7”中标产品25个，第五批中标产品62个，采购量逐年增加。带量采购的覆盖率高，药品质量提升。前5期带量采购共涉及250个产品，累计金额约1 500亿元。从集采结果看，中选药品平均降价幅度达到了53％左右，对常见病和多发慢性病逐步实现了全覆盖。

在药品集采之后，医药行业也出现了新的特点。

一是就仿制药而言，竞争格局是决定价格降幅的主要因素。只有那些在市场上竞争格局较好的企业，或产品难以模仿和首创的企业，才能在竞争中脱颖而出。集采政策出台后，仿制药的竞争格局将会发生改变。2018年之前，仿制药利润很高，上市后进入微利时代，只有投入大、周期长的品种才能在市场上占据一席之地，这也使得竞争者难以快速抢占市场。

二是创新药面临价格压力，有望通过缩短导入期、以价格换数量等方式实现较快增长。2020年，我国医保基金累计投放约3.6万亿元，其中约1/3用于基础药物研发，其余1/3用于创新药物研发。在2021年医保谈判中，医保目录新增74个品种，其中59个新药品种连续5年上市，实现了对PD-1/PD-L-1、PARP、EGFR等罕见病靶点药的全覆盖，这些罕见药品的价格相较之前平均下降了70％以上。过去那些刚刚上市的新药都或多或少面临着价格高、市场认可度低等难题，出于对患者经济负担能力的考虑，医生开药的概率较小，企业培育未来市场也存在较长的市场导入期。这次将新药作为医保的独家品种，可以在一定程度上实现以价换量，大大缩短市场导入期的目标，最终实现通过量的增长逻辑来加速新上市药品的商业化兑现。

与美国药品消费结构中的仿制药和创新药的处方量和销售额进行比较，预计创新药将成为行业增长的主引擎驱动力。根据美国相关专利法规的规定，美国药品市场形成了“专利悬崖”，新药可以根据专利法的规定在专利期获得巨额的经济利润，但是当专利到期后，那些依靠专利保护的药品生产企业的利润和销售额往往会直线下降，2020年，创新药的销售额占到了美国药品销售额的八成以上。在保护医药企业创新积极性的同时，也要兼顾减轻广大用药患者对医疗负担的现实考量。

三是在高值耗材领域器械集采试水落地，覆盖率逐年提高。器械集采是一种新型的器械采购模式，是在国内外医疗市场广泛应用的医疗设备采购模式之一。从2020年冠脉支架集采征集活动开始，全国范围内先后举办了两次冠脉支架征集活动，分别评选了乐普医疗、上海微创、波士顿科学、美敦力等6个国产品牌，以及2个进口品牌，到2021年，人工髋关节和人工膝关节再细分为AB类，其中就包括了爱康医疗等23个国产品牌、强生等4个国外品牌。除国采外，四川、内蒙古、广东等地方也纷纷跟进，瞄准药物球囊、冠脉导引导丝、超声刀等，采集设备种类逐年增多，覆盖领域越来越广。比较人工关节集采和冠脉支架集采的区别，冠脉支架在选择规则上与药品集采支架相同，没有设立采购分组，从所有参与统一投标的医药公司中，选择价格较低的。人工骨关节批量采购创新了采购方式，主要是根据临床需求量和企业产能，实行甲级、乙级招标，甲级采购占到了整个采购量总量的85%，每个企业都有较高的中标概率。器械在产业链中的价值链上下游，是企业获取利润的关键环节。此外，除价格外，质量也成为重要考虑因素，因此在采集过程中也会尽量给予制造商合理的利润空间，鼓励制造商通过进一步的技术创新和生产工艺改进来加大对产品的性能优化和创新功能的开发力度，未来国内低成本设备制造商的市占率有望通过采集过程得到提升。

4. 医保支付模式改革对医院效益产生重要影响

DIP+DRGs是一种新型的医保支付方式，采用定量的思想，提高了医疗机构的业绩评价。两者都是通过量化的方式来计算住院病人的治疗费用，并将其与医院的实际成本进行对比，从而实现对医疗机构医疗支出的监测。DRGs实行单一病种打包付费，DIP控制地区总量，二者相互促进，并且充分利用二者的优势和劣势，相互补充，有利于提高医疗单位的能源效率。

从信息化的角度来看，DIP在DRGs中加入了一个医疗质量评估模块，而在实施过程中，信息化是实施的障碍。DIP采用大数据分析技术，对医院的异常数据进行监测，利用大数据分析，发现低标准住院、分解住院、超长住院等非常规情况，并及时向医保局预警反馈，再根据医院级别、医疗水平、病种结构、违规情况等，计算年度医疗机构能级效率指数，再根据指数调整次年预算，实现绩效考核和医院利润挂钩。与DRGs要求疾病分级相比，DIP则需要建立健全的信息体系，而农村、边远地区则存在着很高的信息化障碍。

降低“过度医疗”现象，协助医院降低成本、提高效率。在DRGs+DIP付费模式改革之前，我国的医疗费用逐年增长，医保基金的负担较大，抗风险能力较差。从2012到2020年，住院率和人均住院费用都在迅速增加。2012年，城镇居民住院率为13.5%，到2019年达到18.7%。由于实行“总量无控”的支付制度，导致住院人数、医疗成本逐年上升，“过度医疗”现象日益突出，医保支出增速高于收入增速，引发“医保危机”。

DIP与DRGs规范了治疗过程，降低了“过度医疗”的发生，促进了医院工作效率的提高。为了降低我国目前的医疗费用增长速度，我国采取了许多措施，在2015年实施了“一刀切”的医保控制，实行了严格的总量控制制度，但同时也存在着一些问题，比如医院对重症病人的回避和医疗服务质量的降低。目前实施的DRGs与DIP复合支付制度，目的是通过量化的方式，对病人的治疗困难（RW）进行评估，以劳动力为单位，以医疗费用为单位，以同样的费用，实行统一的处理程序。在考核中，DIP以治疗的困难程度和总的工作时间和总成本来计算医院的工作业绩，并将其用于下一年的预算。这样既能激发医疗机构的积极性，又能使医院在合理用药的同时，能确保危重、疑难病人的治疗。

DIP和DRGs在2021年启动，并在三年内向全国扩展。国家医保局在2021年末启动了《DRGs/DIP支付方式改革三年行动计划》，要求在2022—2024年，加快构建有效的医疗保险支付机制，完成DRGs/DIP支付方式改革任务，各省级医保部门要制定本省（自治区、直辖市）推进DRGs/DIP支付方式改革具体行动计划，明确目标任务、进度安排、质量要求。多地相继出台了将历时三年的医保支付改革方案，医改进入了深水区。

从各地的政策要求上，各地对DRGs/DIP支付的推广速度有了明确的要求，即从试点地区，二级、三级公立医院起步，逐步向一级和民营医院扩展，到2025年DRGs/DIP全覆盖，避免先慢后快、“年底赶业绩”等问题，且应用范围仅限于住院服务，不影响门诊。DRGs/DIP通过案例组合工具为每个病种设置了“天花板”，以捆绑定价的形式对医疗服务进行精准定价，倒逼医疗机构提高质量，降低患者的就医负担。

在实施DRGs和DIP付费的试点区域，医疗费用增长速度有所降低，医疗服务的运行效率明显提高。据河北邯郸市一人民医院等DRGs试点医院的统计，在试点实施后，平均住院日有所减少，平均住院费用有所增加，这主要是因为医院采用了更有效的、高价值的治疗方法，而从住院时间的减少来看，医院的运行效率逐渐提高。随着各种医保控制措施的实施，为降低成本，医院将会更注重产品的性价比，我们相信，可以提供高质量、价格合理的国产药品将逐渐受益。

5. 体外诊断产品（IVD）集采预期加速进口替代和市场集中度提升

新冠肺炎疫情引发了产业的快速发展，为IVD企业的出海提供了新的机会。在最近两年，受新冠病毒感染的影响，测试市场需求激增，IVD公司以新冠检测试剂为依托，迅速成长。IVD板块在2020年的收入增长达到133.55%，远远超过了同期医疗设备的74.30%和生物制药的8.15%。

IVD公司的快速发展，为新产品的研发投入提供充足的资本，促进了相关产品研发和注册。相关设计数据显示，在2021年的Ⅱ、Ⅲ类医疗设备中，体外诊断类药品的数量最多，达到4 700个，排在第二位，其次是注射、护理、防护设备，新产品的注册，推动了IVD产业的快速发展。

我国内IVD市场预计到2030年将会成为占到世界上三分之一的主要市场。2015年，体外诊断市场规模从427.5亿元，到2019年达到805.7亿元，4年复合增长率达到17.17%，并有望在2020—2025年保持超过15%的高速增长。中国将会是世界上最大的IVD市场，其市场份额将由2018年的6%上升到2030年的33.20%，达到欧、美、日、韩等市场的水平。另外，新冠病毒检测试剂也是国内IVD厂商进入海外的敲门砖。在疫情之前，国内IVD产业还处在起步阶段，国外的市场情况比国内更加复杂，很多公司还没有足够的实力去海外拓展市场，这次突如其来的新冠疫情，给国内IVD企业打开海外市场提供了一把金钥匙。随着全球对新型冠状病毒检测试剂的需求猛增，产能紧张，由于国内疫情得到控制，生产逐渐恢复，国内IVD厂商趁着新冠肺炎疫情的机会，开始了进军国际市场的征程，海外渠道的铺设加快，高端客户群体快速突破，全球化进程加快。

由于疫情逐渐平稳，对新冠病毒检测试剂的需求也逐渐放缓，加上新冠病毒疫苗的普及，以及相关药物的推出，短期的新冠红利已经悄悄地走到了尽头。我们相信，在疫情时期，IVD市场的蓬勃发展，将会导致竞争加剧，IVD产品、销售、公司的综合实力，都将是IVD行业竞争力的重要因素，只有那些拥有不断提升产品性能、不断研发异质产品、拥有强大的市场覆盖网络的创新型IVD公司，才有可能在IVD市场上占据一席之地。

集中采购将加快国产替代进程，与国际接轨的产品品质或将获益。另外，我国体外诊断产业发展相对滞后，三甲医院医疗器械长期被国外厂商把持，特别是化学发光领域，国产化率只有20%，国内还有很大的替代余地。

集采提高了行业集中度，多元化、高品质创新型企业或将巩固其主导地位。由于集采越来越注重临床疗效和产品品质，而不是“低价至上”，参与采购的公司一般都是本地区最大的供货商，具有一定的综合实力，因此，随着集采的深入，市场格局将得到进一步优化，龙头企业的优势将会突显，从而促进集中度提升。具有创新研发能力、不断推出新产品、搭建产品创新组合方案的企业或将在集采中逐渐强大，一方面，可以通过新品降低成熟产品集采降价对公司业绩的影响；另一方面，可借助集采突破新市场，实现高毛利新产品的协同销售。

随着医疗费用控制的发展，IVD产品集中采购品种逐渐丰富，品种丰富、品质优良、创新能力强的IVD龙头企业或将从国产替代和市场集中度的提高中获益。从长远来看，集中采购只是改变了供应方式，不会影响到行业的前景。随着临床检验项目的增多、患者的可及程度、人们对健康生活质量的要求和社会老龄化进程加深等，IVD市场仍存在较大的需求发展空间，IVD依然是一个朝阳的行业。

三、高端医疗设备受益医疗新基建需求提升

新基建相关政策的频频出台，表明今后的医药发展将更加注重卫生领域的薄弱环节。在疫情的冲击下，“总量薄弱，结构扭曲，公共卫生突发事件”的问题被暴露在阳光之下。为了尽快解决这些问题，尽快补齐“短板”，国家加大了医疗设施的投入，并通过一系列的基础设施规划，不断提高和完善医疗机构的服务水平。

前期的基本建设，对于设备的要求总是摆在第一位的。国家卫健委在2021年6月30日发布了《社会办医疗机构大型医用设备配置“证照分离”改革实施方案》，将大规模医用设备配置“证照分离”的要求简化，这样的政策将会给社会医疗机构大型医用设备配置迎来大放开；2021年12月21日，工信部、国家卫健委等部门联合印发了《“十四五”医疗装备产业发展规划》，随着新基建项目的出台，医疗器械的需求有望得到提高。

随着政府的大力扶持，国内医疗器械的需求将会出现大幅增长。在2021年的7月7日和22日，财政部先后下达了277.12亿元的财政拨款，用于支持各省卫生健康项目建设，这笔资金将重点投入448家公立医疗机构用于扩建升级以及设备添置。其中，115家县医院、44家中医院的改建扩建工程，主要为急救中心升级、感染病区建设、配套设施

建设；118 家疾控中心实验室的改造及仪器设备购置，以及一些大型医院、妇幼保健院、公共卫生服务中心的信息化升级、科研平台建设和医学设备添置。随着国家财政拨款的不断增加，医疗基础设施建设将进入新的阶段。

高端医疗器械的需求量不断增加，国外产品在国内的高端医疗器械市场上占据了很大的份额。随着我国经济和社会全面步入高质量发展时期，“健康中国”战略的深入推进，对高端医疗设备的需求量也在不断增加。在此之前，我国的医疗设备厂商技术相对落后，产品以中低端为主，国内的高端医疗设备被 GE、西门子、飞利浦等国际大公司所垄断。以 PET/PET-CT 高端成像设备为例，GE、西门子和飞利浦三家公司共占据了国内 93%的市场份额。从 2011 年到 2020 年，中国的医疗设备进口每年以 15%的速度递增，到 2020 年达到 383.5 亿美元。

随着我国医疗器械企业不断加大研发力度，在技术上取得了突破性进展，国内领先的产品逐渐打破了国外先进设备的技术壁垒，在某些方面已经达到了替代进口的水平。2020 年，我国医药设备行业的研发投资总额为 58.78 亿元。迈瑞的心电图、心电监护仪等设备已进入全国 95%以上的三甲医院，新华医疗的制氧机、雾化器、超轻微氧气阀等市场份额居全国前列，而微创医疗也逐渐拥有了与国外美敦力、波士顿科技等国际知名企业一较高下的能力，目前国产冠状动脉支架的市场占有率超过 80%。但是，PET-CT、软镜、硬镜等技术壁垒很高的领域，其国产化率还不到 10%。

随着疫情的爆发，国内对高端医疗器械的依赖程度越来越深。为增加国内高端医疗器械供应，解决卡脖子问题，近年来，国家大力支持高端医疗器械升级与进口替代，多地政策明确要求医疗器械采购尽量或必须优先采购国产产品，助力进口替代加速。

四、康复医疗行业发展潜力巨大

从 2017 年起，国家多个部委相继发布了多个指导意见和制度，明确提出了康复医学、康复医院、康复医疗中心、医养结合等相关领域的标准化建设。国家卫生健康委员会和国务院八部门联合下发了《加快推进康复医疗工作发展意见的通知》，明确了康复医疗的各项目标，并要求在 2022 年基本建成一支数量合理、素质优良的康复医疗专业队伍，即每 10 万人口康复医师达到 6 人、康复治疗师达到 10 人，到 2025 年每 10 万人口康复医师达到 8 人、康复治疗师达到 12 人。

在鼓励康复医疗建设的同时，各地也相继出台政策，扩大康复医疗覆盖面，提高患者康复医疗的可及性。2016 年，国务院办公厅印发《关于促进社区康复发展的意见》，明确要求各级地方政府将社区康复纳入基本医疗保障制度体系，并逐步扩大社区康复服务范围。2016 年人社部等六部门联合下发《关于新增部分医疗康复项目纳入基本医疗保障支付范围的通知》，康复医疗领域医保支付项目由 9 个增加到 29 个，将医保覆盖度由残疾人扩大到老年人、儿童等各类患者人群，报销项目由物理治疗扩大到各类治疗性项目康复评定项目。

此外，“两降一升”及 DRGs 支付方式改革的实施，对康复科建设影响较大。医院在医保支付制度改革后，将面临新的机遇和挑战，但同时也会带来更多的压力，在压力与机遇并存的背景下，康复医学的发展前景广阔。实施“两降一升”后，医疗机构取消药费、降低检查费，医院“药品”“耗材”利润率下降，诊疗、手术、康复建设、护理、中医和床位等服务项目价格上涨。《DRGs/DIP 支付方式改革三年行动计划》提出，到 2025 年覆盖所有符合条件的住院服务医疗机构，实施支付方式改革后，医院对“康复介入临床诊治、缩短病患治愈周期、提高床位流转率”的需求不断增加。此外，由于康复治疗的复杂性和持续时间，短期内不太可能按照美国的 DRGs 改革历程向每位病人全额支付康复费用，因此，医院更有动力将康复病人转诊到康复医院或专科医院接受后续的有针对性的功能康复和护理，导致对康复医疗设备的需求同步增加。

康复是一块早期投入低、供应严重短缺的医疗“洼地”。《中国卫生健康统计年鉴》和毕马威公司的数据显示，美国的康复治疗在 2017 年的总投资达到了 176 亿美元，相比之下，中国的人口规模更大，投入却只有 75 亿美元。2018 年，北京市卫健委公布的《北京市医疗卫生设施专项规划（2020 年—2035 年）》显示，全国康复病床需求为 70 万张，按每千居民配备 0.5 张康复病床，2020 年我国康复病床数大概为 30.68 万张，缺口大概为 40 万张，供需鸿沟巨大，亟须满足。随着人口老龄化、慢性病和重疾治疗等康复相关需求的迅速增加，加之国家政策扶持，国内康复产业将迎来新的发展浪潮，康复器材等器械类产品采购需求或将率先进入增长快车道。根据 Frost&Sullivan 的统计，中国康复设备市场从 2014 年 115 亿元，到 2018 年达到 280 亿元，年复合增长率达到 24.92%，并且行业规模逐年上升，在政策的激励加持下，预计到 2023 年康复器械行业规模将超过 600 亿元。

目前，我国康复医疗设备产业还处在起步阶段，产业结构比较零散，其中翔宇医疗、伟思医疗、普门科技这 3 大巨头率先进入市场，拥有广泛的用户群体、丰富的技术积累等领先优势，在政策扶持下，迎来发展红利时期，在未来，可以在政策的扶持之下，实现高增长。

五、生命科学与 CXO 行业异军突起

一是生命科学的研究增长动力强劲。生命科学研究支撑产业是指从事生命科学研究和产业化的整个过程，所涉及的仪器、试剂、耗材和服务的一些行业，是整个生命科学领域的重要组成部分。我国的生命科研投资增长速度超过世界平均水平，其支撑工业发展的势头很强。在科研投资方面，全球从 2016 年的 1 247 亿美元增长到 2020 年的 1 601 亿美元，年均复合增长率为 6.45%，而我国的生命科学研发投资从 2016 年的 496 亿元增长至 2020 年的 948 亿元，年复合增长率高达 17.58%，增速远高于全球水平，国内上游生命科学研究支持行业发展动力强劲。

另外，资本对制药生物产业的青睐与扶持，推动了创新研究的开展，使得上游的需求保持旺盛。过去十年，中国医疗卫生行业的投融资总额从 2013 年的 123.19 亿元快速上升到 2021 年的 3 313.68 亿，资本的青睐为生物制药行业的发展注入了资金，特别表现在对研发投入的支持。我国生物制药企业研发费用由 2016 年的 35.39 亿元增至 2020 年的 115.34 亿元，年均增长 36.34%。随着我国制药企业研发投入的快速增长，对生命科学领域的支撑产品的需求量也随之增长。由于我国的生物科技支撑行业起步较晚，对国外的产

品特别是高端产品的依赖性很强。近几年，为了破解“卡脖子”问题，提高我国高端核心产业链的自主可控能力，国家发改委、科技部等相关部门相继出台了一系列政策，以促进我国产业发展。在良好的政策环境下，国内企业产品能力不断提升，有望迎来上游产业链国产化的新浪潮。

随着下游市场的迅速扩张，科研和产业化的需求不断增加，生命科学支撑医药行业的发展脚步也越来越快。在医药生物方面，生物药品和IVD是两个主要的下游市场，2020年，国内IVD和生物药品的市场规模分别为890亿元和3 870亿元，2016年到2020年复合年均增长率分别为19.94%和20.49%，预计到2022年市场规模将分别达到1 290亿元和5 480亿元。随着生物医药和IVD下游需求的不断增加，生命科学领域的发展也越来越快，整个行业都处在高速发展的状态，有着巨大的发展空间。以生物试剂为例，从2015年的128亿美元到2019年的175亿美元，年均复合增长率达到8.1%，而我国的生物科学仪器市场规模由2015年的72亿元增长到2019年的136亿元，年均复合增长率达17.1%，远高于同期全球生物科研试剂市场增长水平，国内市场景气度较高。随着下游规模的不断扩大，以及国内替代的双重作用，产业的规模化进程将会加快。

生物科技支撑产业涉及生物、化学、材料、电子、机械等多个行业，涉及制药生物的研发和生产所需的设备、耗材、原材料，具有很高的技术壁垒，所以国内的生命科学技术支撑产品目前大多处于中低端地位。随着下游规模的扩大，国内替代的步伐加快，我们相信国内相关公司的成长将会超过整个产业的发展水平。

在仪器端，国内知名的生物医药研究所华大智造，主要从事基因组学研究和生命科学研究。华大智造作为Biotech领域重要的国家战略科技企业，已经掌握了测序仪研发和生产的关键技术，是世界上为数不多的能够实现二代测序仪批量生产的龙头企业之一。

在生物试剂末端，目前国内外市场对于生物试剂的需求量越来越大，国产产品也因此迎来了良好的发展机遇。随着国内产品质量的提高，产品种类的丰富，以及“性价比突出”＋“特色化定制服务”的优势，国产产品有望进入更多的下游医药生物企业研发生产供应链。

二是CXO（医药委托研发和生产组织的统一称号）行业企业有望跻身国际一流。医疗创新的前沿指标持续稳定增长，产业上游的研发投入和项目储备不断增加，CXO的渗透率不断提高，进一步拓展了市场。2016—2020年，中国的研发投入从1 590亿美元增至1 880亿美元，实现了4.76%的年均复合增长率。与之相比，中国制药的研发投入从119亿元增加到247亿元，以20.03%的年均复合增长率远远超过世界平均水平。在疫情的重压之下，全球医药研发线持续成长，持续推动着下游的创新研究与开发。与此同时，随着新药研发载体由大型制药企业逐步向中小Biotech企业转移，医药创新产业链朝着专业化、精细化方向发展，医药研发和生产外包比重不断提升，外包服务的渗透率逐年提升，预计至2022年可从2017年的27.0%提升至37.5%，提高10个百分点。由于整个药品创新市场的持续增长以及大、中、小型制药企业对CXO的需求日益增长，CRO（合同研究组织）和CDMO（合同定制研发生产机构）的整体市场空间或将继续保持高速增长。

近年来，随着世界范围内的CXO产能不断地向新兴市场转移，中国通过降低人力成本、快速的服务反应能力和上下游产业链的优势，取得了较快的市场增长。近几年来，中国 CRO 市场规模和 CDMO 市场规模持续快速增长（2020 年由于疫情影响承接项目受限），2016—2019 年复合增速分别为 30.32%和 29.68%，远高于全球 9.33%和 12.10%的水平。预计我国市场规模将持续高速增长，2025 年将达到 1 583 亿元，是 2020 年的 3 倍；CDMO 市场规模有望达 937 亿元，达到 2020 年规模的近 4 倍，国内 CXO 行业有望保持高景气度。

中国 CDMO 在世界范围内的市场占有率仅次于美国、西欧，已经超越了印度等新兴市场，成为 CDMO 的第三大生产国，中国 CDMO 的产能份额预计还会继续增加。与此同时，诺华、罗氏、辉瑞、BMS 等大型制药公司，也纷纷改变了策略，将原有的工厂剥离出去，与 CXO 公司进行了更多的合作。与此同时，疫情对一些国外公司的生产和运营造成了影响，使中国公司的全球转移视线更加集中，预计会加快接单的速度。

第四章　医药生产企业营销能力的构成要素

在制药企业中，市场营销能力是其核心竞争力之一，有自身的内涵、结构、要求，医药企业必须深刻认识到医药生产企业营销能力的特殊性，直面当前所面临的问题和困境，从而进行靶向提升。

第一节　医药生产企业营销能力的内涵

在整体上提升医药企业的营销能力，首先必须要理解医药企业营销能力的内涵，把握医药企业营销能力的基本要求。医药企业的营销能力主要包括厘清并整合医药企业的专业知识与资源、满足市场需求、制定并实施有效营销策略3个方面。

一、厘清并整合医药企业专业知识与资源的能力

现代企业在为客户提供多样化的产品和服务的同时，也要了解怎样将自己的核心技术和专业知识与其他具有优势的资源相结合，在市场中占具优势。这一方面的能力是医药企业营销能力的基础，侧重点在医药企业，涉及企业自身的发展战略、营销文化、研发能力、制造水平、组织架构、管理能力、行业影响力、资源整合力等方面的因素。

企业营销文化是企业战略发展层面的一环，不同的企业战略就需要不同的营销能力来匹配，也需要有不同的营销文化，在制定企业战略中将营销作为企业发展的重要环节来部署，充分考虑市场意识的树立、营销管理的规范、营销人才的培养、营销相关制度的完善，并能在企业发展目标中制定具体的营销目标，营销能力也会得到稳步提升。企业战略对营销能力的重视和企业浓郁的营销文化对营销能力的滋养，是企业营销能力提升的根本动力。医药企业的产品关系到老百姓“生老病死”的大问题，医药产品的研发能力和制造水平是其营销能力的核心和关键，只有优良的技术、工艺、产品才是营销的底气。

企业的组织架构和管理体系中营销组织的地位、规模、运行效率、人员素养是营销能力在组织层面的体现，有很好的产品但是没有高效率的营销组织和营销团队，营销能力也会大打折扣。医药行业是深受市场信任和政策导向影响最大的行业之一，行业影响力和资源整理力体现外界对企业的认可、信任、依赖，具有较好的口碑和政企关系的“老字号”

“金字牌”企业往往能够较快占领市场，并具有长期稳定的市场份额和地位，其营销能力也就自然较高。

我国有 13 000 多家医药商业企业，类型众多，但排名靠前的主要是国有药企，这说明国有医药流通企业已经成为医药流通的主流企业。药品流通直报企业中，国有及国有控股药品流通企业主营业务收入 8 644 亿元，占直报企业主营业务总收入的 68.5%，实现利润 169 亿元。但这些企业大部分缺乏终端销售能力，主要依靠自身原有计划经济体系下沉淀下来的资源进行流通、配送和批发，而大部分终端销售工作和基层市场药品流通主要是由中小型医药商业企业在做。

医药企业必须在摸清自身资源的情况下进行大胆整合，医药生产企业的资源包括：产品资源（药品、器械、耗材、卫生用品、保健品等），政府资源（药监、卫健委、物价局、发改委等），资金资源（货款资金，融资、股份制改造资金），仓储资源（自有仓储资源、合作仓储资源），配送资源（自有配送资源、合作配送资源），人才资源（专业人才，尤其是拥有终端和产品资源的销售人才），管理资源（内部具有竞争性的管理体系，留得住人，能激励人才的薪酬绩效体系），医院资源（各个层级的医院），药店资源（连锁药店、单体药店），诊所资源（专科门诊、综合门诊、中医门诊），社区服务中心资源（区域内），患者资源（各种相应产品治疗疾病的患者数据），学术资源（上下游能做学术支持的资源），医生专家资源（高端医疗专家、本区域内的医生）以及其他资源。营销能力转型升级的医药企业一定要衡量自身的资源，要根据现有的资源情况制定自身的转型战略，既不要畏惧大型医药商业企业，悲观失望，也不要步子迈得太大，让转型落空。

制药企业的资源整合，主要是通过价值链的整合来实现。制药属于资本密集型、知识驱动型的产业，因其高科技、高投入、高风险等特征，使其进入门槛高。价值链结构也与其他行业有所不同。制药产业的价值链可以分为五大环节：药材种植、研发、生产、流通、保健，各个环节各有分工，各环节之间有联系，形成完整的价值链，医药产业的价值链整合具有重要的现实意义。

我国医药行业起步较晚，大型医药公司大多建立于制药行业，业务模式为仿制药、进口药品代理，医药价值链集中于药品生产环节，上游原料成本受药材价格波动影响，下游产品分销受药品流通企业价格压制，同业之间的竞争因产品线复杂而混乱，医药企业盈利水平没有随着营收和规模的增长而提高。在实现价值链一体化的同时，必须抓住各个环节的核心，以降低成本，增强核心竞争力。从价值链一体化的角度出发，传统制药企业要想发展，就必须把产品延伸到整个产业链的上游、中草药的种植和加工，以稳定原材料价格，控制采购成本，回归药品流通、配送和零售环节，提高医药企业效益，提高盈利空间。在对上游产业链进行整合的同时，通过兼并收购获取产品的专利及优质的资源，也可以帮助公司迅速扩大规模，从而丰富公司的产品线。同时，随着世界经济一体化的不断深入，制药企业间的竞争日趋激烈，跨国制药企业依靠自身的创新研发实力、资金、规模等优势，在整个制药产业链中占据有利地位。国内医药企业要实现迅速发展，对未来外资制药企业的产业地位提出挑战，必须加强内部资源的整合，以提升经营效率和降低成本为主要竞争优势，同时要寻求外部的增值环节，积极参与国际分工，建立以研发为基础的核心竞争优势。

二、满足市场需求的能力

企业营销的目标导向是通过满足市场需求来实现企业产品的价值，最大限度、最有效率地将企业产品与市场对接是医药企业营销能力的检验标尺，这就涉及市场评估、市场细分、目标市场定位、市场定价。医药市场具有一定的稳定性，但是医药行业又受到政策的不确定性影响，同时也会受经济发展、人民生活水平提高等大环境影响，企业营销必须对市场需求有精准的把握，一方面为产品找到相应的需求群体，另一方面要将市场信息反馈回企业，帮助企业根据市场变化做出调整。市场评估包括对宏观经济环境、政策导向、行业发展趋势、市场供需关系和结构等方面的分析，从而为营销战略的制定、营销模式和方法的选择定下基调。市场细分、目标市场选择、市场定价是企业根据消费群体的需求对整个医药市场进行划分，选择适合企业发展的战略和产品特性的目标市场，并制定相应的价格组合策略，这是企业实施营销策略和方案的前提，也是实现与市场对接、满足市场需求的关键。

在国家产业政策的扶持和市场需求拉动下，我国药品制造业得到了快速发展。随着提高生产质量标准和环境保护要求等法律法规的出台，公立医院实施集中采购和“4＋7”城市试点采购。仿制药的统一审评，公立医院采购效能要求的提高，医药产业正面临着转型升级巨大压力。仿制药品和原研药品的研发能力、销售能力、产品品质等方面都具有一定优势的企业将成为市场竞争的主体部分，然而那些标准化程度低、研发能力弱、资金实力弱、环境污染严重的企业，在竞争中面临着更大的压力。在市场需求上，由于人口自然增长、老龄化进程加快、医疗保健体系健全、居民支付能力提高、疾病变化等多种因素的影响，人们对健康的需求逐渐得到释放，我国已成为全球药品消费增长最快的地区之一。总体上，制药工业发展空间广阔，整个产业的供需形势将会持续好转。

掌握市场需求可从三个层面进行分析：

（一）人口结构方面

人口老龄化加快，医疗需求显著扩大。中国人口老龄化不断加深，根据国家统计局公布的数据，在2020年我国65岁及以上老年人口约为1.8亿，占总人口比重达到了惊人的13％。2025年，即“十四五”规划完成之时，65岁及以上老年人口数量将超过2.1亿人，占比量持续上升，约占总人口的15％。如果将60岁及以上的人口作为划分老年人口的标准，到2050年，中国将有近5亿老年人口。因此，本节从医疗费用支出占总收入比例的角度分析医疗服务供给的相关问题。按照60岁以上人口占总人口10％、65岁以上人口占总人口7％的国际标准，中国已经在新世纪初期就已经进入老龄化社会。根据《联合国世界人口展望（2017年修订）》，中国将继续加速老龄化，到2025年进入深度老龄化社会（65岁以上人口占比超过14％），预期寿命延长和生育率下降将继续加剧老龄化，与此同时，中国劳动力总量已达到峰值，未来劳动力的绝对比重和占比都将持续下降，这给以城市医疗为主体的养老体系带来持续的压力。

（二）疾病谱方面

医疗需求向慢性病和癌症治疗倾斜。随着人口老龄化的加剧，心血管病、糖尿病、恶性肿瘤等慢性病的患病率逐渐增加。疾病谱的演变趋势与国家发展阶段、人口结构与医疗水平等有关系。对制药公司来说，它代表着需求的一种趋势变化。近20年来，我国疾病谱呈现快速变化态势：心血管疾病、糖尿病、恶性肿瘤等疾病均有明显的上升趋势，呼吸道疾病、传染病、消化疾病等疾病均有明显的降低趋势。疾病谱的改变有两方面的原因：一方面是我国人口结构的改变，加速老龄化对我国疾病的最直接影响是由母体卫生和传染病快速发展到慢性非传染性疾病。中国老年人的非传染性疾病占总人口的50%；60岁以上老年人的健康问题占全国总人口的45%，而中风、恶性肿瘤、缺血性心脏病是三大主要因素。另一方面，我们国家卫生条件得到了改善，基本可以治愈，可以使用抗生素和疫苗来治疗一般的呼吸系统和传染性疾病。

慢性病具有不可治愈、终身治疗的特点。肿瘤治疗更加僵化和昂贵，医疗技术的进步正在将其转向慢性病，给医疗支出带来了更大的负担。在此背景下，医疗保险政策将重点支持这些疾病领域，使得医药市场将逐步向慢性病以及肿瘤治疗领域发展，这些企业将面临前所未有的机遇与挑战。同时，不同的疾病治疗在不同的阶段有不同的进入壁垒，竞争壁垒较高的企业从长远来看将具有良好的竞争优势。

（三）消费升级

居民消费能力不断提升，政策助推了大病医疗税费的减免。我国居民的可支配收入和消费支出稳步增长。中国城镇居民人均可支配收入由1985年的739元提高到2018年的43 800元。2020年全国居民人均消费支出提高到21 210元，人均保健支出提高到1 843元。国务院于2018年12月22日发布的《个人所得税专项附加扣除暂行办法》，将于2019年1月1日起实施，对子女教育、继续教育、大病治疗、住房贷款利息或住房租金、赡养老人等6个专项附加扣除政策，提高居民收入水平和消费水平。

消费升级推动了药品消费的升级，提高了医疗服务的自费。当前，人均收入的增加对卫生服务需求的增加有两方面的作用：一方面，居民的卫生意识提高，医疗费用持续增加；另一方面，人们对卫生保健的要求也越来越高，这就不可避免地会引起医药消费水平的提高。

三、制定并实施有效营销策略的能力

执行是企业管理中最大的“黑洞”，管理层对于如何制定战略，如何进行组织变革，如何选择、培养、留住资本以及如何进行资本预算有很多理论，但如何落实这些理论往往被认为是理所当然的，深入研究的比较少。作为管理者，创新执行理念有助于制定更加稳健的战略。事实上，为了制定一个有价值的战略，管理人员还必须确保组织能够执行该战略。如果没有足够的条件，那么策略的设计就无从谈起，而策略的执行也就失去了意义。要明白，战略是为执行而设计的。因此，提升企业的行政执行力非常重要。

绩效是指达到战略意图、实现预定目标的能力，是将企业战略和规划转化为效益和结果的关键。执行力的具体内涵包括完成一项任务的意愿强弱、完成一项任务的能力高低和完成任务的水平高低。执行力不仅仅是一种能力，而且是一种思维方式，它是企业领导者应该具备的重要素质。执行力是个人的能力，是团队的战斗力。而衡量绩效的标准，对于个人来说，就是按时按质按量完成工作，对于企业来说，就是要在预定的时间里完成企业战略目标。

执行力的强弱，既体现了企业的综合素质，也体现了管理者的价值。管理者的作用不仅仅是制定战略、下达命令，还要有执行力。执行力不足的企业往往管理层次混乱，经营效率低下。下面我们就谈谈如何提高执行力。

执行力的关键是通过企业文化来影响员工行为。因此，管理者的重要价值是创造一种企业执行文化。培养下属的执行能力是提高企业整体执行能力的关键。管理者要善于运用自己的领导风格和领导艺术，通过在工作中与员工的互动形成一个动态的、可持续的管理体系。如果员工每天多花 10 min 思考如何改进工作流程、如何把事情做得更好，那么管理者就能彻底执行他们的战略。

沃尔玛公司能够保持数十年的领先地位，不仅得益于它独特的企业文化，更为重要的是其员工具有超强的执行力。在过去 40 年中，没有一家公司成功地模仿了沃尔玛，也就是说，由于沃尔玛的员工将公司文化转化为自己的行为准则，沃尔玛实现了独特的员工执行力，培育了公司的核心竞争力，公司的“航母”保持着竞争优势。

医药企业营销能力的落脚点最终是在科学制定并高效实施营销策略上，这涉及需求信息的获取、营销模式的选择、销售方式方法的创新、营销渠道的开发与维护，是一个产品信息与客户需求信息相互传递、企业和客户相互选择的双向过程，侧重点是营销。医药企业要根据市场需求的变化和技术条件的改善来进行产品的创新，比如随着人民对健康的重视提升和人口老龄化的加快导致对保健品需求的快速增加。还要根据不同细分市场选择不同的营销模式和销售方式方法，比如从传统的分销模式转向产销一体、面向大众的立体化模式，并采取网络营销、事件营销、体验营销、数据库营销、协同营销、品牌营销、价值营销等组合策略，与客户建立长期稳定的信任关系，有计划、高效率地执行营销方案，从而实现市场价值的转化。具体来说，它可以分为 3 个能力。

（一）营销策略分析能力

总结影响企业赢得市场竞争优势和发展潜力的关键因素，确定影响企业战略选择过程的具体因素，主要包括以下 5 个方面：（1）确定企业的企业营销目标，并将营销目标作为制定和评价企业营销工作的基础；（2）策略分析还要了解企业所处的竞争环境、企业之间的竞争关系以及竞争环境的评估；（3）分析外部环境，包括宏观环境与微观环境；（4）分析内部条件，了解企业的相对地位、资源和战略能力；（5）了解企业利益相关者的利益期望，以及他们在策略制定、评估和实施过程中的反应。

（二）策略选择能力

解决“下一步该怎么做”的问题。其步骤分为三个阶段：

第一步是要优先制定整体战略方案。方案的制定一般有两种方式，一种是企业最高管理层制定企业的总体目标，然后营销部门根据自己的实际情况将企业的总体战略具体化，形成一套系统的营销策略方案。另一种是最高管理层不指定营销部门，但要求他们积极提交营销策划方案，营销部门在执行策略时，对企业的总体战略进行分析，然后根据企业的总体战略确定营销策略的方案，并制定出实施的计划和措施。企业与营销部门的最高管理层和底层管理相结合，通过高层管理和底层管理之间的沟通和协商，共同制定合适的目标和战略。第二步是评估战略备选方案，通常使用两个标准：一个是考虑所选择的战略是否发挥了企业的长处，克服了弱点，并利用机会尽量减少威胁；一个是要考虑所选择的战略是否能被企业利益相关者，特别是客户所接受。第三步是选择策略，就是选择最终的策略决策。

（三）执行战略的能力

将营销策略转化为营销行动。企业营销策略的制定与执行是一个复杂的过程，涉及许多方面的因素。主要涉及以下问题：如何分配和利用公司现有资源；实现企业目标需要哪些外部资源；实现既定策略计划需要对组织结构进行哪些调整；如何重新分配利益和适应企业文化；以及如何通过企业文化管理确保营销策略的成功实施。

第二节　医药生产企业营销能力的基本要求

医药产品是关乎人民防病治病、康复保健、计划生育等关键基本需求的特殊商品，将会直接作用于人的身体，这样就关系到人们的生命安危、健康与否，在一定程度上也会间接的影响社会生产力的发展。医药企业由于产品的特殊性而具有了一定的特殊属性，医药企业的营销能力也就相应具备一定的自身特征，这些特征也是对医药企业营销能力的基本要求，把握这些特征对于医药企业营销能力的提升具有重要意义。

一、要预判国家政策导向

医药行业关乎人民群众最为关心的生命健康、生活幸福问题。因此我国对医药行业进行了严格的管控和大力的扶持，相继出台了《医疗器械监督管理条例》《化妆品注册备案管理办法》《生物制品批签发管理办法》《药品检查管理办法（试行）》《中华人民共和国疫苗管理法》《促进健康产业高质量发展行动纲要（2019—2022年）》等，对医药行业的监督关系更加细化，在“十四五”规划中第四十四章“全面推进健康中国建设”专门规划卫生健康领域的发展。那么医药企业在制定营销策略和方案时必须考虑国家对医药产业的政策导向，预判宏观调控管理向严、向细的趋势，熟悉相关文件规定，特别是国家在医药卫生体制改革、基层医疗事业发展、中医的保护与支持、生物医药战略性新兴产业的规划等。

目前，我国医药行业的政策导向以自主创新和国产替代收益为主。

一是药审速度加快，大大缩短了新药上市的时间，有力地鼓励了制药企业的创新。自2015年以来，国家逐步对药品上市许可持有人制度进行改革，临床自查核查成为药品监管改革的第一枪。早在2017年10月，国务院就发布了《关于深化审评审批制度改革鼓励药品医疗器械创新的意见》，以及随后的《药品管理法》修正案和《药品注册管理办法》。审评审批的制度改革对提升我国医药卫生事业和医疗卫生事业发展具有举足轻重的作用，也为深化医疗卫生体制改革创造了有利条件。《关于鼓励药品创新实行优先审评审批的意见》明确提出，要加快研制、开发、销售符合国家需要的具有临床意义的仿制药。近几年，由于药品的临床需要，药品的批准时限大大缩短。早在2017三月份，CFDA就已经批准了奥希替尼片，这是一种临床上亟须的新药，国内只需要七个月的时间，而全球第一批新药需要一年四个月。九价HPV疫苗于2018年4月获得批准，仅用了9天。建立和健全创新药审评审批体系，是改善药品疗效，提升药品安全性和疗效的关键。加快药品审评审批进程，使药品和非专利药品的研制周期明显缩短，使药品生产企业加大研发投入，加速药品行业的优胜劣汰，有利于满足国家的医疗需要。

二是大力推进药品一致性评价，对仿制药的质量进行全方位的升级和提高。2016年3月，国务院办公厅发布了《关于开展仿制药质量和疗效一致性评价的意见》。仿制药一致性评价是确保药品质量与疗效一致性的关键，是提高药品安全、高效的关键。从那时起，一系列的意见和准则相继出台，促进了一致性评估的有序落地，加速了一致性评估的进程。根据国家有关规定，在新的化学制剂注册分类实施之前，未经批准的仿制药，其质量和效果不符合原药的规定，应当进行一致性评价。根据相关规定，到2018年，对289种药品进行一致性评价，并将其有效期进一步延长。同年，国家药监局发布了《关于仿制药质量和疗效一致性评价有关事项的公告》。在首批化学非专利药物通过一致性评价后3年内完成一致性评价，逾期未处理的，可以在申请确认后延长。仿制药一致性评价工作稳步推进，促进了药品质量的提升。我国首批仿制药一致性评价通过后，药品招标等相关配套政策得到了显著加强。

三是分级诊疗增加了对基层医疗机构的投资，扩大了其在多个领域的市场份额。推动分级诊疗，加强基层医疗服务功能，从常见病、慢性病转向基层，从重大疾病、疑难杂症到大医院分层。国家卫生健康委和国家中医药管理局在2018年发布了《全面提升县级医院综合能力工作方案（2018—2020年）》，并发布了《关于开展“优质服务基层行”活动的通知》。政府要加大财政投入，加速分级诊疗的进程，将资金用于装备升级、服务能力提升、科室建设等方面，强化基层医疗服务能力建设；通过投入资金，提高基层医院的基础软硬件水平，逐步转变基层患者的就医意识，实现分级诊疗目标。

随着我国经济的发展，人民群众对医疗卫生的需求不断增长，各级医疗机构不断增加，基层市场的扩大带动了对医疗器械的需求上升。在医院数量上，根据国家卫生健康委发布《2020年我国卫生健康事业发展统计公报》，2020年末，全国医疗卫生机构总数达

1 022 922个，比上年增加 15 377 个。其中：医院 35 394 个，基层医疗卫生机构 970 036 个，专业公共卫生机构 14 492 个。与上年相比，医院增加 1 040 个，基层医疗卫生机构增加15 646个。其中，公立医院 11 870 个，民营医院 23 524 个。医院按等级分：三级医院 2 996个（其中：三级甲等医院 1 580 个），二级医院 10 404 个，一级医院 12 252 个，未定级医院 9 742 个。同时，加大了对基础卫生服务的投入，基本公共卫生服务项目人均财政补助标准从 2019 年的 69 元提高至 2020 年的 74 元。全国 3 万个乡镇共设 3.6 万个乡镇卫生院，床位 139.0 万张，卫生人员 148.1 万人（其中卫生技术人员 126.7 万人）。与上年比较，乡镇卫生院减少 350 个（乡镇撤并后卫生院合并），床位增加 2.0 万张，人员增加 3.6 万人。2020 年，每千农村人口乡镇卫生院床位达 1.52 张，每千农村人口乡镇卫生院人员达 1.62 人。

分级诊疗制度的逐步推行，一方面，会提升我国的医疗服务能级，使基层医院的服务水平得到进一步提升；另一方面，分级诊疗将会拓展多个医疗领域细分领域的增量市场，其中医疗服务领域和医疗器械尤其值得关注。随着政府对仪器设备的投资，对仪器设备的需求量也越来越大。

就拿“两票制”来说，2017 年 1 月，原国家卫生计生委公布了“两票制”的消息，“两票制”就像是一柄利剑，悬在了医药企业的头顶，开启了“两票制”清理整顿的序幕，开启了中小型企业大规模兼并重组的序幕。“两票制”大大简化了医药流通，制药企业更愿意与资金雄厚、业务能力强、供应链网络完善的大型制药公司进行合作。中小企业在激烈的市场竞争中常常会遇到一些劣势，因为他们没有大型企业所具备的优势。2019 年，中国医药集团、华润集团、上海医药集团、九州通医药集团等国有医药企业，其总销售总额达到 7 000 亿元，占到了 2019 年医药行业总销售额的 34.6%，比上年同期增加 7.6%。在“两票制”改革中，龙头企业占据优势，而中小型企业的表现则比较黯淡，而下游的产业链企业，则会被强势的竞争者抢走。

“两票制”的核心并不在于药品的降价，而在于放开药品流通环节，优化药品流通秩序，禁止倒卖药品，严格审查销售过程，减少流通环节，使流通过程简化、透明，有利于提高药品质量和可追溯性。首先，要对自己的税收和税收风险进行评估，对现有的经营模式进行重新审视，从而改变现有的营销方式与流通秩序；在医药供应链中，积极参与“牛鞭效应”，寻找供求关系，提高供应链的有效性；在流通过程中，制药公司必须从“批零合一”转向“以销定产”，从而在药品生产中占有一席之地。“两票制”改革推动了医药企业经营方式的变革，传统的经营方式已不能满足目前的医疗市场需求，急需新的经营方式。医药流通企业要通过调整经营过程，提升经营管理水平，减少经营成本。如今，互联网平台和云计算能够快速地处理海量数据，提升商业性能。通过网络技术，物流信息的管理将会在流通和其他方面变得更加方便。

具体来说，为适应“两票制”改革，医药企业应加强与中小流通企业的合作，使其成为医药配送的专业化公司，了解医药的分配流程，从而在医药行业中抢占先机。还可以在 CSO 模式下，加强与流通企业的合作，降低经营风险，提高企业的盈利能力，对小规模的医药流通企业进行优化和重组，可以通过大公司的并购来持续发展，实现自身资产的保值和增值。此外，还可以大胆尝试电商运营模式，与传统的人工统计相比，电子商务具有更高的开放性，B2B电子商务体系的建立，使得医药产品可以从制造商的手中直接进入市场。

二、要高度重视客户关系管理

我国是世界上最大、最有潜力的医药市场，医药行业与民生息息相关。随着经济的发展、人民生活水平的提高、健康观念的转变和人口老龄化，医药产品需求正在发生深刻的结构性变化。具体到医药企业，其客户关系管理的好坏直接影响着企业的经营成败。从医药企业的行业特点来看，其主要受众是医院和大大小小的药店，这是一种与顾客有着紧密联系的营销方式，因而在我国制药企业中，顾客关系的管理相对复杂，情况也比较多变。同时，考虑到目前国内制药行业的外部环境和市场的需要，很多制药公司都面临着与顾客关系相关的问题。在一定程度上，药品生产企业的竞争，既包括了药品的核心竞争力和企业的品牌力，也包括了药品代理商和药品销售者的关系。只有建立了良好的顾客关系，才能在顾客的心目中留下一个深刻的印象，并最终影响到整个公司的药品市场。因此，医药代表在市场上的待遇要比一般的行业要好得多，而制药公司对此也十分重视。

在我国药品行业的特殊环境下，药品代理业务的成功与失败，在于客户的挖掘、维护和二次开发。简单来说，初级医药代表具有发掘和保护顾客的能力，而高级医药代表既可以做到这两点，又可以根据顾客的需要和市场的变动，为公司的药品销售拓展更广阔的市场。作为药品公司或大客户的长期供应商，国内许多制药公司都处于困境。在这样的环境下，很多医药企业的销售人员往往不是在管理自己的销售队伍，而是在管理自己的客户，他们能够意识到客户关系维护的重要性，但却很少能够做出真正的改变，他们被现有的客户群体压得喘不过气来，当然也失去了继续开拓市场的内部动力。同时，与专业的销售技能相比，客户关系管理技术在企业发展中相对被忽视。由于客户资源匮乏，企业的经营成本越来越高，而且客户关系管理的成效越来越差，客户满意度不高。在这种恶性循环下，我们没有时间去思考客户关系管理的困难和路径，我国制药企业必须要应对激烈的外部市场环境，使其在顾客关系管理方面处于较低的地位。所以，要从根本上解决这一问题，就必须深入了解企业的顾客资源，并及时掌握顾客关系的正面和负面影响，并积极地考虑对策。

医药企业需要在现有顾客关系管理的基础上，针对公司的主要客户和重点项目，加大对客户的培训，以丰富的服务方式和方法，不断地改进和完善现代的顾客关系管理技术，积极探索适合公司的顾客关系途径。医药企业的客户关系管理服务是指企业通过建立和维护良好的客户关系来满足客户对医药产品或服务的需求，从而获取最大化的经济效益和社会效益的过程。具体而言：

一是经营理念的彻底改变，医药行业的营销理念由“以产品为导向”向“顾客导向”的转变，使顾客的价值得以提高。因此，制药企业要想在激烈的竞争中获得成功，就需要转变传统的方式，向顾客提供更多的服务。制药企业在开展生产和经营活动时，必须针对顾客的需求特征进行相应的调整，从而为制药企业赢得更大的发展空间。

二是要确立以顾客价值为中心的策略思考，以创造顾客的价值为中心。传统的市场营销策略忽略了顾客的价值，从而导致了企业的价值损失，而企业的收益只能通过与顾客的交流来衡量。只有这样，我们才能对顾客进行评价，从而降低企业的运营成本，增强企业的盈利能力。

三是建立客户服务中心，由专业人员与客户互动是实施 CRM 的保证。客户服务中心要对客户信息进行具体的收集、分析和有效的处理，通过对客户信息进行有效的管理，并将其信息传递给企业的相关部门，为企业的营销决策服务。客服中心有一个重要组成部分：呼叫中心。呼叫中心的建立是客户服务中心建设的核心内容之一，呼叫中心是一个企业对外服务的窗口和基础。呼叫中心可以收集到客户的投诉和意见，还可以为客户提供大量的产品信息、咨询服务和满意度评估服务，实现与客户的一对一接触和沟通，真正实现信息共享。

四是全面整合存储于制药公司各个部门计算机系统的客户信息，并构建完整的数据库。在数据库的设计中，要充分考虑到计算机中不存在实时的顾客信息，需要有专家对其进行及时收集和补充，并对其进行分析。对客户进行细分，用“客户金字塔”对客户进行分类，将客户分为高端客户、普通客户等，尽可能将所有的客户信息集成到这个数据库中，有效整合客户资源，可以让医药企业准确掌握客户的信息。对于医药企业来说，准确地把握客户资源，提高客户满意度是一项非常重要的工作，只有了解了客户，才能更好地为客户提供服务。

五是要强化员工的培训和进行管理的革新，使客户关系得到有效的管理。由于客户关系管理系统是一种创新的管理体系，因此，客户关系管理不仅仅是软件，更是一种人机协作的应用系统。在制药企业的生产中，工人是一个非常关键的环节，他们的工作质量将会对整个生产流程产生很大的影响。如何建立健全的客户关系管理体系和人力资源管理体系，是制药公司提高人力资源管理能力的关键。

另外，医药行业和很多行业的竞争特性是非常不同的，竞争特性往往取决于需求的特点。药品服务于人类健康，因为人体是一个非常复杂的系统，器官众多，数以万计的疾病不断出现，肿瘤、艾滋病等疾病仍然无法治愈，故对药物和治疗方法的需求也是多样化的。在这样的情况下，少数公司无法满足如此多的需求，使得医药行业难以形成寡头的全格局，医药行业的竞争不是碾压式的竞争，而是城堡式的竞争，每个企业都在各自的细分领域中积累了研发、销售等方面的优势，筑起城堡。当然，也会有对细分领域的竞争，最终形成细分领域的寡头垄断。从美国和日本的医药企业中就可以看出这一点，医药研发生产的巨头不在少数，有几十家，但即便如此，它们仍在为满足人类无限多样的健康需求而奋斗。医药公司一旦确立了研发和销售优势，这种优势就会逐步增强，而且难以逆转，一方面，药品的准入门槛高，药品研发是受专利保护的高科技行业，另一方面，技术积累是一个累金字塔过程。

医药行业也有弱点，例如，畅销药可能会被更有效的药物所取代，或者当专利大量过期时，仿制药会以比较低的价格出售。因此，药品研发更像是修建高速公路，收费只有 10 到 20 年。为了解决这一弱点，制药医药公司需要持续研发同时运行多条“高速公路”的新药，并在旧药品停止收费之前建造新的药品。

三、要掌握系统的医药知识和营销知识

医药产品具有强烈的使用属性，医药产品营销具有较高的专业知识门槛。医药营销人员必须同时掌握系统的医药知识和营销知识，必须对该药品的研发来源、历史背景、市场发展、药理作用、临床效果、同类比较以及相关的政策、法规、方针、管理等等有深入的理解，要具备较高医学或药物学的理论知识。另外，营销人员还需要很强的沟通协调能力。2020 年国家药监局还制定《医药代表备案管理办法（试行）》，对医药销售人员进行制度化的管理，这也体现医药销售行业的重要性和特殊性。

随着中国医药市场集中度不断提高，监管规则逐步与国际接轨。国外大型医药企业纷纷涌入医药市场，与中国医药企业的销售不同，有效的促销活动不是基于“红包”或“回扣”作为敲门砖，而是将较高的专业素质和职业道德放在首位。这就需要从业人员必须具有深厚的医学或药学教育背景，并且运用合理合法的手段去销售。杨森公司的创始人杨森曾说：“我宁愿要一盒我自己发明的东西，而不要一盒我不喜欢的东西。”

医药行业是一个特殊行业，医药代表是整个销售过程的主角。医药代表缺乏医药背景，必然会导致销售出现一定程度的下滑。从社会角度来看，如果医药企业大量招聘非医药专业人员，导致从业人员水平一定程度下降，在销售过程中出现违规行为，很容易引起媒体报道。因为医药与每个人的生活息息相关，负面舆论很容易成为医药企业的热点，进一步放大，导致对医药企业的误解，影响其品牌形象。

我国的医药代表制度是从外资药企引进的，最早是西安杨森。外企医药代表进入中国市场，首次成为中国卫生系统培训和知识更新水平的桥梁，他们去医院的主要目的是传递关于产品的核心信息、改变医生的处方习惯、收集医生对他们负责的品种的反馈意见以及病例收集。此外，还将随时向医生通报该疾病领域的最新发展和研究情况，并主办各专业领域学术会议。杨森的医药代理体系很快被 1990 年前后登陆中国成立合资企业的其他外国药企所效仿。与此同时，全国的医生充分受益于医药代表制度带来的知识和技能的更新。

以德国拜耳公司生产的中国最大的进口降糖药——拜糖平为例，拜糖平主要用于控制餐后血糖。但是在 20 世纪 90 年代，当拜糖平第一次被引入中国时，国内很多内分泌医生还没有意识到餐后血糖在控制糖尿病中的重要性。拜耳的医药代表，当然还有整个公司的学术推广系统，花了近五六年的时间，通过文学、教育、资助糖尿病研究等方式，教育医生认识餐后血糖的重要性，从而为该产品的使用奠定了学术基础。他们组织医生进行餐后血糖试验，帮助医院进行餐后血糖测试，并派遣一些中国顶级糖尿病专家前往美国参加每年一度的糖尿病会议，与美国医生进行面对面的交流。在拜糖平的影响下，一些医药企业也开始了对糖尿病的关注。在了解糖尿病的最新理论后，他们回到家乡，慢慢地指导他们的同伴，迅速地提高了这个国家的糖尿病治疗水平。许多大型医药企业，特别是国外大型医药企业的优秀医药代表，都有自己的行医资格，他们首先学会了如何使用医疗器械进行推广，了解了药物的药理药性，拥有非常雄厚的知识储备。

因此，“知识型医药代表”的概念被业界提出，是指具有医学、药学等专业教育背景，具有一定临床理论知识和实践经验的药品推广和药学专业人员。其特点是专业性强、知识面宽、综合素质高，具有较好的职业道德和责任感，具有一定的创新精神和市场竞争意识。他们一般都具有医学或药学专业大专以上学历，具有一定的临床理论知识和实践经验，对人类生命健康有严谨的科学态度，有较强的敬业精神和文化素养，有较好的市场推广潜力。

四、要应对高行业风险和高行业壁垒特性

（一）高行业风险

医药行业投入高、风险大已是共识。一项医药产品从研发、试验、审批、生产、销售到最后获得市场认可要经历一个漫长的周期，每一个环节都需要大量的资金投入，沉没成本很高，但并不是每一项产品都能研发成功、审批通过并最后被市场接受。医药产品的生产本身具有很高的技术壁垒和规模效应，特别是在细分市场，一项新的产品要想进入必须打破原有产品的技术垄断、客户依赖、定价优势。根据国家药品监督管理局的 2020 年度药品监督管理统计报告数据，全国有效期内药品生产企业许可证 7 690 个，比 2011 年增长 739 个，年均增长 1.18％，2020 年全国共有《药品经营许可证》持证企业 57.33 万家，比 2011 年增长 13.31 万家，年均增长 3.36％，可见医药企业具有较高的进入壁垒。那么医药企业在营销时必须要尽最大努力冲破垄断壁垒，帮助企业在市场上获得极大的竞争力和利润回报率。

以药品研发风险为例，典型的创新药研发主要包括三个阶段，即化合物研究阶段、临床前试验阶段、临床试验阶段，前两个阶段可划归为临床前研究阶段。

化合物研究阶段，在确定靶标后，研发者需要寻找一个能够和靶标结合反应的化学分子（即先导化合物，通俗理解就是具有初步治疗作用的化合物，但由于存在某些缺陷，需要进一步优化方可用于治疗疾病），确定先导化合物后，研发者需要对其先导化合物结构进行优化进而得到候选药物。随着计算机辅助药物设计的普及应用，化合物研究阶段的时间耗费上得到很大程度上的节约，但仍需要 2～3 年。临床前试验阶段，通过对化合物研究阶段获得的候选药物分别进行实验室研究和活体动物研究，以观察化合物对目标疾病的生物活性，并对其进行安全性评估，该阶段通常需要花费 2～3 年。临床试验阶段，主要通过对新药进行广泛的人体试验，评估其对疾病治疗的有效性以及对人体安全的影响，通常需要花费 6～7 年，该阶段主要分为Ⅰ、Ⅱ、Ⅲ、Ⅳ期。新药在批准上市之前，需要进行Ⅰ、Ⅱ、Ⅲ期临床试验，而Ⅳ期临床试验通常在新药批准上市后进行。

医药作为涉及人类身体健康甚至生命安全的消费品，在研发、制造及流通环节均受到严格的监管。在医药研发的临床前研究及临床试验过程中，监管部门均制定了相应的质量管理规范，同时在关键节点设立审评制度，从源头上确保药品的疗效及安全性。在药品研发过程中最为重要的质量管理规范为《药物非临床研究质量管理规范》和《药物临床试验质量管理规范》，即 GLP 和 GCP。GLP 和 GCP 对临床前研究及临床试验均制定了严格的

要求，明确了相应的权责，从流程上来保障药品研发的质量。此外CFDA针对研发过程中的各环节制定了相应的技术指导原则。药品监管部门除了制定系列质量管理规范和技术指导原则，还在医药研发的过程中设置了两个重要的审评环节，一个是药品临床试验申请，另外一个是药品上市申请。根据《药品注册管理办法》的规定，研发新药必须按照国家药品监督管理部门的规定如实报送研制方法、质量指标、药理及毒理试验结果等有关资料和样品，经国家药品监督管理部门审核批准后，方可进行临床试验。完成临床试验后并通过审评的新药，由国家药品监督管理部门批准，颁发新药证书，至此药品研发成功，申报流程与临床试验申报流程基本一致。

从这一点可以看出，一种新药的研发，一般要花上10～15年的时间，平均成本在10～14亿美元左右，但这并不能保证新药的成功，因为一旦研发出了新的药物，就有很大的概率会出现失败的情况，如果药物的开发过程中，没有足够的资金和资源去开发新的药物，那么，这些资金和资源就会流失殆尽，甚至会影响到公司的盈利。

（二）高行业壁垒

除了行业风险外，医药企业还要应对较高的行业壁垒，这包括：

1. 产业进入与政策障碍

国家药品管理局对我国制药工业的各个环节进行了严密的监管。规范药品生产和经营行为是提升制药企业竞争能力的关键。药品生产单位必须持有《药品生产许可证》《药品注册批件》，并经GMP认证，药品生产企业要有《药品经营许可证》、GSP等相关资质。所以，制药工业的准入门槛非常高。

另外，《中华人民共和国药品监督管理法》要求药品生产单位应当具备相应的技术人员；具备与药品生产相适应的厂房、设备和卫生环境；具备药品生产的质量管理和质量检验的机构、人员和必要的仪器设备；有相应的规章制度，保证药品的质量；生产药品的生产必须严格按照《中华人民共和国药典》和相关的标准和规范进行生产和销售，必须符合相关的行业标准，并通过相关的审批程序。

2. 技术与知识产权的保护

自主研发是制药企业的核心竞争力，是制药企业发展的关键。制药行业涵盖实验室、中试、生产3大领域，具有跨专业应用、多技术融合、技术升级快等特征。制药工业在技术创新、管理、营销、文化等方面都有较高的要求。所以，制药行业对研发人才的整体素质有很高的要求，例如经验的积累，而没有相应的技术积累，很难在短时间内适应产业发展的需要。

3. 融资障碍

制药行业是一个技术和资金密集的行业。从药理研究、临床试验、试生产到工业化生产，都要花费大量的时间、财力、人力、设备等资源，而且回收周期较长。在新的市场环境下，新产品开发投资大、周期长、风险大，医药生产企业需要大量的专用设备，关键仪器设备依靠进口，成本高。医药生产企业的销售渠道复杂，环节多，资金周转缓慢，营业费用占很大比例。因此，新公司的起步周期较长，并且面临着财务上的压力。

4．贸易障碍

医药作为一种与人民生活息息相关的特殊商品，消费者在选择上，通常都是以高质量、高知名度为主要考量，所以品牌、信誉、顾客基础也是阻碍其他厂商进入的重要因素。总体上，随着国家有关药物管制的颁布和执行，制药逐步走向了标准化、产业化、全行业的 GMP 和 GSP 认证，制药工业的技术水平、工艺要求、产品质量等都得到了极大的改善。

第五章　数字经济时代医药生产企业营销能力评价

2021年上半年，国内医药供给侧改革继续深入。药品集采、医保目录动态调整、医保谈判及DRGs（疾病诊断相关分组）等组织活动的常态化开展，加快了行业的变革与重构。对数字经济时代医药生产企业营销能力评价，推动医药产业的转型升级与高质量发展至关重要。

第一节　模型的选择与营销能力指标体系的建立

根据投入产出评价理论通常采用的DEA测度模型，采用Fried（2002）等学者发展的三阶段DEA模型，对医药生产企业营销能力进行分析。首先选取投入导向型的DEA-BBC模型提取出投入的松弛变量，其次选取SFA模型摒弃松弛变量中的环境变量和随机误差，最后将修改后的投入指标再次纳入DEA-BBC模型中进行分析。

一、DEA-BBC模型的建立

假定有n个决策单元，分别表示为DMU_j（$j=1, 2, 3, \cdots, n$）；其中每个决策单元都有m个投入，表示为x_i（$i=1, 2, 3, \cdots, m$）；有s个产出，表示为γ_r（$r=1, 2, 3, \cdots, s$），则每个决策单元的效率值可以通过以下线性规划来求得：

$$\min\theta$$

$$s.t. \sum^{n}\lambda_j\chi_{ij} \leqslant \theta\chi_{ij}$$

$$\sum^{n}\lambda_j\gamma_{rj} \leqslant \theta\gamma_{rj}$$

$$\sum^{n}\lambda_j = 1, \lambda \geqslant 0$$

$$j = 1,2,3,\cdots,n;\ i = 1,2,3,\cdots,m;\ r = 1,2,3,\cdots,s \tag{4.1}$$

上式中，λ与θ分别代表决策单元的线性组合系数以及效率值。采用DEA-BBC模型可以分别求出本文所需变量：综合效率（TE）、规模效率（SE）以及纯技术效率（PTE），且TE=SE*PTE。综合效率θ所属范围为（0，1]。当$\theta=1$时，代表决策单元获得最优的技术创新效率；SE＝1时，代表决策单元生产规模达到最佳；PTE＝1时，代表受限于目前的技术水平，决策单元完全运用了自身的要素投入。

二、剔除环境变量与随机误差带来的影响

Fried提出，在第一阶段DEA-BBC模型中，环境变量与随机误差共同构成了松弛变量，其中随机误差又由管理无效率与随机误差两项要素组成，采用SFA做回归分析，解释变量与被解释变量分别选取环境变量与松弛变量，本文构建SFA模型如下：

$$S_{ni} = f(Z_i;\beta_n) + v_{ni} + \mu_{ni}$$

$$i = 1,2,3,\cdots,I;\ n = 1,2,3,\cdots,N \tag{4.2}$$

式中，S_{ni}代表决策单元，i的投入项n的松弛量；Z_i代表本文选取了，i个环境变量；β_n为其对应系数，$f(Z_i;\ \beta_n)$表示其对投入松弛量S_{ni}的影响效应。$v_{ni}+\mu_{ni}$表示随机误差整体，其中μ_{ni}为管理无效率，服从截断正态分$\mu ni \sim N^{+}(0,\ \sigma_{\mu}^{2})$；随机误差$v_{ni}$服从正态分布，$v_{ni} \sim N(0,\ \sigma_{v}^{2})$。本研究构建$\gamma = \frac{\sigma_{\mu}^{2}}{\sigma_{\mu}^{2}+\sigma_{\mu}^{2}}$，当$\gamma$取值接近1时，代表决策单元营销能力无效率的主要影响因素为管理无效率；当γ取值接近0时，代表决策单元营销能力无效率的主要影响因素为随机误差。

SFA回归的目的是解决环境变量和随机误差对营销能力的影响，于是为了便于比较，此处可把所有决策单元更改至相同的外部环境与随机误差之中，更改后所得公式如下：

$$X_{ni}^{A} = X_{ni} + [\max f(Z_i;\ \hat{\beta}_n) - f(Z_i;\ \hat{\beta}_n)] + [\max(\hat{v}_{ni}) - (\hat{v}_{ni})]$$

$$i = 1,2,\cdots,I;\ n = 1,2,3,\cdots,N \tag{4.3}$$

式中，X_{ni}^{A}是调整后的投入；X_{ni}为调整前的投入，$[\max f(Z_i;\ \hat{\beta}_n) - f(Z_i;\ \hat{\beta}_n)]$将全部决策单元存放于相同的环境变量中，$[\max(\hat{v}_{ni}) - (\hat{v}_{ni})]$将全部决策单元存放于相同的随机误差中，更改后所得的每一个决策单元都属于一个相同的经营环境。

三、再次代入DEA-BBC模型测度

将原始投入数据更换为第二阶段修改后的投入数据，产出数据不变，再次采用DEA-BBC模型对技术创新效率作出分析。此时所采用的决策单元均已摒弃了环境变量和随机误差，使得所得结果更为科学与真实。

四、营销能力指标体系的构建

企业营销能力的测度精确性与所选指标以及指标体系的科学性密切相关。广大学者对此已进行了大量研究，在指标体系的选取上已初步构建了基本原则。本部分基于现有研究，并与本文研究对象的独特性相结合，遵循科学性、相关性及可操作性等原则，建立了在数字经济背景下医药生产企业的营销能力测度指标体系。

本部分构建的医药生产企业营销能力评价体系构成包括了3个一级指标、8个二级指标以及9个三级指标。其中，一级指标“资源投入”的构成包括了营销支出、无形资产、客户关系维护、销售重视程度四个二级指标，三级指标为销售费用、无形资产、应收账款

和销售人员占比；一级指标“成果产出”用经济效益这个二级指标衡量，由销售收入和销售毛利率两个三级指标构成；一级指标“环境变量”由企业环境、人才基础和政府支持三个二级指标构成，包括企业规模、技术人员数量和政府补助这三个三级指标。

表 5-1　投入、产出、环境变量指标体系

一级指标	二级指标	三级指标
资源投入	营销支出	销售费用
	无形资产	无形资产
	客户关系维系	应收账款
	销售的重视程度	销售人员占比
成果产出	经济效益	销售收入
		销售毛利率
环境变量	企业环境	企业规模
	人才基础	技术人员数量
	政府支持	政府补助

第二节　数据收集与处理

一、数据来源与样本选取

考虑到数据的可获得性，本节选取医药制造上市企业作为研究样本，数据来源于同花顺数据库披露的中国沪深 2013—2020 年医药制造上市企业的相关统计数据，剔除掉 ST 和*ST 的企业以及存在缺失值的企业，最终得到 154 家医药生产上市企业，进行营销能力测度。

二、数据处理

(一) 无量纲化处理

由于三阶段 DEA 模型分析的投入产出指标值只能是正值，部分医药生产企业部分指标值为负值，不能直接进行分析，因此本文采取马占新等学者提出的关于无量纲化的方式进行数据处理后再进行相关研究。公式如下：

$$Y = 0.1 + 0.9 \times \frac{X - X_{min}}{X_{max} - X_{min}} \tag{4.4}$$

式中，X 为无量纲处理前的值，Y 为处理后所得值，X_{min} 与 X_{max} 分别为该变量中的最小值与最大值。且参数单位不会对 DEA 模型造成影响，因此本文进行无量纲处理不会对测度

所得结果产生影响。

（二）数据平减处理

考虑到价格会对销售费用、无形资产、销售收入等造成干扰，此处参照的研究，采用平减处理对相关数据进行修整。综合价格的平减公式为：PI＝0.5PPI＋0.5CPI，其中 CPI 代表居民消费价格指数，PPI 代表工业品出厂价格指数。本文设定的产出滞后期为 1 年，基期 2013 年设定为 100％，后续每年的价格指数计算均以前一年为基期。

第三节　营销效率的测度与评价

一、第一阶段 BBC 模型实证分析

本节通过 DEAP2.1 软件，分析 2013—2020 年我国医药生产上市企业的营销效率，为衡量投入产出要素整体的配置情况，计算公式为：营销效率＝纯技术效率 * 规模效率。当综合效率等于 1 时，表示该企业的营销效率取得了最优的资源配置效果。纯技术效率用以衡量医药生产企业制度和管理水平，当纯技术效率等于 1 时，表示该企业的制度和管理水平对营销效率投入资源的配置效应较好。在制度与管理水平一定的情况下，规模效率代表的是产出规模与最佳规模之差，即投入增加值与产出增加值相对增长情况。

本部分依据效率值的概念与效应，将营销效率进行分层，可分为：低效率、中等效率、高效率和完全效率 4 种层次。

表 5-2　医药生产企业营销效率值

效率值	＜0.6	0.6≤效率值＜0.8	0.8≤效率值＜1	＝1
效率阶段	低效率	中等效率	高效率	完全效率

如表 5-3 所示，总体上看，154 家医药生产上市企业的营销效率比较低下，在剔除外部环境因素和随机干扰项后，我国 154 家医药生产企业的营销能力均值为 0.376，纯技术效率均值为 0.535，规模效率均值为 0.751，这说明我国医药生产上市企业在营销能力、制度管理和发展规模上仍需提升。

其中，营销能力实现完全效率的企业有 13 家，分别是派林生物、万泽股份、河化股份、万邦德、莱茵生物、海普瑞、科伦药业、未名药业、双成药业、吉药控股、博雅生物、我武生物和博腾股份；营销能力高的企业 3 家，分别是金城医药、上海莱士和三元基因；营销能力中等的有 14 家，生物股份、浙江医药、北陆药业、海思科、华海药业、翰宇药业、金河生物、华北制药、中恒集团、天药股份、特一药业、圣济堂、双鹭药业和交大昂立；其余 124 家医药生产上市企业的营销能力相对比较低，说明我国绝大部分医药生产上市企业营销能力低下。

其中派斯双林生物制药股份有限公司始建于 1995 年，是上市公司“派林生物”的核

心企业，是一家从事血液制品科研且集开发、生产与销售于一身的技术企业，也是通过国家GMP认证的血液制品定点生产企业。其前身为海军海耀生物制品研究所（又称海军后勤部供血站）；后于1998年执行中央相关政策，并入三九集团隶属“三九生化”，于1998年6月更名为三九集团湛江开发区双林药业有限公司；2004年三九集团实施企业重组，将三九生化转让给山西振兴集团，山西振兴集团成为“三九生化”的直接控股股东；2008年6月双林公司完成改制，并更名为广东双林生物制药有限公司；2018年，“浙民投”与“佳兆业”两大股东入驻上市公司“振兴生化”，“浙民投”成为第一大股东；2019年上市公司完成更名，公司名称由“振兴生化股份有限公司”变更为“南方双林生物制药股份有限公司”，证券简称由“振兴生化”变更为“双林生物”。公司现主要生产7个品种共计17个规格的血液制品，列入省级高新技术产品目录6项，拥有国家食品药品监督管理局颁发的药品批准文号16个，且血浆综合利用率在国际上遥遥领先，公司所有产品均是国家专利工艺产品。经过二十几年稳健发展、规范运作，公司总资产18亿元，拥有13家单采血浆站，年产值自2007年开始，以阶梯状快速增长，跻身国内同行业前列，综合实力进入广东省生物制药产业前十强。2021年上半年，派林生物实现收入7.9亿元，同比增长85.1%，实现归母净利润为1.8亿元，同比增长179.6%；其中第二季度收入5.1亿元，同比增长133.5%，归母净利润1.2亿元，同比增长215%。盈利能力显著提升，净利率同比增幅较大。2021年上半年广东双林实现营收5.4亿元，实现净利润1.7亿元。派斯菲科实现收入2.5亿元，实现净利润5 924万元，期间公司销售费用率为10.4%，同比降低4.4个pp，销售毛利率46.4%，同比降低0.4个pp，主要系派斯菲科并表所致。销售净利率22.3%，同比提升7.9个pp，公司盈利能力显著提升，预计系加强精细管理、控制费用支出所致。采浆量、吨浆净利有望持续双提升。公司自有浆站达到32家，包括双林13家＋派斯菲科19家，其中派斯菲科8家浆站处于运营状态，9家浆站新获批，2家浆站将进行异地迁址。上半年公司采浆量超过400吨，未来新增浆站将带动公司采浆量增长，5年内有望达到1 500吨。截至上半年，公司凝血Ⅷ因子已开始销售，人纤维蛋白原已完成临床试验，双林人凝血酶原复合物临床试验也已完成，有望于明年上半年上市。随着未来新品上市，公司吨浆净利有望持续提升。

纯技术效率方面，实现完全效率的有30家企业，分别是派林生物、万泽股份、河化股份、万邦德、莱茵生物、海普瑞、科伦药业、未名医药、双成药业、吉药控股、博雅生物、我武生物、博腾股份、金城医药、上海莱士、三元基因、生物股份、海思科、翰宇药业、中恒集团、天药股份、双鹭药业、梓橦宫、中关村、云南白药、白云山、佐力药业、舒泰神、恒瑞医药和沃华医药；高效率的有10家森萱医药、红日药业、华海药业、生物谷、永安药业、哈药股份、长江健康、复星医药、德源药业和益佰制药；中等效率的26家，分别是浙江医药、上海凯宝、誉衡药业、北陆药业、向日葵、天坛生物、桂林三金、健康元、特一药业、华兰生物、天士力、圣济堂、长春高新、金河生物、大唐药业、福安药业、东宝生物、华北制药、德展健康、丽珠集团、交大昂立、联环药业、华润三九、东阿阿胶、康芝药业和力生制药；其余88家的都属于低效率的。说明超过一半的医药生产企业在制度和管理上需要进一步提升。

万邦德医药控股集团股份有限公司主营业务是以医药制造、医疗器械为主的大健康产业，为深圳主板医药制造上市公司，总部位于浙江台州温岭。曾获得2020年度中国制造业民营企业500强（第341位）。万邦德制药集团是一家专业从事现代中药、原料药及制剂研发、生产和销售的高新技术企业，具有生产滴丸剂、片剂、胶囊剂、颗粒剂、口服溶液剂、小容量注射剂、大容量注射剂等14个剂型及化学原料药和中药提取的生产能力，系国内拥有药品剂型较多的制药企业之一，拥有164个产品、184个药品批准文号。已有68个品种规格进入《国家基本药物目录（2018年版）》，101个品种规格进入《2020年药品目录》，14个品种进入《浙江省基层医疗卫生机构基本药物目录外常用药品清单采购目录》。公司始终坚持以科技为先导，拥有完善的研发体系和一支具有较高专业技术水平及自主创新能力的研发团队，并建立有“中国药科大学-万邦德中药现代化联合研究中心”“浙江大学-万邦德中药现代化联合研究中心”“心脑血管药物省级高新技术企业研究开发中心”、国家级模范“院士工作站”等，属于“国家火炬计划重点高新技术企业”。2020年度公司荣获“2020年中国医药工业最具成长力企业”“2019年度中国医药行业成长50强企业”“2019年度中国中药企业TOP100排行榜”“2019年度中华民族医药百强品牌企业”“中国中药协会2020年中成药企业100强”等荣誉称号。医疗器械产业打造万邦德医疗器械的特色优势，主要从事高端医疗器械研制、医疗设备服务和提供医院工程服务等，充分发挥南非医疗器械产品的国际市场优势，打通国际国内两个市场。公司拥有一批高分子材料、医学、模具、机械自动化等专业的技术研发骨干，技术研发团队具有较高的专业技术水平和丰富的行业经验，掌握医疗器械行业多项核心技术，有利于进一步提高产品竞争力、提升产品附加值。医疗器械版块拥有专利151个，其中发明专利27个，实用新型专利61个。近年来，公司通过“走出去、引进来”的国际化发展之路，引进南非高端医疗器械产业化技术落户浙江温岭，打造了省级重点项目“万邦德-中非医疗科技园”。2021年园区整合国内高分子医疗产品集约化、智能化生产，对标国际的安全防疫用注，投建完成10条全自动注射器生产线，设计年产能10亿支。

规模效率方面，实现完全效率的有14家，分别是派林生物、万泽股份、河化股份、万邦德、莱茵生物、海普瑞、科伦药业、未名医药、双成药业、吉药控股、博雅生物、我武生物、博腾股份和中新药业；高效率的有68家；中等效率的有31家；低效率的有40家。

桂林莱茵生物科技股份有限公司初创于2000年11月，业务经营范围包括：天然健康产品研发、生产及销售。历经二十多年的发展，企业已成为国内第一家植物提取行业的上市公司，占地规模高达300亩，技术水平处于世界前列，企业发展目标为打造世界领先的健康产品平台，使得人民的生活质量得以改善的科技型外向型民营企业。并且公司在全球各地设立四大营销中心，营销渠道遍布全世界。公司在维持自身发展的同时，始终坚守着“绿色科技，健康未来”的理想信念，不忘初创时的目的，且之后仍将保持“大单品”经营策略，继续以天然甜味剂产品的综合开发为经营目标，践行创新发展的经营观念，不断保证自身科研能力的提升及创新水平的领先，且保持对上下游相关业务的投资并购，专注于原材料的挖掘，致力于将公司发展为世界前列。植物提取物被广泛地用于医药、食品、化妆品、保健品等诸多领域。我国植物提取物以出口为主，根据中国海关数据，2010—2019 年，我国植物提取行业出口额继续呈现稳健增长趋势，从 7.68 亿美元增长至 23.72 亿美元，CAGR 增长 13.35%。从下游消费渠道上看，2018 年，我国植物提取中医药、食品、化妆品、其他占比分别为 45.23%、25%、22.63%、7.14%，下游需求旺盛支撑动植物提取行业需求持续向好。同时，随着人们生活水平的持续提高，人们在追求高质量生活的同时必将对食品的健康、安全等方面提出更高的要求，在此拉动下，无糖/低糖产品的需求应运而生。Research and Markets 预计，2020—2027 年，全球甜菜菊糖市场规模的年复合增速将达到 8.4%，其中，中国年复合增速为 12.5%，2027 年，预计中国甜菊糖市场规模将达到 2.267 美元。

规模报酬方面，总计 81 家企业的规模报酬日益缩减，表示这些制药公司的资源利用率不高，应当合理减少资源投入并促进营销效率的上升。

表 5-3　第一阶段 154 家医药生产上市企业营销效率

上市企业	营销效率	纯技术效率	规模效率	规模报酬
森萱医药	0.369	0.959	0.384	irs
梓橦宫	0.532	1	0.532	drs
德源药业	0.267	0.821	0.325	drs
生物谷	0.298	0.915	0.326	drs
大唐药业	0.528	0.658	0.803	irs
三元基因	0.809	1	0.809	drs
永顺生物	0.324	0.325	0.997	drs
华润双鹤	0.217	0.282	0.768	drs
人福医药	0.105	0.208	0.502	drs
金花股份	0.36	0.381	0.946	drs
同仁堂	0.181	0.496	0.364	drs
太极集团	0.108	0.113	0.949	drs
天坛生物	0.426	0.726	0.587	drs
中牧股份	0.167	0.181	0.923	irs
复星医药	0.214	0.845	0.254	drs
江苏吴中	0.196	0.204	0.963	irs
生物股份	0.776	1	0.776	drs
西藏药业	0.293	0.314	0.935	irs
浙江医药	0.756	0.784	0.965	drs
太龙药业	0.103	0.14	0.737	irs

续表

上市企业	营销效率	纯技术效率	规模效率	规模报酬
圣济堂	0.614	0.68	0.904	irs
中恒集团	0.634	1	0.634	drs
海正药业	0.163	0.371	0.439	drs
恒瑞医药	0.219	1	0.219	drs
羚锐制药	0.395	0.397	0.994	drs
安迪苏	0.486	0.506	0.962	irs
中新药业	0.15	0.15	1	—
白云山	0.373	1	0.373	drs
亚宝药业	0.172	0.175	0.979	irs
健康元	0.287	0.704	0.407	drs
国药现代	0.253	0.276	0.918	drs
昆药集团	0.137	0.143	0.957	irs
片仔癀	0.219	0.233	0.94	drs
千金药业	0.19	0.191	0.999	—
天药股份	0.624	1	0.624	irs
联环药业	0.587	0.619	0.948	drs
华海药业	0.699	0.924	0.756	drs
交大昂立	0.605	0.622	0.973	drs
天士力	0.163	0.687	0.238	drs
康缘药业	0.143	0.295	0.484	drs
济川药业	0.183	0.595	0.308	drs
康恩贝	0.165	0.282	0.585	drs
益佰制药	0.172	0.815	0.211	drs
神奇制药	0.194	0.285	0.679	drs
复旦复华	0.277	0.531	0.521	irs
哈药股份	0.269	0.851	0.316	drs
江中药业	0.175	0.175	0.999	—
广誉远	0.327	0.329	0.992	drs
鲁抗医药	0.159	0.214	0.745	irs
华北制药	0.646	0.648	0.997	irs
海欣股份	0.249	0.284	0.878	irs

续表

上市企业	营销效率	纯技术效率	规模效率	规模报酬
通化东宝	0.206	0.253	0.814	drs
马应龙	0.463	0.504	0.919	drs
神奇B股	0.194	0.285	0.679	drs
海欣B股	0.249	0.284	0.878	irs
丰原药业	0.169	0.212	0.796	irs
派林生物	1	1	1	—
东阿阿胶	0.219	0.614	0.357	drs
丽珠集团	0.268	0.629	0.426	drs
四环生物	0.343	0.363	0.945	irs
万泽股份	1	1	1	—
云南白药	0.379	1	0.379	drs
海南海药	0.205	0.207	0.988	drs
启迪药业	0.42	0.473	0.889	irs
东北制药	0.201	0.203	0.989	drs
吉林敖东	0.189	0.262	0.72	drs
仁和药业	0.116	0.131	0.884	irs
长春高新	0.24	0.673	0.357	drs
普洛药业	0.304	0.305	0.999	—
新华制药	0.116	0.18	0.642	irs
通化金马	0.257	0.261	0.984	irs
北大医药	0.128	0.154	0.836	irs
华神科技	0.122	0.139	0.881	irs
德展健康	0.464	0.633	0.733	irs
景峰医药	0.268	0.534	0.502	irs
华特达因	0.333	0.43	0.773	drs
金陵药业	0.194	0.204	0.95	irs
中关村	0.395	1	0.395	drs
广济药业	0.182	0.46	0.395	irs
河化股份	1	1	1	—
九芝堂	0.149	0.15	0.996	drs
华润三九	0.221	0.619	0.357	drs

续表

上市企业	营销效率	纯技术效率	规模效率	规模报酬
新和成	0.311	0.466	0.667	drs
华兰生物	0.548	0.696	0.788	drs
亿帆医药	0.416	0.536	0.775	irs
京新药业	0.211	0.226	0.931	irs
科华生物	0.44	0.477	0.923	drs
达安基因	0.13	0.131	0.987	irs
双鹭药业	0.611	1	0.611	drs
万邦德	1	1	1	—
海翔药业	0.471	0.589	0.799	irs
沃华医药	0.137	1	0.137	drs
紫鑫药业	0.264	0.416	0.633	drs
莱茵生物	1	1	1	—
嘉应制药	0.144	0.152	0.951	irs
上海莱士	0.916	1	0.916	drs
恩华药业	0.187	0.195	0.955	drs
桂林三金	0.294	0.724	0.406	drs
奇正藏药	0.225	0.302	0.746	drs
信立泰	0.147	0.404	0.364	drs
众生药业	0.151	0.151	0.997	—
仙琚制药	0.177	0.183	0.969	irs
精华制药	0.13	0.19	0.689	irs
永安药业	0.375	0.852	0.44	irs
亚太药业	0.188	0.284	0.663	irs
信邦制药	0.212	0.231	0.919	drs
力生制药	0.511	0.608	0.841	drs
海普瑞	1	1	1	—
延安必康	0.333	0.458	0.728	irs
汉森制药	0.131	0.297	0.443	drs
科伦药业	1	1	1	—
贵州百灵	0.102	0.11	0.933	drs
太安堂	0.121	0.133	0.909	irs

续表

上市企业	营销效率	纯技术效率	规模效率	规模报酬
长江健康	0.409	0.846	0.484	irs
誉衡药业	0.421	0.766	0.549	drs
千红制药	0.101	0.116	0.869	irs
兄弟科技	0.297	0.47	0.632	irs
益盛药业	0.41	0.494	0.829	drs
未名医药	1	1	1	—
以岭药业	0.174	0.254	0.686	drs
佛慈制药	0.22	0.289	0.76	irs
海思科	0.725	1	0.725	drs
东诚药业	0.336	0.44	0.764	irs
金河生物	0.65	0.66	0.985	irs
双成药业	1	1	1	—
特一药业	0.617	0.703	0.877	irs
莱美药业	0.296	0.313	0.944	irs
安科生物	0.455	0.529	0.859	drs
北陆药业	0.75	0.76	0.987	drs
红日药业	0.305	0.937	0.325	drs
上海凯宝	0.292	0.77	0.38	drs
康芝药业	0.526	0.613	0.857	irs
吉药控股	1	1	1	—
华仁药业	0.217	0.248	0.873	drs
向日葵	0.432	0.744	0.58	irs
瑞普生物	0.2	0.231	0.866	drs
智飞生物	0.106	0.118	0.898	drs
沃森生物	0.206	0.459	0.45	drs
香雪制药	0.183	0.183	0.999	—
振东制药	0.103	0.108	0.952	drs
佐力药业	0.305	1	0.305	drs
福安药业	0.429	0.655	0.655	irs
翰宇药业	0.699	1	0.699	drs
舒泰神	0.244	1	0.244	drs

续表

上市企业	营销效率	纯技术效率	规模效率	规模报酬
金城医药	0.925	1	0.925	irs
东宝生物	0.464	0.65	0.715	irs
仟源医药	0.19	0.209	0.907	drs
常山药业	0.326	0.37	0.88	drs
尔康制药	0.183	0.209	0.873	irs
利德曼	0.315	0.315	0.999	—
博雅生物	1	1	1	—
我武生物	1	1	1	—
博腾股份	1	1	1	—
溢多利	0.571	0.588	0.97	drs
均值	0.376	0.535	0.751	

注：drs 表示规模报酬递减；irs 表示规模报酬递增；—表示规模报酬不变。

二、第二阶段 SFA 营销能力影响因素分析

由于第一阶段选取 DEA-BBC 模型对营销能力进行测度时，未将环境变量纳入考虑，所得结果会有一定的偏差。因此，第二阶段采用 SFA 模型分离投入要素的环境变量与随机误差。以销售费用、无形资产、应收账款和销售人员占比四个投入要素的松弛变量作为因变量，把企业规模、技术人员数量和政府补助设定为自变量，通过 Frontier 4.1 软件进行分析以获取修改后的投入量。

依据表 5-4 结果所示，销售费用、无形资产、应收账款和销售人员占比四个投入要素的松弛变量 SFA 回归的 gamma 值均大于 0.95，且都在 1%水平上通过显著性检验，表示管理无效率和随机变量是造成企业营销过程误差的主要因素。因此本文采用 SFA 模型来对环境变量进行分离可以弥补一阶段 DEA-BBC 效率测度的不足。三个模型的单边广义似然比检验值也皆在 1%水平上通过了显著性检验，这表示本文所选的 3 个环境变量对解释第一阶段三个投入要素的松弛变量效果较好。

表 5-4 第二阶段 SFA 估计结果

变量	销售费用冗余	无形资产冗余	应收账款冗余	销售人员冗余
常数项	7.51E+10***	6.91E+13***	9.52E+11***	47.956 936***
企业规模	−4 053 775.30***	24 848 094 000.0***	380 776 550.0***	0.011 293 473***
技术人员数	−8 790 615.50***	1 200 651 600.00***	−24 306 157.0***	−5.41E−04***
政府补贴	1.65***	50 152.61***	−261.85***	−2.53E−08***
sigma-squared	1.01E+22***	9.63E+27***	1.79E+24***	1.35E+03***
gamma	0.999***	0.959***	0.999***	0.971***

注：***、**、*分别表示在 1%、5%和 10%的水平上显著。

对于环境变量 SFA 回归所得结果表明，当结果小于 0 时，则意味着增加该环境变量有助于降低投入松弛变量，表明能够降低资源浪费；反之，则意味着增加该环境变量会导致投入松弛变量上升，使得资源的利用率降低。医药生产企业规模、技术人员数量和政府补助环境变量的 SFA 回归结果如下：

1. 企业规模。制药公司经营规模对于营销能力存在影响，公司规模越大，虽然对企业资源获取提供了一定帮助，但也会造成公司管理投入增加，资源利用率降低。所得结果表明，企业规模对销售费用冗余的回归系数为负，对无形资产冗余、应收账款冗余和销售人员冗余的回归系数都为正，且在 1%水平上通过了显著性检验，表明企业规模扩大，有利于降低销售费用冗余，充分发挥投入资源的效率，提高营销能力；但同时会增加这无形资产、应收账款和销售人员三个投入要素的投入冗余，导致资源浪费。

2. 技术人员数。一个医药生产企业技术人员的数量能够一定程度上反映出该企业的技术水平，是数字化的基础，数量越多，代表企业的技术水平越高。技术人员数对销售费用、应收账款和销售人员的投入松弛变量在回归系数为负且 1%水平上显著，对无形资产的回归系数为正且在 1%水平上显著，说明一个医药生产企业的技术人员越多，越能提高营销能力，从而降低销售费用、应收账款和销售人员的投入冗余，实现良好的资源配置和使用。

3. 政府补助。政府补助在一定程度上体现了政府对该企业发展的支持力度。财政政策对于医药生产企业这类高技术产业有较大影响。所得结果表明，政府补助与应收账款和销售人员两个投入要素的松弛变量回归系数都为负，且在 1%水平上显著，对无形资产的回归系数为正且在 1%水平上通过了显著性检验。政府补助越高，意味着其对医药生产企业的支持力度越大，有助于缩减医药生产企业的应收账款投入和销售人员投入的冗余，促进企业营销能力的提高。

归纳可得，本文所选取的三个环境变量，在一阶段中对于四个要素松弛变量的作用效果均显著，表明未摒弃环境变量的一阶段测度结果与真实情况存在较大偏差。在采取 SFA 回归摒弃环境变量、管理无效率和随机误差之后，修改投入指标，再进行第二阶段的营销能力测度所得结果将会更加精准。

三、第三阶段 BBC 模型营销能力评价

第三阶段使用 DEA-BBC 模型对修整后投入指标进行二次营销能力分析，得到以下结果：

如表 5-5 所示，总体上看，我国 154 家医药生产上市企业的营销能力属于中等水平，在剔除外部环境因素与随机干扰项后，得到我国 154 家医药生产企业的营销能力均值为 0.642，纯技术效率均值为 0.81，规模效率均值为 0.783，这说明我国医药生产上市企业在营销能力、制度管理和发展规模上仍需提升。

其中，营销能力实现完全效率的企业有 25 家，分别是梓橦宫、德源药业、生物谷、三元基因、复星医药、生物股份、中恒集团、安迪苏、白云山、华海药业、济川药业、哈药股份、云南白药、万邦德、莱茵生物、上海莱士、科伦药业、誉衡药业、未名医药、海

思科、双成药业、吉药控股、翰宇药业、我武生物和博腾股份；营销能力高的企业 14 家，分别是广誉远、德展健康、双鹭药业、海普瑞、天坛生物、金城医药、华北制药、北陆药业、沃森生物、华兰生物、健康元、交大昂立、红日药业和永顺生物；营销能力中等的有 45 家，舒泰神、丽珠集团、嘉应制药、金河生物、浙江医药、佐力药业、博雅生物、东宝生物、吉林敖东、长春高新、紫鑫药业、海正药业、莱美药业、力生制药、天士力、派林生物、华润三九、恒瑞医药、利德曼、康缘药业、东阿阿胶、新和成、片仔癀、常山药业、上海凯宝、信立泰、安科生物、金花股份、万泽股份、沃华医药、溢多利、康芝药业、益佰制药、鲁抗医药、汉森制药、大唐药业、益盛药业、圣济堂、华润双鹤、华特达因、奇正藏药、桂林三金、华仁药业、景峰医药和特一药业；其余 70 家医药生产上市企业的营销能力都比较低，说明我国有较大部分医药生产上市企业营销能力低下，提升空间大。

医药行业不仅是国民经济的重要组成部分，也是国家战略性新兴产业。2021 年我国实施“十四五”规划，迎来了全面建设社会主义现代化国家新征程的开端。2021 年 6 月印发的《关于印发深化医药卫生体制改革 2021 年重点工作任务的通知》，将深入实施健康中国战略，推进药品集采，深化医疗服务价格改革，推动中医药振兴发展。现如今，中国在医药生产行业持续进步，逐步发展成为世界医药生产与出口领域的佼佼者。据国家统计局公布，2015—2020 年中国规模以上医药制造业营业收入不断提高，2020 年已取得 2.49 万亿元的成果，达到约为 4.5%的增速，较 2020 年中国 GDP 增速（2.3%）高出 2.2 个百分点。2021 年上半年我国规模以上医药制造业企业营业收入 14 046.90 亿元，较去年同期增长 26.61%。近年来我国经济持续高质量发展，人均可支配收入持续增加，居民对自身健康也日益重视，特别是老龄化趋势的加剧，中国医药市场需求急剧加大。全国第七次人口普查数据显示，2020 年我国人口 14.12 亿，60 岁以上人口为 2.64 亿，占 18.7%，其中 65 岁及以上人口 1.9 亿，占 13.5%。我国经济水平的不断提高、人均收入水平的增加、人口老龄化的加速以及医药行业的创新升级等因素的推动，我国医药产业预计能够持续高质量发展。2020 年 2 月国务院印发的《关于深化医疗保障制度改革的意见》，提出要确保仿制药质量和疗效一致性评估受理与审评，通过健全医保支付标准和药品招标采购模式，助力优质仿制药研发和使用，促进仿制药替代。在中医药产业政策方面，2020 年上半年疫情爆发，中医药在抗疫过程中发挥了重要作用，重新彰显了中医药的独特价值，中医药行业发展迎来新的契机。2021 年 2 月，国务院出台《关于加快中医药特色发展的若干政策措施》。2021 年 3 月全国人民代表大会印发《中华人民共和国国民经济和社会发展第十四个五年规划和 2035 年远景目标纲要》，提出要确保中西医同时并举与相辅相成，维护我国中医药行业的持续进步，不断完善我国中医药服务体系，充分发挥中医药在疾病预防、治疗、康复中的优越性。增进中西医糅合，推动少数民族医药进步。深化古典医籍精华的发掘与整理，搭建服务中医药的科技平台，不断修整健全中药审评审批体系，推动中药新药研发保障和产业进步。不断深化中医药的质量督察以及人才栽培，促进中医药的质量发展与创新进步。中医药利好政策的频频出台，推动我国中医药事业快速发展。

四川梓橦宫药业股份有限公司的业务经营范围以药物研发、生产与营销为主。作为

“中华老字号”的高新技术企业，梓橦宫药业历来重视研发创新，不断提高自身研发创新水平，并获得胞磷胆碱钠片、苯甲酸利扎曲普坦胶囊等多个创新药物种类。且梓橦宫药业不断与多所高校、研究所合作促进药品研发创新，截止到目前，梓橦宫药业已取得专利 44 项，其中发明专利 26 项。目前公司已上市的创新药物主要包括：胞磷胆碱钠片（创新药）、苯甲酸利扎曲普坦胶囊（创新药）、东方胃药胶囊（全国独家品种）等。同时，坐落于彩云之南的昆明市石林县的控股子公司昆明梓橦宫全新生物制药有限公司还具备全国独家民族药品种清肠通便胶囊（彝药）、虎杖伤痛酊（彝药）、玄驹胶囊（傣药）和 39 个位于云南省在竞争上有强项的基药品种和低价普药品种。梓橦宫药业在成都设立了营销中心，且营销网络遍布全国，其致力于“新特药”研发创新工作，不断提高自身核心竞争力。公司正在研发的创新药物主要包括：去瘤维安胶囊，治疗糖尿病性神经痛的普瑞巴林口服溶液，治疗和预防 A、B 型流感病毒感染的奥司他韦胶囊，治疗各种疼痛的化学药塞来昔布胶囊等。梓橦宫药业十分注重团队业务水平的提高，创新引进现如今世界先前卫的战略绩效管理体系——平衡计分卡，启动全方位战略绩效管理。公司基于多方面优势，不断将自身打造为以研发、生产、营销为核心竞争力的高新技术企业。

纯技术效率方面，实现完全效率的有 34 家企业，分别是梓橦宫、德源药业、生物谷、三元基因、复星医药、生物股份、中恒集团、安迪苏、白云山、华海药业、济川药业、哈药股份、云南白药、万邦德、莱茵生物、上海莱士、科伦药业、誉衡药业、未名医药、海思科、双成药业、吉药控股、翰宇药业、我武生物、博腾股份、广誉远、德展健康、海普瑞、舒泰神、莱美药业、恒瑞医药、鲁抗医、天药股份和向日葵；高效率的有 40 家，河化股份、金城医药、永顺生物、西藏药业、双鹭药业、大唐药业、华北制药、东宝生物、红日药业、天坛生物、浙江医药、长江健康、北陆药业、华兰生物、交大昂立、圣济堂、金河生物、森萱医药、佐力药业、通化金马、溢多利、沃森生物、博雅生物、利德曼、嘉应制药、亿帆医药、海正药业、延安必康、景峰医药、海翔药业、健康元、特一药业、东诚药业、丽珠集团、太安堂、福安药业、振东制药、尔康制药、佛慈制药和吉林敖东；中等效率的 67 家，分别是常山药业、万泽股份、片仔癀、长春高新、普洛药业、紫鑫药业、广济药业、丰原药业、新和成、信邦制药、奇正藏药、永安药业、康芝药业、天士力、东北制药等；其余 13 家属于低效率。说明我国绝大部分医药生产上市企业在制度和管理上都做得非常好。

江苏德源药业股份有限公司创建于 2004 年 10 月 29 日，其业务范围包括药品研发、生产、销售。公司占地面积 12.5 万平方米，其中制剂工厂占地 71 000 m^2，原料药工厂占地 54 000 m^2。公司已被认定为“国家级高新技术企业”“国家级博士后工作站”“省级企业技术中心”“省级工程技术研究中心”和“省优秀企业技术中心”。在历经十余年的创新发展后，江苏德源药业股份有限公司顺利于新三板挂牌。股票代码：832735，股票简称：德源药业；自 2016 年以来连年进入新三板创新层，并于 2021 年 1 月成功在新三板精选层挂牌上市，11 月 15 日成为北京证券交易所首批上市企业。公司还在南京设立了南京德源药业有限公司，为致力于药品研发、生产、技术咨询与服务的专业人才提供更广阔的发展空间。公司连续多年获得国家级重合同守信用企业、全国企业文化建设先进单位，省、市诚信企业、劳动保障诚信A级单位、劳动关系和谐企业、质量安全守信AAA级企业、文明单位，市重点税源企业、A级纳税信用企业、先进基层党组织、先进基层工会，区纳税20强企业等荣誉称号。公司以研发、生产、销售高血糖、高血脂、高血压领域治疗药物为主，目前生产和销售的制剂品种分别是：原国家1类新药“瑞彤”（盐酸吡格列酮片）；原国家2类新药“唐瑞”（那格列奈片）；原国家3类新药“复瑞彤”（吡格列酮二甲双胍片）“波开清”（坎地氢噻片）；盐酸二甲双胍缓释片、甲钴胺胶囊等。其中“瑞彤”“唐瑞”在国产品牌中影响深远。2013年，“复瑞彤”被国家科技部认定为“国家重点新产品”。公司在售产品的一致性评价工作有序推进，盐酸二甲双胍缓释片（0.5 g）、那格列奈片、盐酸吡格列酮片（30 mg）、吡格列酮二甲双胍片（15 mg/500 mg）均首家通过一致性评价，其他产品完成了申报进入审评环节。2020年公司自主研发仿制的“苯甲酸阿格列汀片”“安立生坦片”获得药品注册批件，且视同通过一致性评价。2021年琥珀酸索利那新片获得药品注册批件，且视同通过一致性评价。公司制剂生产线和原料药生产线全部通过新版GMP认证。并且质量管理体系（ISO9001）、环境管理体系（ISO14001）、职业健康安全管理体系（ISO45001）和能源管理体系（ISO50001）全部通过中国质量认证中心的认证。2020年公司通过两化融合管理体系认定并首批获得江苏省绿色工厂称号。公司的研发中心，以博士、硕士学历人员为主要研发力量，配备了先进的设备，具有独立进行新品开发的能力。截止到现在，德源药业共有发明专利14项，外观专利4项，实用新型1项，且公司不断加强同研究所和高等院校的合作，不断提高自身创新水平，公司拥有专业的销售队伍，在全国设立了10个分公司，60余个销售办事处，销售网络已经覆盖全国广泛地区。德源药业践行“秉德践信、正源至善”信念，致力于完成“为患者寻找和提供更安全、更有效的药物，奉献于人类的健康和幸福”的重任，坚守“德济苍生、源远流长”的企业愿景。

规模效率方面，实现完全效率的有27家，分别是梓橦宫、德源药业、生物谷、三元基因、复星医药、生物股份、中恒集团、安迪苏、白云山、华海药业、济川药业、哈药股份、云南白药、万邦德、莱茵生物、上海莱士、科伦药业、誉衡药业、未名医药、海思科、双成药业、吉药控股、翰宇药业、我武生物、博腾股份、神奇制药和神奇B股；高效率的有58家；中等效率的有39家；低效率的有30家。

以生物谷为例，生物谷药业是一家成立于1999年6月的高新技术企业，更名前为云南生物谷灯盏花药业有限公司，其业务范围包括灯盏花系列药品的研究、开发、生产、销售。在历经10余年的发展后，于2012年11月完成股份制改造与更名，2015年8月在新三板挂牌，2016年6月进入创新层，2020年7月进入精选层。生物谷药业作为云南省首批、国家第二批创新型试点企业以及国家知识产权优势企业，对技术创新与研发投入十分看重，具备优良的技术创新能力，如今公司共获得专利46件。生物谷药业是国家多项核心科技计划项目负责企业，包括：国家“863”计划、“国家十一五科技支撑计划”、国家火炬计划项目等，荣获2018年度国家科技进步二等奖。公司现有灯盏花系列药物7个，其中包括已上市的药物有四种，包括灯盏生脉胶囊、灯盏细辛注射液、灯盏花滴丸、灯盏细辛软胶囊，且还投入到灯盏生脉胶囊、灯盏细辛注射液、灯盏花滴丸三类药物的国家标准制定任务，其核心药物品种灯盏生脉胶囊收录于《中国药典》2010 版、2015 版、2020 版，2020 版医保目录产品、2018 版基药目录产品，被收录在中华中医药学会 2019 版《冠心病稳定型心绞痛中医诊疗指南》和中华医学会外科学分会发布的《下肢动脉硬化闭塞症诊治指南（2015 版）》中。生物谷药业另一项核心竞争产品为灯盏细辛注射液，收录于《中国药典》2005 版、2010 版、2015 版、2020 版，为全国各地中医院急诊必备药物、2020 版医保目录产品。为确保药物品质，服务广大民众，公司坚持不懈的发展壮大自身，截止到目前已完成全流程产业链平台的搭建，建构了从药材种植源头到生产各个环节直至最终产品的全过程质量控制体系。通过多项高技术手段对产品进行质量督察，并凭借全面的监督体系及监测途径，达到质量督察的规范化经营管理。

规模报酬方面，有广誉远、派林生物、长春高新、益佰制药、华北制药、上海凯宝、佐力药业、红日药业、舒泰神和恒瑞医药 10 家企业处于规模报酬递减状态，说明这些医药生产企业存在资源浪费的情况，可适当降低资源投入以提高营销效率。

广誉远中药股份有限公司经营年份长久，最初成立于明嘉靖二十年（公元 1541 年），在清代时享誉“四大药店”之一，成立至今经历过十多次更名，现如今更是山西省中药企业的模范，且于 2006 年被商务部认定为“中华老字号”企业。广誉远始终秉持着“尊德贵生，传承创新”的理想信念，始终坚持以文化为首，投身于中医药领域，不断践行“继承与创新”的发展理念，充分发挥自身历史悠久的特性，基于企业现有资源对企业品牌不断进行创新发展，开创最适合自身的发展路径，营造并维护“人无我有，人有我优，做中国最具特色的国药”的优质形象。广誉远核心竞争产品“龟龄集”和“定坤丹”更是分别在 2008 年和 2011 年被列为“国家级非物质文化遗产”，是我国历史悠久的中医药文化结晶，是中华中医药宝库珍藏的养生至宝，是博大精深的中医药文化的智慧结晶，现为国家级保密处方，分别在 2008 年和 2011 年被中华人民共和国国务院评为国家级非物质文化遗产。广誉远的创新药物品种，例如龟龄集、定坤丹等，至今已获得多项国家级、国际级奖项与荣誉，对国际医药界也有着重大影响。自广誉远创立至今，其始终严格要求自身，坚守“修合虽无人见，存心自有天知”的训诫，践行“非义而为，一介不取；合情之道，九百何辞”的信念。营销方面，一方面公司积极推进营销管理和商业模式变革，推动数字化营销转型，同时以终端销售增长为第一考核目标，并积极开拓县域市场等第三终端，探索实践电商等互联网销售模式；另一方面，公司努力提升精细化管理水平，推进公司业务流程数字化升级，提高公司运营效率。截至 2019 年末，公司产品已覆盖全国医院终端（含院外药房、招商）突破 14 000 家，建立长期合作的连锁医药企业达 1 000 余家，管理连锁终端门店数量近 5 万家，产品覆盖连锁终端门店近 15 万家。2019 年度，公司在研及完成的研发项目共 34 个，研发投入达 6 403.51 万元，共发表相关研究论文近 40 篇，其中 SCI 期刊收录论文 5 篇。报告期内，广誉远始终致力于研发创新药物品种，不断提高自身科研水平与创新能力，并通过学术研究和推广，有利于提升品牌知名度，让更多消费者了解和认识公司产品。

表 5-5 第三阶段 154 家医药生产上市企业营销效率

上市企业	营销能力	纯技术效率	规模效率	规模报酬
森萱医药	0.501	0.882	0.568	irs
梓橦宫	1	1	1	—
德源药业	1	1	1	—
生物谷	1	1	1	—
大唐药业	0.642	0.946	0.679	irs
三元基因	1	1	1	—
永顺生物	0.8	0.973	0.822	irs
华润双鹤	0.625	0.74	0.845	irs
人福医药	0.599	0.711	0.843	irs
金花股份	0.672	0.756	0.888	irs
同仁堂	0.592	0.641	0.924	irs
太极集团	0.491	0.719	0.683	irs
天坛生物	0.906	0.923	0.982	irs
中牧股份	0.529	0.744	0.711	irs
复星医药	1	1	1	—
江苏吴中	0.365	0.731	0.499	irs
生物股份	1	1	1	—
西藏药业	0.349	0.953	0.366	irs
浙江医药	0.787	0.919	0.857	irs
太龙药业	0.23	0.748	0.307	irs
圣济堂	0.63	0.899	0.701	irs
中恒集团	1	1	1	—
海正药业	0.728	0.848	0.858	irs
恒瑞医药	0.704	1	0.704	drs
羚锐制药	0.51	0.691	0.738	irs
安迪苏	1	1	1	—
中新药业	0.505	0.665	0.759	irs
白云山	1	1	1	—
亚宝药业	0.417	0.578	0.722	irs
健康元	0.81	0.832	0.974	irs
国药现代	0.526	0.713	0.737	irs

续表

上市企业	营销能力	纯技术效率	规模效率	规模报酬
昆药集团	0.458	0.72	0.635	irs
片仔癀	0.678	0.798	0.85	irs
千金药业	0.503	0.716	0.703	irs
天药股份	0.519	1	0.519	irs
联环药业	0.556	0.762	0.73	irs
华海药业	1	1	1	—
交大昂立	0.803	0.902	0.89	irs
天士力	0.717	0.77	0.931	irs
康缘药业	0.686	0.695	0.987	irs
济川药业	1	1	1	—
康恩贝	0.565	0.607	0.93	irs
益佰制药	0.652	0.694	0.939	drs
神奇制药	0.393	0.393	1	—
复旦复华	0.29	0.744	0.39	irs
哈药股份	1	1	1	—
江中药业	0.316	0.564	0.56	irs
广誉远	0.959	1	0.959	drs
鲁抗医药	0.644	1	0.644	irs
华北制药	0.85	0.929	0.915	drs
海欣股份	0.298	0.699	0.427	irs
通化东宝	0.522	0.566	0.923	irs
马应龙	0.346	0.508	0.68	irs
神奇 B 股	0.393	0.393	1	—
海欣 B 股	0.298	0.699	0.427	irs
丰原药业	0.427	0.789	0.542	irs
派林生物	0.711	0.752	0.947	drs
东阿阿胶	0.685	0.702	0.975	irs
丽珠集团	0.797	0.82	0.971	irs
四环生物	0.579	0.711	0.814	irs
万泽股份	0.666	0.799	0.834	irs
云南白药	1	1	1	—

续表

上市企业	营销能力	纯技术效率	规模效率	规模报酬
海南海药	0.523	0.709	0.738	irs
启迪药业	0.587	0.678	0.866	irs
东北制药	0.528	0.767	0.689	irs
吉林敖东	0.749	0.803	0.934	irs
仁和药业	0.407	0.638	0.638	irs
长春高新	0.749	0.797	0.939	drs
普洛药业	0.566	0.794	0.713	irs
新华制药	0.26	0.683	0.38	irs
通化金马	0.577	0.87	0.663	irs
北大医药	0.323	0.695	0.466	irs
华神科技	0.343	0.724	0.473	irs
德展健康	0.946	1	0.946	irs
景峰医药	0.606	0.836	0.725	irs
华特达因	0.625	0.661	0.946	irs
金陵药业	0.293	0.573	0.512	irs
中关村	0.267	0.542	0.493	irs
广济药业	0.186	0.791	0.235	irs
河化股份	0.34	0.985	0.345	irs
九芝堂	0.504	0.687	0.734	irs
华润三九	0.708	0.724	0.978	irs
新和成	0.682	0.787	0.867	irs
华兰生物	0.818	0.902	0.907	irs
亿帆医药	0.599	0.849	0.705	irs
京新药业	0.411	0.651	0.632	irs
科华生物	0.408	0.593	0.687	irs
达安基因	0.366	0.564	0.649	irs
双鹭药业	0.944	0.951	0.993	irs
万邦德	1	1	1	—
海翔药业	0.38	0.835	0.456	irs
沃华医药	0.665	0.723	0.92	irs
紫鑫药业	0.732	0.792	0.925	irs
莱茵生物	1	1	1	—

续表

上市企业	营销能力	纯技术效率	规模效率	规模报酬
嘉应制药	0.794	0.852	0.932	irs
上海莱士	1	1	1	—
恩华药业	0.451	0.711	0.633	irs
桂林三金	0.618	0.647	0.955	irs
奇正藏药	0.619	0.784	0.789	irs
信立泰	0.674	0.693	0.973	irs
众生药业	0.443	0.593	0.747	irs
仙琚制药	0.404	0.592	0.682	irs
精华制药	0.3	0.733	0.409	irs
永安药业	0.305	0.78	0.39	irs
亚太药业	0.315	0.71	0.443	irs
信邦制药	0.583	0.785	0.743	irs
力生制药	0.723	0.761	0.95	irs
海普瑞	0.915	1	0.915	irs
延安必康	0.401	0.847	0.474	irs
汉森制药	0.644	0.75	0.859	irs
科伦药业	1	1	1	—
贵州百灵	0.537	0.712	0.754	irs
太安堂	0.455	0.82	0.555	irs
长江健康	0.401	0.916	0.437	irs
誉衡药业	1	1	1	—
千红制药	0.409	0.74	0.553	irs
兄弟科技	0.265	0.666	0.398	irs
益盛药业	0.633	0.711	0.89	irs
未名医药	1	1	1	—
以岭药业	0.544	0.584	0.931	irs
佛慈制药	0.433	0.807	0.536	irs
海思科	1	1	1	—
东诚药业	0.345	0.822	0.42	irs
金河生物	0.791	0.882	0.896	irs
双成药业	1	1	1	—
特一药业	0.606	0.827	0.733	irs

续表

上市企业	营销能力	纯技术效率	规模效率	规模报酬
莱美药业	0.728	1	0.728	irs
安科生物	0.674	0.76	0.888	irs
北陆药业	0.834	0.914	0.912	irs
红日药业	0.801	0.925	0.866	drs
上海凯宝	0.677	0.744	0.91	drs
康芝药业	0.656	0.772	0.849	irs
吉药控股	1	1	1	—
华仁药业	0.616	0.751	0.821	irs
向日葵	0.514	1	0.514	irs
瑞普生物	0.558	0.651	0.856	irs
智飞生物	0.528	0.716	0.738	irs
沃森生物	0.825	0.868	0.95	irs
香雪制药	0.455	0.651	0.699	irs
振东制药	0.561	0.813	0.69	irs
佐力药业	0.783	0.881	0.889	drs
福安药业	0.546	0.816	0.669	irs
翰宇药业	1	1	1	—
舒泰神	0.798	1	0.798	drs
金城医药	0.873	0.984	0.886	irs
东宝生物	0.769	0.927	0.829	irs
仟源医药	0.575	0.707	0.813	irs
常山药业	0.678	0.799	0.848	irs
尔康制药	0.416	0.809	0.514	irs
利德曼	0.691	0.858	0.805	irs
博雅生物	0.773	0.865	0.894	irs
我武生物	1	1	1	—
博腾股份	1	1	1	—
溢多利	0.662	0.869	0.761	irs
均值	0.642	0.81	0.783	

注：drs 表示规模报酬递减；irs 表示规模报酬递增；—表示规模报酬不变。

相较于第一阶段，第三阶段处理后所得技术创新效率值表示各个医药生产企业的营销能力均变动显著。从综合效率来看，均值从 0.376 增长到了 0.642，通过表 5-6 的对比可以发现：梓橦宫、德源药业、生物谷、三元基因、复星医药、生物股份、中恒集团、安迪苏、白云山、华海药业、济川药业、哈药股份、云南白药、上海莱士、誉衡药业、海思科和翰宇药业等 17 家企业的营销能力效率值提高，表示企业自身的管理和技术水平优良，且对于资源配置与利用效用较高，然而企业规模和政府补助等干扰对其营销能力也会造成较大影响，导致对于外部环境影响的考虑需要增加。海普瑞、博雅生物、派林生物、万泽股份和河化股份5家企业在第三阶段的分析测度之中显示综合效率减少，表示营销能力会受到外部环境变量较大程度的推动，该影响效应在第一阶段的测度中无法体现，不能展示企业具体的营销能力。

北京三元基因药业股份有限公司（简称：三元基因，股票代码：837344）是一家由侯云德先生与程永庆先生联合创立于1992年，业务范围包括研制、开发、生产和销售药物的我国第一家以基因工程专有技术命名的高新医药生物技术企业，简称为三元基因。三元基因的核心竞争产品为重组人基因工程α1b干扰素，这是我国首个具有独立知识产权的基因工程一类新药，有利于治疗多种病毒性疾病和恶性肿瘤，打造了我国基因工程药物的良好形象，为社会带来了巨大好处。公司科研力量充足，于2001年获准设立博士后科研工作站，始终致力于产品的研发创新，现有多项领先于国际水平的创新药物，并获得专利50多项。

从纯技术效率角度看，剔除环境因素后，所有医药生产上市企业的均值从0.535上升到了0.81。说明整体上环境等外部因素对医药生产企业的制度和管理水平存在较大的制约。

表5-6　第一阶段和第三阶段营销能力对比

上市企业	营销能力	
	调整前	调整后
梓橦宫	0.532	1
德源药业	0.267	1
生物谷	0.298	1
三元基因	0.809	1
复星医药	0.214	1
生物股份	0.776	1
中恒集团	0.634	1
安迪苏	0.486	1
白云山	0.373	1
华海药业	0.699	1
济川药业	0.183	1
哈药股份	0.269	1
云南白药	0.379	1
万邦德	1	1
莱茵生物	1	1
上海莱士	0.916	1
科伦药业	1	1
誉衡药业	0.421	1

续表

上市企业	营销能力	
	调整前	调整后
未名医药	1	1
海思科	0.725	1
双成药业	1	1
吉药控股	1	1
翰宇药业	0.699	1
我武生物	1	1
博腾股份	1	1
海普瑞	1	0.915
博雅生物	1	0.773
派林生物	1	0.711
万泽股份	1	0.666
河化股份	1	0.34

基于规模效率视角分析，在摒弃环境变量后，平均规模效率值从 0.751 增加到了 0.783。中新药业、派林生物、万泽股份、河化股份、海普瑞和博雅生物 5 家企业的规模效率从前沿面 1 下降，说明这 5 家企业的环境变量掩盖了企业自身规模效率不足的问题。而安迪苏、上海莱士、三元基因、生物股份、华海药业和海思科等 19 家企业规模效率提升且达到 1，位于效率前沿面上，说明这些医药生产企业的外部环境变量阻碍了其营销能力的提升。

上海莱士血液制品股份有限公司是一家初创于 1988 年，主营业务为血液制品的亚洲企业。在历经 20 年的创新发展后，企业于 2008 年在深交所中小板挂牌上市（股票代码：002252)。公司核心竞争产品为血液制品，这归类于生物制品行业的细分行业，在现有医疗体系中，血液制品的作用是其他药品无法替代的。上海莱士从成立至今已有 30 余年，始终贯彻“安全、优质、高效”的指引，构建了包含血液制品人血蛋白、人免疫球蛋白和凝血因子 3 大要素的 11 项产品。截止到目前，在全球 20 多个国家均有其注册，是我国少有的可以出口血液制品的企业，公司在国内已设立 41 家血浆站，每年均能产出高达 900 吨的血浆，销售规模至今已高于 3 000 万瓶，且从未报道过感染病毒与血浆质量问题等负面新闻。公司经营采购模式：公司主要原料为健康人血浆，采用后向一体化战略的采购模式。其他生产所需原料，如药用原辅料、药用包材等，采用与合格供应商建立长期稳定的战略合作关系，签署年度合同或战略合作框架协议等多种采购模式，并在此基础上，积极开展后备供应商引入，保障了原料的稳定供应。生产模式：公司具备完善的生产管理体系，从人、机、料、法、环等各方面进行精细化管理，可有效控制产品质量和生产成本。公司依据年度销售计划和年度采浆计划双轨驱动确定年度生产计划，并根据动态滚动的销售计划、采浆计划及时进行调整。公司拥有先进的生产设备和自动化控制系统，原辅料在投入使用前均进行抽样检验，检验使用后方可投入使用，生产过程中还会对关键质量属性和关键工艺参数等进行监测和监控，确保可持续稳定地生产出符合预定用途和注册要求的产品。经销模式方面：公司根据不同血液制品产品市场特点，结合公司多产地、多品牌、多产品、多品规的情况，采取委托经销商销售模式、面向终端医疗机构的直营学术推广销售模式、委托合同销售组织（CSO）学术推广模式以及CDC/政府采购模式等多种业务模式并行的方式，对不同产品进行精细化管理，以满足客户需求为导向，在超额达成公司既定销售目标的同时，不断优化营销体系和客户管理系统建设，尤其是建立与各治疗领域关键意见领袖的稳固合作关系，引领血液制品学术发展方向，推动血液制品临床合理应用，促进市场健康发展。在历经30余年的创新发展后，公司始终坚守“从人心到人心”的重担，发扬“家国情怀”筑造“人心事业”，充分利用自身资源以及国家支持，积极发展创新事业，打造行业创新生态圈以及产业创新链，全面推进公司在质量、管理以及品牌上的发展，不断推动企业在世界血液制品行业的战略地位。

浙江华海药业股份有限公司始创于1989年，工作范围包括了化学药、生物药、医药包装、贸易流通等多个领域。历经30余年的发展后，企业目前员工人数达7 000余人，在世界范围子公司数目达40余家，与全球绝大部分药企以及国家均有业务往来及合作关系。公司致力于研究高品质医疗健康产品，其核心竞争产品包括了心血管、精神类、抗病毒等领域，且均是全球范围内地位较高的制造商之一。华海药业作为我国医药国际化先驱者，是国内第一个获得美国FDA制剂质量认证的企业，也是第一位在美国进行量化制剂销售的中国制药公司，为世界塑造了我国良好的企业形象。公司同时凭借自身国际化平台，以运筹全球市场的高度，引领中国制药冲出国门、走向世界，为中国医药行业的崛起而努力。在中国，华海制剂产品已覆盖国内30多个省市。作为民族药企所肩负的使命，华海药业致力于为中国人民提供国际品质、国产价格的医疗健康产品，服务百姓健康。

海思科医药集团股份有限公司初创于2000年，其主营业务范围包括了新药研发、生产制造、销售等。公司于2012年1月17日在深圳证券交易所A股上市，历经20余年的发展后，企业已成为全国前列的肝病用药生产企业且研发实力位于领先地位的医药上市公司，现如今员工人数超过3 800名，其中包括50名博士、360名硕士。海思科技术力量雄厚，研发中心拥有包括多名博士、硕士在内的各类科研人员超过700人，目前共有9个1类新药在研，公司自主研发了中国首个全新的具有自主知识产权的静脉麻醉药物，1类创新药环泊酚注射液于报告期内成功上市，首个获批的适应症为消化道内镜检查中的镇静，适应症全麻诱导亦于2021年2月获批，标志着公司的创新药研究取得令人振奋的成果。研发中心建有独立的仿制药物科研大楼、创新药物科研大楼及中试基地，配备有先进精密科研仪器，试验条件处于国内领先水平。海思科拥有健全的销售网络和成熟的营销渠道，公司依据“自建团队、合作经营”的指导方针打造起覆盖全国主要省市地区的庞大销售网络。我们以“医学驱动、学术引领、销售落地”的十二字方针为指导，采用多元化营销模式，创新试点，以点带面，向精细化、系统化、平台化转型。目前我公司销售人员超过了1 000名，管理代表近5 000名，覆盖约10 000余家二级及以上医院。2021年上半年，受医保降价等外部因素影响，公司销售费用4.33亿元，同比降低28.6%，销售费用率

33.9%，相比去年减少 7.9%；管理费用 1.68 亿元，同比提高 15.1%，管理费用率 13.1%，同比上升 3.9%；同时上半年研发费用 1.94 亿元，同比增长 71.3%，研发费用率 15.2%，比去年同期提高 7.4%；同时受医保降价影响，公司整体毛利率为 64.4%，同比下降 5.9%。

表 5-7　第一阶段和第三阶段规模效率值对比

	规模效率	
上市企业	调整前	调整后
中新药业	1	0.759
派林生物	1	0.947
万泽股份	1	0.834
河化股份	1	0.345
海普瑞	1	0.915
博雅生物	1	0.894
安迪苏	0.962	1
上海莱士	0.916	1
三元基因	0.809	1
生物股份	0.776	1
华海药业	0.756	1
海思科	0.725	1
翰宇药业	0.699	1
神奇制药	0.679	1
神奇 B 股	0.679	1
中恒集团	0.634	1
誉衡药业	0.549	1
梓橦宫	0.532	1
云南白药	0.379	1
白云山	0.373	1
生物谷	0.326	1
德源药业	0.325	1
哈药股份	0.316	1
济川药业	0.308	1
复星医药	0.254	1

第六章　数字经济时代医药生产企业营销能力影响因素分析

现代企业是整个经济社会系统的组成部分，其生产、发展必须通过与系统中的其他部分进行资源、产品、价值的交换流通实现，并产生各种各样错综复杂的联系。在这种联系中进行活动，既要受经济社会各种因素的制约，也影响着经济社会其他系统的运行。医药生产企业的营销活动不可避免地要受到这一系统中各种因素的影响，这些影响因素是“外因”。同时医药生产企业的营销能力如何还要看企业自身的定位、战略、条件、优势劣势，这些是“内因”。提升医药生产企业的营销能力必须首先对这些影响因素进行全面深入的分析。哪些是有利因素，哪些是不利因素，在什么时候影响因素的作用最大，在什么条件下它们相互之间会相互转化。如何充分发挥有利因素的作用，规避减少不利因素的影响，从而不断提高医药生产企业的营销能力。以上这些影响因素总体而言可以分为宏观影响因素、中观影响因素和微观影响因素三类。

第一节　医药生产企业营销能力的宏观影响因素

宏观环境是影响医药企业营销能力的外部因素，从整个经济社会的宏观视角考量，医药生产企业的所有营销活动都在一定的宏观环境中进行，宏观环境包括政策环境、经济环境、社会环境和技术环境。

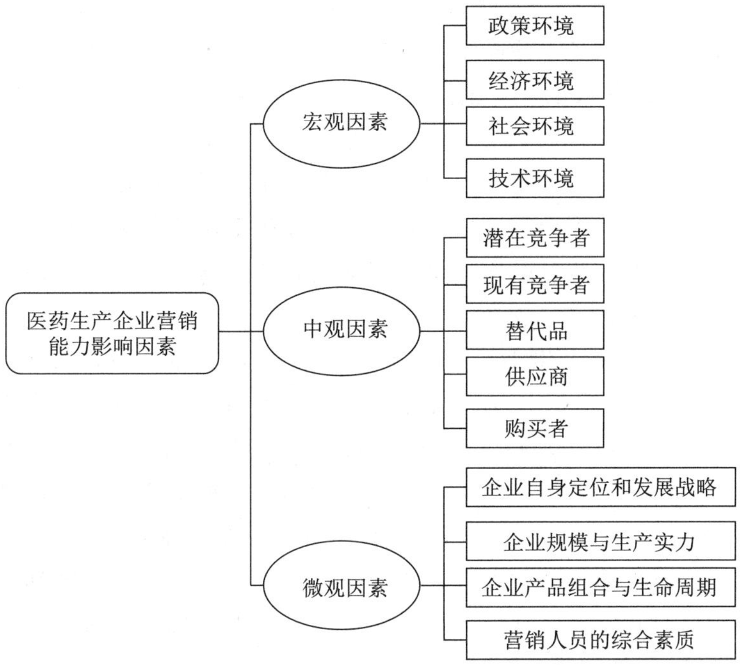

图 6-1 医药生产企业营销能力影响因素

一、政策环境

医药行业是国民经济的重要组成部分，不仅与人民的生命健康息息相关，而且与国计民生和国家安全密切相关。党和政府始终站在人民至上的立场高度重视医药行业的发展。特别是 2019 年国家相关部门联合发布《关于印发〈促进健康产业高质量发展行动纲要(2019—2022 年)〉的通知》，在医疗、医药、医保、医生等多方面进行了规划，定下了“到 2022 年，基本形成内涵丰富、结构合理的健康产业体系，优质医疗健康资源覆盖范围进一步扩大，健康产业融合度和协同性进一步增强，健康产业科技竞争力进一步提升，人才数量和质量达到更高水平，形成若干有较强影响力的健康产业集群，为健康产业成为重要的国民经济支柱性产业奠定坚实基础”的总体工作目标。

近年来，进入到改革深水区的医药行业，从顶层设计入手，在“医保、医疗、医药”三条主线上三医联动，推出了一系列重要的改革措施，医药行业进入了大变革时代。

在医保方面，直接指向“看病难、看病贵”的问题。

一是重新组建“超级医保局”。2018 年全新的国家医疗保障局正式挂牌，统一医保基金管理、药品招标采购、定价等多项职能，核心班子来自财政、人社、发改、卫计等相关部委，将原来分散的职能收归统一。通过机构改革，实现了“三保合一”，有利于医保相关基金的统筹使用，提升了效率，也为未来全国范围的医保互联互通打开了大门，同时也从实质上形成了医疗服务和药品的“超级采购方”。

二是建立了更为完善的医保目录。医保目录掌握着 80%公立医院的销售市场，对于整个医药行业来说，新版国家医保目录的公布是所有药企最关注的政策之一，将有近 3 万亿医药市场迎来重构。2019版目录常规准入部分共2 643个药品，调整前后数量变化不大，但调出、调入的品种数量较多，药品结构发生了较大的变化。新增148个品种，重大创新药品全部纳入；150个品种被调出，重点监控品种全部被清除。另外，国家将统一制定国家基本医疗保险药品目录，各地严格按照国家基本医疗保险药品目录执行，原则上不得自行制定目录或用变通的方法增加目录内药品。按照杜绝增量、规范存量的要求，各地原则上不得出台超出清单授权范围的政策措施，并要求原则上在3年内完成清理规范，并同国家政策衔接。这也意味着，地方医保目录即将取消，并且地方要在三年内清理完毕，使用国家统一指定的医保目录。

三是实行带量采购。2018年11月15日，《4+7城市药品集中采购文件》发布，国家组织药品集中采购试点，试点范围为“北京、天津、上海、重庆和沈阳、大连、厦门、广州、深圳、成都、西安”11个城市（以下简称：“4+7”）。12月17日，上海市阳光医药采购平台正式公布“4+7”城市药品集中采购中标结果，拟中选价平均降幅52%，最高降幅96%，降价效果明显。2020年1月17日第二批国家集采落地，32个品种平均降幅达53%。未来，随着一致性评价掣肘因素逐步消除，集采落地速度将不断加快。药品领域降价已经取得明显成果，其经验向高值耗材领域推广是必然趋势，高值耗材带量采购势在必行，但是考虑到器械和药品领域的差异性，且器械本身的复杂性，短时间内不可能全国大范围全品类实行高值耗材带量采购，将先从试点省份推行，逐步统一全国医保高值耗材分类与编号，做好产品数据标准化工作。

四是大力推进DRGs支付制度改革。在目前医保按项目付费的制度下，医院为病人提供的医疗服务越多，其获得的医保经济补偿也就越多，客观上诱导过度用药、过度使用耗材、过度服务。DRGs（疾病诊断相关分组）则不同，依据病人个人特征、医疗状况等因素把病人分入多个诊断相关组，然后决定应该给医院多少补偿，是当今世界公认的比较先进的支付方式之一。按DRGs付费，将药品、耗材、检查转换为医院的成本要素，有利于调动相关人员充分缩减成本以及服务水平提高，减少医院内相关费用不符合常规的现象发生，减少病人医疗费用压力，提高医保基金使用效率。医保发〔2019〕34号《关于印发按疾病诊断相关分组付费国家试点城市名单的通知》，确定了30个城市作为DRGs付费国家试点城市。按照“顶层设计、模拟测试、实际付费”三步走想法实现。

在医药方面，一是实行一致性评价。为提升我国仿制药质量，根据《国务院办公厅关于开展仿制药质量和疗效一致性评价的意见》等有关规定，国家药监局全方位推动仿制药质量和疗效趋同性评价任务。企业只有顺利通过趋同性评价，才能认为仿制药和原研药在质量和疗效上是一致的，这也是仿制药企业参与集采的必要条件。2019年10月15日，国家药监局发布《化学药品注射剂仿制药质量和疗效一致性评价技术要求（征求意见稿）》和《已上市化学药品注射剂仿制药质量和疗效一致性评价申报资料要求（征求意见稿）》，对注射剂一致性评价的参比制剂、处方工艺、原辅包、质量研究与控制、稳定性及特殊注射剂/改规格注射剂等方面都明确了具体要求，注射剂一致性评价全面展开。

二是实行“两票制”。2017年1月颁布《关于在公立医疗机构药品采购中推行“两票制”的实施意见（试行）》，“两票制”这项试图通过减少流通环节来降低虚高药价的医改政策得以在全国范围内强力推行，“两票制”意图让代理商从流通环节“挂靠、过票、洗钱”以兑付药品回扣的“底价代理”模式无法维系，用行政手段实现了减少流通环节的目的。“两票制”为医药流通行业的进一步集中提供了动力，将带来行业的整合加速。首先，“两票制”直接扼杀了以过票业务为核心的中间流通企业。另外，“两票制”要求从药品生产企业到全国各地销售终端，由一家企业通过内部运转实现，对流通企业的流通能力提出了很高要求。

三是鼓励创新医药。近年来，国家先后发布鼓励医药创新的一系列政策，在创新药审批、临床试验、生产和后续上市等生命周期全过程给予政策支持。审批和临床试验方面，加快审评审批、绿色通道、优先评审；临床试验机构注册改备案制；生产端试点上市许可持有人制度，减轻固定资产投资压力，允许研发费用税前抵扣；销售端医保腾笼换鸟，加快创新药调入医保目录节奏（国家药价谈判方式），加快企业销售变现，加快研发—上市—再研发正向循环。我国正式加入 ICH，统一国内外临床试验标准，我国医药企业利用疾病谱、成本、产业链等本土优势，在资本和人才的支持下，创新药将进入发展黄金时代。

在医疗方面，一是实行分级诊疗。分级诊疗制度确定其目标在于促进设厂医疗资源的配置优化，围绕城乡协同医疗卫生服务网络建设，借助医药领域的其他企业，合力探索有助于合理配置资源、有效盘活存量、提高资源配置使用效率的医疗卫生服务体制架构。政府资金的大力投入加速了分级诊疗的进度，随着资金投入的落实，基层医院软硬件基础提升，逐步改变基层患者的诊疗意识，基层市场的扩大将为多个医疗领域带来增量市场。2019 年 8 月 29 日国卫办基层函〔2019〕708 号《关于印发紧密型县域医疗卫生共同体建设试点省和试点县名单的通知》确定，浙江和山西 2 个试点省，567 个紧密型县域医共体建设试点县，进入“实质整合阶段”。医共体绩效考核政策即将出台，关注医共体作为整合型医疗的创新，将会成为医改新趋势，通过紧密型医共体建设，县域医疗卫生服务能力明显提升，医保基金得到有效利用，居民医药费用负担合理控制，有序就医格局基本形成。

二是推进薪酬绩效改革。国医改发〔2019〕3 号《关于以药品集中采购和使用为突破口进一步深化医药卫生体制改革的若干政策措施》指出：“地方政府要贯彻落实‘两个允许’要求，及时利用好降低药品耗材费用、调整医疗服务价格等增加的医院可支配收入，积极推进公立医院薪酬制度改革，调动医务人员积极性；积极探索完善事业单位绩效工资政策，建立符合医疗卫生行业特点的薪酬制度和科学合理的薪酬分配机制，落实公立医疗卫生机构分配自主权，鼓励和允许各地、各公立医疗机构结合实际改革创新，各有关地方和部门要积极支持并加强指导。”2020 年，国家相关部门一起研究制定医疗服务收入与薪酬制度衔接的具体办法。国卫办医函〔2019〕558 号《关于印发第一批国家重点监控合理用药药品目录（化药及生物制品）的通知》提出，重点将纳入目录的药品临床使用情况作为医疗机构及其主要负责人的考核内容，与医疗机构校验、评审评价、绩效考核相结合，考核结果及时公示。国卫办医函〔2019〕903 号《国家卫生健康委办公厅关于做好医疗机构合理用药考核工作的通知》明确：“公立医疗机构国家组织药品集中采购中选品种配备使用情况；医保定点医疗机构国家医保谈判准入药品配备使用情况，纳入合理用药考核。”

三是建立现代医院管理制度。2019 年 12 月 3 日国卫办印发了《关于印发公立医院章程范本的通知》。随着《公立医院章程范本》公布，建立现代医院管理制度 148 家试点医院，将会进入扩大试点阶段。现代医院管理制度的核心是规范化、精细化、科学化，随着医改新时代的到来，促使医院在发展管理模式由粗放的行政化管理以及规模扩张性向全方位绩效管理型以及质量效益型的转型升级，服务功能定位由医疗服务数量型向医院功能定位转变，服务理念由以疾病为中心转向以人民健康为中心。

这些国家医药改革和医药政策将深刻影响医药生产企业的发展和营销能力的提升，医药生产企业必须充分考虑这些因素的影响，把握政策导向，运用政策红利，充分发挥政策的积极作用。

二、经济环境

改革开放以来，我国经济经历 42 年的快速增长，国家经济实力大幅提升，经济结构深度调整，经济发展平衡性、协调性、可持续性明显增强，为医药企业发展提供了良好的经济环境。

2020 年，国内 GDP 达 1 015 986 亿元，人均国内生产总值连续两年超过 1 万美元，全国居民人均可支配收入 32 189 元，全国居民人均消费支出 21 210 元。我国三大产业分别占 GDP 的 7.7%、37.8%和 54.5%。“十三五”时期，我国 GDP 年均增幅高达 6.5 万亿元，相较于“十二五”时期高出 1 万亿元。居民收入水平的提高与我国经济发展保持同步，现行标准下实现农村贫困人口全部脱贫。“十三五”时期，全国居民人均可支配收入每年平均提高 2 045 元，比“十二五”时期上升 156 元。到 2020 年，在我国新产业、新业态、新模式高速发展的背景下，全年规模以上工业中，新兴技术制造业增加值占规模以上工业增加值的 15.1%；装备制造业增加值占规模以上工业增加值的 33.7%，网上零售额达到 117 601 亿元。

截至 2021 年 6 月，我国网民总人口数已高于 10 亿，这有利于我国数字化经济高质量发展。一是互联网技术的不断完善，促进了网民数量的增加。截至 2021 年 6 月，我国 IPv6 地址数量达 62 023 块/32，移动电话基站总数达 948 万个。二是数字化基础设施逐渐完善，促进了网民数量的增加。现如今互联网技术开始从一线城市向其他地方下沉，有助于我国各地数字化的普及以及发展差距的缩小，推动了地方生产生活水平的提升，为用户带来了便捷。三是网络服务水平持续升高，使得用户培养了惯性。全国一体化的政务服务平台在积极响应国家号召，推出系列有助于提升居民便捷性的服务，不断增进消费者的获得感。

数字经济作为基于新一代信息技术孕育的创新商业模式和经济活动，拥有强大的经济活力和增长潜力，已成为全球经济发展的大趋势。中国信通院发布的《全球数字经济白皮书》统计表明，全球数字经济都在蓬勃发展，较上一年增长了 3%，总额已达到 32.6 万亿美元，其中产业数字化占比 84.4%，显然是数字经济蓬勃发展的核心动力来源。2020 年我国数字经济规模近 5.4 万亿美元，居世界第二位。“十四五”规划纲要提出，打造数字经济新优势，2025 年数字经济核心产业增加值占 GDP 比重达到 10%。

一是新动能作用持续增强。多个核心产业增速超过 20%，我国数字经济持续保持强劲发展韧性。2021 年上半年，我国在电子信息等多个数字经济领域发展速度达到 20%，数字经济系列创新产品的发展速度达 40%，充分体现了我国数字经济在引领时代发展中的关键地位。数字化背景下，且受疫情爆发的影响，如今线上消费得以蓬勃发展，全国网上零售额达 6.11 万亿元，提速 23.2%，5G、大数据等技术服务贸易快速发展，为我国经济复苏、产业发展以及促进国民生产总值增长提供动力来源。

二是要素转化加快，新兴技术勃兴。数据要素市场培育正步入多点突破和体系构建新阶段。各地政府加强数据要素市场顶层设计和制度保障，广东率先推进数据要素市场化配置改革专项行动，江苏探索实践首席数据官制度。互联网平台、通信服务商、数据服务商纷纷布局数据要素市场运营体系建设，发展以"数据可用可见"为核心的各类新兴技术，丰富数据资源供给，打造专业化流通服务模式和应用场景。行业企业着力提升数据管理能力，深化数据开发利用，逐步参与数据市场流通交易，149 家单位完成数据管理能力成熟度国家标准贯标，数据价值化红利空间全面开启。

三是基础再造提速，京津冀等国家枢纽节点率先起步。随着《全国一体化大数据中心协同创新体系算力枢纽实施方案》《新型数据中心发展三年行动计划（2021—2023 年）》等相继发布，标志着我国已基本完成一体化大数据中心算力网络体系的搭建。8 个国家枢纽节点率先起步，不断引领数字经济的进步。积极响应国家号召，北上广等高度发达地区不断公开数据中心统筹发展准则，助力我国数据化向"四高"目标发展。

四是充分发挥先进制造业集群中数字化的引领作用。数字经济发展过程中，其核心便是数字产业，全国各地均以数字产业作为共同选择，地方政府不断加强对当地数字产业的政策扶持与资金援助。数字经济作为讨论热门，在全球市值排名前三十的企业中，该领域便有近半的名额，数字经济近年来得到快速发展，环比增长 19.8%，充分体现了其发展速度之快。该领域的领头羊充分发挥带头模范作用，不断发展自身科技创新水平，加强核心技术研发以及产品推广，打造国内数字经济新平台，加速数字经济"双循环"破局。

五是数字化场景推动数字化转型。数字化场景是数字化转型的可行性探索和有效性实践，是数字技术与业务融合、服务供给与需求融合、模式创新与价值融合的集中体现，正成为各地推动数字化转型的重要突破口。浙江全面推行数字化改革，建立全省"一本账"，急用先行、实用先行，在信用、交通、企业服务、基层治理等方面率先打造数字化场景示范。上海积极推进城市数字化转型，实施数字化场景"揭榜挂帅"，突出"高频急难、惠企惠民"，协同推进工业互联网、在线新经济、科技金融等领域数字化场景迭代创新，自下而上牵引转型。

六是国家数字化治理体系建设提速。数字经济创造了以网络、数据、算法、平台为关键的竞争新机制，带给传统经济的"鲶鱼效应"持续放大，在激发新主体、新模式、新业态的同时也带来更多治理难题。面对新挑战，国家数字化治理体系建设提速，网络安全法、数据安全法、个人信息保护法三大法律支柱逐步落地，平台经济、行业数据管理、关键基础设施等领域法规制度逐步完善。多行业、多部门联合开展平台反垄断、网络安全审查等行动，形成协同治理合力，积极应对新业态引发的网络生态、平台经营、数据安全等监管“空白”。基层治理发挥首创精神，深圳、上海等地加快探索符合市情所要、满足行业所需的良法善治“基层方案”，数字经济治理引领改革新进程。

三、社会环境

根据第七次人口普查公报，目前全国总人口为 1 443 497 378 人，相较于 2010 年上一次的普查结果 1 339 724 852 人，多出 72 053 872 人，提升 5.38%，年平均增幅达 0.53%，男性人口为 723 339 956 人，占 51.24%；女性人口为 688 438 768 人，占 48.76%。各年龄段人口及其占比分别为：0—14 岁人口为 25 338 万人，占比 17.95%；15—59 岁人口数最多，达 89 437 万人，占比 63.35%；60 岁及以上人口为 26 401 万人，占比 18.70%。相较于与 2010 年第六次全国人口普查相比，0—14 岁人员数增多且占比提高 1.35%，15—59 岁人口数量减少了 6.79%，60 岁及以上人口增加了 5.44%，65 岁及以上人口增加 4.63%。说明我国人口增长速度放缓，人口老龄化加速到来。

全国拥有城镇职工基本养老保险、城乡居民基本养老保险规模高达 45 638 万人以及 54 244 万人，较往年上升 2150 万人与 978 万人。基本医疗保险投保规模达 136 101 万人，提高了 693 万人。这里面由参加职工基本医疗保险、城乡居民基本医疗保险、失业保险构成，规模分别达到了 34 423 万、101 678 万以及 21 689 万人，其中参加职工基本医疗保险和失业保险人数较往年提高了 1 498 万、1 147 万人，参加城乡居民基本医疗保险人数较上年减少了 806 万人。我国保险业发展状况较好，投保工伤保险的规模达 26 770 万人，较往年提高了 1 291 万人，这里面投保工伤保险规模达 8 934 万人，较往年提高了 318 万人。投保生育保险规模达 23 546 万人，较往年提高了 2 129 万人。全年资助 8 990 万人参加基本医疗保险，实施直接救助 7 300 万人次。说明人民基本养老、医疗有保证。

我国现有医疗卫生机构、基层医疗卫生机构、专业公共卫生机构分别有 102.3 万个、97.1 万个、1.4 万个。对其进行细分有医院数目达到 3.5 万个，其中公立医院与民营医院分别占比 33.3%和 66.6%；乡镇卫生院、社区卫生服务中心、门诊部分别达到 3.6 万个、3.5 万个以及 29.0 万个；疾病预防控制中心、卫生监督所分别有 273 384 个与 36 个。年末卫生技术规模达到 1 066 万人，囊括了执业医师、执业助理医师人员规模 408 万人，注册护士人员规模 471 万人。全年总诊疗人次达到 78.2 亿人次。说明我国医疗行业整体规模较大，人民对医疗的需求不断增长。

我国教育情况分布：研究生招生 110.7 万人、普通本专科招生 967.5 万人、中等职业教育招生 644.7 万人、普通高中招生 876.4 万人、初中招生 1 632.1 万人、普通小学招生 1 808.1 万人、特殊教育招生 14.9 万人、学前教育在园幼儿 4 818.3 万人。九年义务教育巩固率为 95.2%，高中阶段毛人学率为 91.2%。2010—2020 年，我国医疗机构卫生人员数量呈上升趋势，增长率在波动变化。2020 年，我国医疗机构卫生人员总数为 1 347.5 万人。2020 年，我国医疗卫生人员以卫生技术人员为主，在卫生技术人员中，以执业（助理）医师占比居多。2020 年，我国执业（助理）医师 408.6 万人，占我国医疗卫生人员的比例约为 30%。2016—2020 年，我国卫生人员大专生占比由 39.3%下降至 38.4%，本科生占比由 27.2%上升至 36.2%，研究生占比由 5%上升至 5.9%。2020 年，我国卫生人员学历主要为大专及本科生。2016—2020 年，我国普通高等学校医学毕业生占总体毕业生的比重逐年升高，由 8.91%上升至 10.11%。2020 年，我国普通高等学校医学毕业生为 87.82 万人。庞大的人才基础为医疗卫生事业提供了强大的人才支撑。

同时，在中国，每 10 min 就有 55 人死于癌症，全球约有 50%的肺症、肝癌和食道癌病例来自中国。据《中国居民营养与慢性病状况报告（2020 年）》显示，2019 年我国死亡总人口数中由慢性疾病引发的占比 88.5%。医疗问题始终是人民经济社会生活中的大事、难事。

四、技术环境

以人工智能、大数据、物联网、云计算、边缘计算等为核心的新一轮科技革命和产业革命进入拓展期，对全球供应链、产业链、价值链产生前所未有的影响。2017 年，我国先后颁布《新一代人工智能发展规划》和《促进新一代人工智能产业发展三年行动计划（2018—2020 年）》，提出要在 2030 年使国家人工智能技术发展水平成为世界领先；并表述了人工智能发展创新所需遵循的指导思想、基本原则等。清华大学公开的《中国人工智能发展报告 2018》中表明，我国人工智能的发展水平已处于全球领先地位，专利数量上已多于美国和日本，成为全球该领域的领头羊；在人才数量以及企业数量上我国只少于美国位于世界第二；在投资方面已领先于美国位于世界第一。我国庞大的用户群体为人工智能的发展提供了广阔的市场。《中国互联网络发展状况统计报告》指出，由于我国人口基数大，网民数量已达 8.02 亿，位居世界第一。大量的用户群体为人工智能的发展提供了意义重大的数据基础，基于这些数据，我国人工智能企业已在诸多领域位于世界前列。

在新一轮技术革命下，各项技术交互糅合，“人、机、物”三元融合加快，“万物互联”的时代即将到来。互联网发展的目标在于让所有的人与物在不同时空都可以取得联系，实现社会交流的效率最大化，在现有技术背景下大数据研究的迅速兴起，促进了产业间的融合发展，有助于技术产品的不断创新推广。“十四五”规划确立了我国现阶段发展的重点：七大数字经济产业和十大场景。根据《中国数字化之路》公开数据，推测 2020—2025 年，中国数字经济平均增长幅度大约为 15%，并在 2025 年数字经济规模能够达到 80 万亿元，2030 年我国数字经济体量将有望突破百万亿元，数字经济在社会经济中扮演的角色越来越重要。

当下，各种新兴技术蓬勃发展，在医疗领域数字化普及的同时，各项手段也能够被充分采纳，也使得数字医疗领域发展规划越加清晰。

第一，数字医疗与传统医疗的结合将日益紧密。医疗手段的数字化使得用户能够准确实时地看到自身健康情况，有助于制定针对性强的方针，也能及时预防潜在疾病，而且这对于医院也有较大好处。例如 Proteus Digital Health 就制造了一种获得 FDA 批准的可嵌入药丸中的传感器，用以追踪患者的药物依从性，并据此研究治疗双向障碍和精神分裂症的解决方案。

第二，加入数字技术使医疗服务的工作流程得以优化。数字分析技术的应用可缩短就医时间，使更多患者得到服务，减少劳动成本，并降低医疗成本。例如护士可通过数字技术承接一些原本属于医生的工作，而且患者也能利用移动设备在家中进行医疗方面的自我管理。

第三，医院数字化普及有助于数据的收集整理。当下，越来越多的病人数据被收藏于医院的数据库，基于大数据基础，社会各领域均可构建新的符合当下发展的模型，为我国医药行业的发展作出准确预测，有助于医生更好的使用新技术，也有助于病人得到更好的诊疗。

第四，用户可随时查看自身健康状况，及时预防各种潜在疾病的发生。技术的发展使得用户可以随时检测自身健康状况，并收录于医院与个人的数据库，基于现有模型对自身健康状况作出分析预测，促使用户养成良好的生活习惯，减少各类潜在疾病发生风险，以此帮助抑郁症、焦虑症、药物滥用、创伤后应激障碍和其他行为健康问题的患者。

对于中国的医疗环境而言，数字医疗更显得尤为重要。要实现数字医疗在中国的良性发展，各方面的助力也必不可少。例如构建信息共享服务体系、建立统一的数字医疗管理中心、各个流程标准化、推动全国的医保信息联网等。此外，公共卫生监控体系、药品数据库、远程医疗的发展也需要努力。

随着科技的发展，数字医疗已经从最开始的应用程序及简易医疗设备升级为更高效的技术。众多科技企业参与到与医疗集团的合作之中。

然而医疗体系的复杂程度远远不止于此，数字化的普及推广是一个漫长而艰辛的难题，但总体的发展趋势是良性的，并且对于当前医疗系统中所存在的问题和弊病的解决也是有好处的。

第二节　医药生产企业营销能力的中观影响因素

中观影响因素主要是指医药行业内的影响因素，本文基于波特五力模型对医药生产企业在行业内必须面对的五种力量即潜在的进入者、现有竞争者、替代品、供应者和购买者进行分析。

一、潜在的进入者

医药行业有着高风险、高投入、高回报等特点，是蓬勃发展的朝阳产业之一。高回报率使得市场上的广大投资者们热衷于投入这一行业，然而这一行业的技术要求高且与人民大众的日常生活息息相关，因此该行业的门槛也极高。投入者需要承受规模经济的影响，投入成本过低则不能确保产品质量以及市场占有量；投入成本过高则无法在短期内达到盈利。并且，消费者对于老品牌的质量以及信用信任度较高，新兴企业要想获得市场份额还需面对这一难题，需要首先树立自身优质的品牌形象，而这一步骤往往难以短时间内获得成效。同时，新兴企业在进入这一领域时，难以构建属于自己的销售网络，所制造的产品难以销售出去，传统医药企业基于自身社会效应，早已搭建且固定了自身的销售渠道，这使得新兴企业需要再次投入大量资本来克服这一难题。医药领域对于知识产权的保护程度也更大，新兴企业的选择方向不如传统企业多，缺乏优质产品，难以抢占市场份额。还有外来因素也导致了新兴企业进入这一领域的困难。

在医药零售领域，政策以及市场导向的变化都会对新兴医药企业造成影响。现如今这一领域逐渐开放，企业不仅要面对国内市场竞争对手的压力，还要考虑部分跨国公司对其可能造成的影响，若部分跨国企业与国内企业的主攻方向一致，这将导致两者产品高度相似，使得两者均受到重大影响。

在营销渠道上，医药企业也承受着新的竞争压力。传统的药品销售渠道是固定的、层层递进的，但随着部分医药企业的快速发展，其抢占市场份额越来越高，市场的需求也越来越大，导致其社会期望变大，越来越多的企业选择与之合作，甚至出现跨层级合作，这就导致了原有营销渠道被破坏。

二、现有竞争者

医药制造业同行的竞争对企业自身营销渠道的选择也会造成影响。当下我国拥有7 000多家药品生产企业，绝大部分为中小型企业，同类企业的规模与可用市场资源相差不大，导致企业间竞争压力的大幅上升。随着市场上药物种类越来越多，企业创新的难度也越来越大，长时间难以出现优质的创新型产品，使得市场上许多药品出现相似化，而各企业之间遵循理性竞争原则，使得自身市场占有率难以提高。

在这种竞争下，医药企业整合和优化是未来中国医药行业的大趋势，行业集中度将不断提升，强者恒强的竞争格局更加清晰，这也是政策引导的发展方向。2018年规模以上医药工业企业的百强企业的主营业务收入占比达32.5%，而2015年仅为22.8%，提高近10个百分点。2018年，前100位药品批发企业主营业务收入占同期全国医药市场总规模的72.0%，其中，前10位占50.0%。

在外来冲击与行业内部竞争加剧的情况下，医药企业不断创新自身经营战略，使得两极化越来越严重，企业的战略方向决定了企业的表现状况，正确的战略决策有助于企业在市场中表现越来越好。依据2019的恒瑞医药财务报表分析可知，该龙头企业在市场竞争中保持着持续稳定的增长。优质专科制剂企业仍旧保持稳定快速增长，如：仙琚制药（33.90%）、海思科（93.54%）、普利制药（65.57%）、贝达药业（50.13%）等。2019年医药零售业的大参林（35%）和益丰药房（41%）业绩突出。

三、替代品

竞争不仅存在于同行业内，部分企业原本属于不相关的行业中，但由于二者的产品具有一定的相似性，这也会导致企业竞争的发生，相似产品竞争对企业的经营决策也有着重要影响。由于相似产品的存在，产品价格受到牵制，限制了企业的盈利能力，同时企业为了避免这种困局造成更大影响，需确保自身产品质量不能出现纰漏，确保自身市场占有量不会被抢夺。

药品是相对较为特殊的商品，其替代品多为新技术或新机理的成果。创新药物从研发到生产需要投入大量的资本，而研发成功后还需要大量时间来树立药品形象，在短时间内难以对传统药物产生影响，然而许多仿制药跳过了研发投入这一步骤，使得新产品的投入成本大幅降低，导致其价格往往低于现有药物，这对于现有药物具有较大影响。

四、供应者

医药制造行业为技术、资金密集型，对企业科研能力具有较高要求。该行业的产业链上游囊括各类资源与设施，包括原辅料和生产设备等，这些物品均会被国家能源价格调控干扰。受能源危机的影响导致原材料成本上升，使得医药企业的生产成本也随之提高。例如现如今中草药存活量严重缩减，中医药的固定成本上升，企业所获得的利润也大幅减少。于是原材料供应商在市场上有着议价优势，制药企业能够采取后向一体化等途径完善自身处境。现阶段，我国医药制造行业上游相关企业主要有东方先导（广西）糖酒有限公司、安徽鑫泰药业有限公司、南宁千金子中草药有限公司、亳州市中药饮片厂等。近些年，由于医药制造需求上涨，带动中药材产量逐渐增长，从 2015 年的 363.8 万吨增至 2019 年的 450.5 万吨，复合增长率为 5.49%，2019 年同比增长 3.23%。

从发展趋势可见，如今大量产品的专利保护即将到期，且印度的证书数量变多，印度的发展方式由以往的大宗原料转变为技术含量高的产品，营销关键也迁徙到规范市场，印度的医药产业结构调整给中国留出较大的大宗原料药市场替代空间。另一方面，原料药全球分工和战略转移的要求很高，中国拥有更为完善的生产体系以及市场环境，在各领域均赶超印度。首先，中国医药储备人才多，资源充足，推动我国企业的高速发展并开发创新世界领先的核心技术；其次，中国原料药产品价格优势明显，中国企业外包的生产成本仅为欧美企业本土生产的 1/2 至 1/3，在中国进行外包生产能节省医药产品整体成本的 15% 左右。

得益于上述优势，中国在全球原料药产业链中的地位近年来快速提升，表现在拥有全球数量最多的原料药生产基地、出口药品外国注册量迅速增长、部分企业逐步深入特色原料药领域等方面。综上，在全球原料药产业重新分工的背景下，中国将成为全球原料药产业转移的最大受益者，未来仍将保持全球原料药重要供给国的地位，这为医药制造行业提供了巨大有利因素。

五、购买者

在当前经济背景下，消费者是市场组成的关键因素，消费者的地位也得以提高。在医药零售行业，企业间竞争日益激烈，消费者的自主选择性增强，企业需不断拉拢消费者来获取市场占有量。制药企业的创新目的均是为了拉拢消费者，企业的一切营销手段均以消费者为对象。然而药物区别于其他商品，药物市场的信息不对称问题更为严重，患者对于药物的了解程度不够，医生对于药物有着完全解释权，患者选择何种药物、购买量的大小均取决于医生的建议；且企业通过各种不同的社会媒介对药物的介绍也潜移默化地影响了患者对药物的认知与选取，企业的品牌形象、实力等因素均会影响患者对替代药的选择。并且医药生产行业的主要购买者并不是消费者，药品的流通渠道中多出一个中间商，我国目前拥有从事医药批发的企业达到 1.3 万家，依据国家规定，药品流通是直接从生产商到批发商的。当下，批发商开始抱团，规模化现象越来越严重，市场占有量也越来越大，使得批发商在市场中的地位越来越高。我国现有医疗机构 100 万余家，零售药店 42 万余家，这些药品终端直接影响消费者的购买决策，在与药企讨价还价时也占有绝对优势。

伴随批发企业对营销渠道掌控力度越来越大，其在从事批发与零售工作时的地位也随之提高，久而久之营销渠道中的其他对象对中间联系人越发依赖。制药公司对规模化批发商依赖性提高，制药公司扩大产品销售量的唯一途径便是依靠规模化批发商的统一分销，且零售商从规模化批发商处采购药物更为便捷。销售方决定了企业药物的普及度以及一定程度上会影响企业形象，所以在与制药企业进行沟通时话语权较高，可以从双方手里获得利润，制药公司与销售方的合作与竞争是一场持续的博弈。

在医药一体化、处方外放难的背景下，医疗机构掌控大量资源导致其在营销渠道内身份较高，尽管医疗体制发生变革但并没改变其强势身份，不管是相对于营销渠道中的哪一方，都有一定话语权。医疗机构是供应链上关键部分，医疗机构能够灵活决定其用药清单，制药公司的产品受到医疗机构的决策选择，且由于信息不对称的存在，医生对于患者的药物选择起到了决定性作用。

第三终端指的是直接面对患者进行医药产品营销的所有零售终端。随着数字化的普及推广以及国家基本药物制度的制定实施，第三终端在营销渠道上占据的地位也日益提高。

第三节 医药生产企业营销能力的微观影响因素

作为对医药企业营销能力能够造成干扰的内部因素，微观因素囊括了企业的自身定位和发展战略、企业规模与生产实力、企业产品组合与生命周期、营销人员的综合素质等方面，是直接决定医药生产企业营销能力强弱的因素，也是企业能主动作为进行调整改进的因素。

一、企业自身定位和发展战略

医药生产企业要按照外部环境与内在条件确定自身在行业中的定位，并结合市场、行业、技术的变化制定发展战略，不同的自身定位与发展战略就有不同的营销目标和营销能力要求。一个企业想要实现什么样的目标就需要拥有什么样的营销能力，如果想做领头企业，目标是打造全国乃至全球性的医药生产企业，就必须形成能够驾驭各种营销模式、适应各种营销环境、覆盖各个区域的营销能力。有了定位和目标，在制定发展战略时，医药企业还要根据目标和战略的实施情况选择不同的营销策略。如果想做跟随企业，就需要根据其他企业的营销策略制定相应的营销策略。

企业为树立良好的市场定位，需开发出满足客户需求异质性、具有独特属性、与竞争对象相区分的产品。此类研发的目的在于：首先，产品的独特属性凸显企业不随大流的独特形象。所谓市场定位便是将产品部分属性放大，凸显其自身优势，从而树立良好的企业形象，这对于企业在竞争激烈的市场中赢得客户有着很大助力。其次，在对市场进行细化与分析后，根据目标客户的不同开发出具有不同特色的产品，并采取合理的营销手段，为目标客户提供符合自身特色的、不同于竞争对手的目标产品。企业在制定符合自身特色的营销手段前，需对自身市场定位有明确认知，符合自身定位的营销策略对于企业的发展进步起到极大的推动作用。

二、企业规模与生产实力

医药生产企业的规模和财力决定了它的营销模式、营销策略和营销能力。

中小型企业与大型企业在结构上的不同导致二者的战略定位也大不相同。中小型企业结构相对简单，这也导致了中小型企业的策略制定更为灵活；大型企业的结构相对完善，管理层与组织层的膨胀发展导致大型企业内部日益滋生官僚主义，使得企业信息传递不够灵活，策略制定更为缓慢。当下两类企业的竞争方式也各不相同，中小型企业的竞争方式表现为“快、平、短”，帮助企业提高自身竞争力且缩减了企业的成本损耗；大型企业受限于灵活性，其竞争手段多表现为保守且平缓。

中小型企业与大型企业由于自身实力的不同导致了二者竞争行为的不同。中小型企业自身实力相对较弱，对于市场资源的利用率往往较低，且其自身往往存在一定的生存危机，在风险来临时，中小型企业会采用不同于以往的途径来弥补自身实力较弱带来的影响。中小型企业将资源与竞争行为都限制在可控范围内，使得自身的灵活性得以充分发挥，并在自身投入最小的情况下来博得更高的利润。大型企业的实力相对较强，在竞争中的优势更为明显，然而大型企业容易产生自负感，在竞争中思维的灵活性往往不高。

三、企业产品组合与生命周期

不同的产品组合需要搭配与之相适的营销手段。医药产品包括了处方药与非处方药，二者的管控力度不同。此外还有一类受特殊管理的药品，这类药品的销售不同于处方药与非处方药，是受到多部相关法律限制的，这类药品主要包括了：精神药品、麻醉药品等。药品自被研发出来开始，直到最终退出市场，度过了一个完整的生命周期，这一周期可被分为四个时期：第一，在市场导入时期，由于药品知名度不高，消费者的购买意愿往往较低，且前期投入的研发经费与制造费用还未收回，其利润非常低甚至为负，在这一时期，首要目标是推广药品的知名度，需要有针对性地建立营销渠道。第二，在快速成长时期，由于前期的制造量往往还有剩余，这一时期的成本投入有所降低，且基于前期推广的知名度，药物的销售量能得到大量增加，利润也会提高，但也会吸引到更多的竞争对手，在这一时期，首要目标为增加市场占有量，所制定的营销策略也与前期有所不同。第三，在市场成熟期，竞争对手增加导致竞争加剧，市场趋于饱和，竞争对手已几乎固定，在此时期企业需不断增加自身市场占有量。第四，在产品衰退阶段，其他企业新的药品开始出现，现有产品销量开始减少，利润也开始降低，需开发与该阶段相符的营销手段。

药物依据自身效用的不同可划分为不同的种类，多个不同的药物品种搭配到一起便组成产品组合。一个产品组合内包含的药品种类越多，产品线就越深，不同的产品组合之间存在着不同的关联程度，即产品之间的用途、营销手段等的相关程度。对于不同产品线以及不同关联程度的药物组合，采用的营销渠道也各不相同，对于产品线较深的组合需采用短、宽的营销渠道；反之则采用窄营销渠道。

四、营销人员的综合素质

医药生产企业营销人员的综合素质是企业营销能力的核心因素与重要体现。医药生产企业能否塑造能够适应数字经济时代的营销能力，关键要看是否能够打造一支高素质的营销队伍。营销人员的综合素质主要可以分为以下三个方面：

一是硬素质，在当今时代背景下最值得关注的自身本领便是数据化能力与思维。不同企业对于数字型人才的定义各不相同，认可范围最广的定义为：能熟练运用大数据以及计算机等技术，拥有灵活的数据化思维，对于海量数据能够合理地进行数字化管理。技术与思维是硬素质的重要支撑，在医学领域，数字化人才首先得要对医学相关知识以及营销常见手段有一定了解，进而作出符合行业背景的数据化分析，如果工作人员的自身素质不达标，则会对外来技术过于依赖，这必将导致业务人员进行分析时出现错误。相反，当业务人员自身硬素质达标时，便能够摆脱对于外力的依赖，灵活运用自身相关专业知识进行分析，而人工智能会对其业务能力锦上添花。现如今，知识的更新速度越来越快，这导致了业务人员需要始终保持自身知识的时效性，对业务人员的学习能力也提出了较高要求。

二是软素质，重点体现在客户导向与营销创新能力。第一，客户导向能力。营销的本质是客户导向，以何种途径为消费者提供服务是营销持续不变的主旨，于是传统营销手段注重以客户为导向的特性在数字经济蓬勃发展的新时代背景下仍然成立。人工智能发展至今仍存在一些不足，在换位思考与共情能力上与真正的人类还存在较大差异，科学家们也还无法弥补这一缺点。例如营销客服岗位，在未来工作人员的职责也发生了变化，不仅需要服务消费者，还要负责训练机器人客服，这对于业务人员提出了更高的能力要求。第二，营销创新能力。营销的核心是内容，通过不同的媒介传播不同的营销内容，基于媒介环境的不同，营销内容的门槛也有所差异。AI能够直接打造创意素材及助力创作者创新，单是“字节跳动”公司的巨量引擎平台，便能保持每天七十万条广告视频的AI创新与传播。虽然因人而异的模式化创新在工作效率上高于绝大多数真人团队，但AI无法彻底理解创新内容，它们设计出的内容往往平淡无奇。营销人员需要思考的是，如何在这类体系中，确保创作内容质量合格，不断优化公司形象，为公司品牌注入灵魂。

三是巧素质。重点体现在信息素养和信息安全意识、系统思维能力以及决策力、人机交互知识构建能力。第一，信息素养和信息安全意识。数字经济蓬勃发展的新时代背景下，个人隐私保护以及广告新闻的真实性是人工智能营销必须直面的难题。这对于营销人员提出了更高的要求，需要其具备良好的信息素养、安全意识以及强化隐私数据保护能力，能够准确识别真实性以及维护用户个人隐私的风险管控能力。第二，系统思维和决策力。市场营销过程中囊括了许多难以分门别类的信息，数据的积累与结构化是营销过程中面临的一项重要挑战，外界环境千变万化，交易对象也难以揣摩，人工智能不能列举所有可能发生的情况，并且无法准确地区别信息的重要度并将其相挂钩，这导致智能预测的准确度和效率大幅缩减。于是，这导致了企业对营销人员的思考与决策判断能力十分看重，在实践中不断锤炼其处理难题和掌控全局营销环境变量的能力。第三，基于数字化的知识构建能力。这项能力是为了数字营销技术开发的基层素养。要想确保以后的营销人员可以理解、信任且有效管理技术平台，促进数字技术向人性化方向进步，营销人员需采取能够凸显自身个性化的协同方式传播行业经验，对现有思维提出挑战，创新营销见解。

第七章　数字经济时代医药生产企业营销能力提升的机遇与挑战

在医药全产业链中，医药营销是链接医药生产和医药服务的重要桥梁，没有医药营销，药企生产的药卖不出去，也就没有后续一系列的医药服务。医药营销作为药企盈利的主战场，是各大药企、分销商的必争之地。但在新冠疫情的负面冲击及医保改革的重压下，整个医药行业面临政府补贴减少、药企营收减少的局面。不少药企开始尝试加大营销来提高业绩，然而营销成本的投入也是一笔不小的资金。如何控制成本成为医药数字化契机的关键。在政府和市场压力下，不少医药公司正在顺数字化趋势而为，积极寻求数字化采购、数字化营销、数字化管理等一系列数字化工具来加速自身数字化进程，通过降低各项经营成本来提高市场竞争力。如何把握数字经济时代的新机遇，克服新挑战，建立阳光、合规、高效的数字化营销体系，让医药营销更加精准，提升营销能力，成为医药企业必须面对的基本问题。

第一节　数字经济时代医药生产企业营销能力提升迎来新的机遇

伴随技术创新的发展，产业变革浪潮正值高峰，数据价值不断提高。疫情来临后，数字经济得以快速发展，产业数字化的重要地位日益凸显，新模式新业态全方位革新。在数字经济时代医药企业发展特别是营销能力的提升面临新的机遇与挑战。数字经济时代是一个大有所为的时代，它所带来的是一种全新全方位的变革，不局限于某一行业和领域，其为医药企业摆脱传统营销模式桎梏，突破医药企业营销能力瓶颈，加快产品市场价值的转化，带来了新的机遇。

一、数字化驱动下的企业管理创新

数字经济规模与渗透率不断增长，给企业的生产、销售、管理带来了广泛而深刻的影响，也对医药生产企业的经营方式、领导决策、商业模式、组织形态和资源配置方式产生颠覆性影响，医药企业在企业管理上进行创新，这是现代企业发展和医药生产企业在数字经济时代转型升级的必然方向。这种影响主要体现在以下四个方面：

一是推动医药生产企业管理从要素驱动转向创新驱动。资源、资本、劳动力作为企业发展传统要素，其持续投入是促进医药企业持续发展的动力来源，资源主要是政府的扶持，资本主要是国外仪器、技术的引进，劳动力主要是医药销售人员大范围、地毯式地营销，是一种典型的要素驱动型发展方式，成本高、效率低，特别是与国外药企相比不具备竞争优势。就目前发展状况而言，传统三要素的发展均受到限制，现有状态无法助力医药企业的持久健康增长，企业急需转变驱动模式，实现从要素驱动转变为创新驱动，不断推动创新能力作为衡量企业实力的指标，让创新成为推动企业进步、凸显竞争优势、获取市场肯定的第一动力。

在现今这个数字经济蓬勃发展的时代，技术的作用日益凸显。数字经济对社会以及经济发展的影响日益全面化、立体化，对企业与消费者之间的交易方式、技术模式以及行为习惯都造成了巨大影响，企业与市场、与客户的联系更加紧密，信息交流速度和技术迭代速度加快，推动企业发展并获得市场地位和竞争优势的第一动力和决定性力量是从要素驱动、效率驱动转向创新驱动，不仅是国家层面将数字经济提升到战略高度，制定政策支持数字经济的发展，社会各部门、各主体均将数字经济纳入发展战略，数字成为企业链接社会、进行创新的核心要素。

二是促进企业管理模式的改变，实现管理中心由产品到客户的转变。数字经济实际为通过信息与技术基础达到社会经济行为数字化的目标，在这个社会经济系统内，所有活动均可实现数字化转变。医药企业可以通过大数据对市场和消费者数据进行深入分析，了解市场发展动态和消费者需求特性，对市场产品全面对比分析，对客户精准画像，客户可以线上对医药产品进行咨询、售后反馈，打破信息的不对称性，省去漫长的信息交流环节，极大提高了信息交流的时效性和准确性，企业可以根据对市场行情、客户需求与反馈研发满足市场需求的产品、确定符合企业发展战略的目标市场、研判产品市场规模和市场价位、制定有效的营销策略，从而实现企业利益最大化。同时，数字化将消费者与企业的生产和经营连接起来，改变了过去医药企业以医疗机构和分销商为中心的营销模式，“互联网＋”又将医药企业及其产品搬到了消费者触手可及的网上，彻底改变传统医药产品的交易环境、选择范围，形成了以消费者为中心的动态化营销模式，没有了“中间商赚差价”，让医药企业的经济效益边界与消费者的消费效益边界直接相交，医药企业便可以利用数字化优势，选择与其产品特性和核心技术相适应的营销模式，同时使整个营销体系扁平化，提高营销效率、降低营销成本，特别对于新产品打破行业壁垒是巨大利好。

三是推动医药生产企业管理从利润导向转向价值导向。利润导向与价值导向之争一直是医药企业的焦点话题，一个现代化的医药企业存在的意义与目标是为了追求利润还是实现社会价值，这是不断考验企业管理的重要问题。在数字经济时代，所有的资源要素、市场信息、技术数据都可以数字化、网络化，并运用大数据、云计算技术进行分析管理，数字技术、信息技术可以帮助企业实现精细化管理、扁平化管理、系统化管理，企业产品的价值传导链条大大缩短，医药企业与客户、与政府、与上下游相关企业、与社会其他部门深入融合，这就让医药企业管理的水平直接快速反映到客户的消费体验与友商的合作体验上，让医药企业的长期发展前景与客户认可、社会价值深度绑定，一味追求短期利润的企业将面临巨大的被市场、社会否定或拒绝的风险。数字化是一面镜子，只有真正让客户清晰看到企业的价值导向，才会赢得发展机遇。

四是推动医药生产企业管理外延式扩张转向内涵式发展。数字经济同样改变了企业的成长模式，传统医药企业通过产品多元化、生产规模化、兼并收购等方式扩大企业的规模，并购一度成为企业扩大市场份额的主要手段。但数字经济时代为企业内涵式发展提供了平台支撑，内涵式发展的核心是“精益化”，通过精益化管理和运营，培育企业增长的新动能。企业利用新兴数字技术，整合各要素、各环节的数据资源，通过业务流程、生产方式的智能化实现提质增效、新价值创造，加速新旧动能转换，实现企业精益化管理。只有在数字化驱动下，更迅速更精准把握市场变化、满足客户需求、占领前沿科技、实行高效管理、不断学习创新的内涵式发展，医药企业才能抢占发展先机。

二、数字化支撑下的发展效能提升

数字经济的蓬勃发展使得社会生产交流方式发生了转变，推动了各行业数字化的普及，使得企业在生产经营、价值分配方面都发生了全方位、立体化的转变，促进了直播平台、共享经济等新业务模式的快速发展，有利于市场资源的合理配置与优化，降低了企业的经营成本，助力企业转型升级。近年来，随着 AI 技术的快速发展和互联网技术的不断提高，我国数字医疗产业迅速崛起。世界范围内疾病和传统医疗费用的增加，也为数字医疗的长远发展提供了潜在动力，尤其在此次疫情期间，远程会议、5G、人工智能等相关数字医疗手段帮助人们充分利用现有医疗资源，疫情信息实时播报、互联网诊疗平台、远程购药等方式都在此次防疫大考中发挥了重要作用。全面电子化、智能化的数字医疗正在逐步被人们所接受和认可，也将成为后疫情时代医药健康产业发展的新方向。

一是促进产业链边界的延伸以及市场规模增加。产业链用来链接企业与市场，企业的生存发展无法脱离产业链，在以往，企业搭设产业链时多采用分工模式。而在现今数字经济时代背景下，5G、大数据、云计算等技术手段的出现，促进了知识、信息、资源之间交流效率的提高，打破了传统生产要素流动的时空局限，实现了产业链数字化转型。产业链的规模得到全方位的提升，促进了产业链由串行、横向分工、简单线性等特性向纵向分工、复杂网络、并行的转变，降低了企业搭设产业链的成本，使得企业实现自身的转型升级，为企业提供了更为宽广的市场。伴随着 5G 通信网络、AI 技术、大数据、云计算等智能科技和新一代信息科技在数字医疗产业中的融合应用，数字医疗产业将形成“感知—连接—汇聚—融合—分析—决策”等功能联动的系统支撑体系，推动智能化、网络化、远程化、移动化的互联网医疗应用场景逐步升级成熟，加快规模化应用进程。

二是交易成本缩减，企业生产要素增加。在数字经济蓬勃发展的新时代，新兴技术广泛运用，数据交互性与流通性得到提高，数据信息的价值得以凸显，使得数据成为企业生产经营的核心要素。数据由于自身边际成本为零的性质，使得企业得以缩减组织成本，而组织成本作为软性成本，很大程度上受到数据化程度的影响。以往的企业产业链中，组织成本与产业链的成员数量以及组织形式的难度成正比，且在突破临界点后会导致爆发式增长。数字经济蓬勃发展的新形态下，5G、大数据等技术的广泛运用使得企业的信息成本得到进一步降低，促进了企业之间的沟通交流，使得交易过程中的信息不对称现象得以控制，有利于组织成本的缩减。新形态下，产权制度的创新也对企业的执行成本造成影响，数据化普及后，企业对于基础设施的关注点由原来的所有权转变为使用权，促进了共享经济的蓬勃发展，也刺激了部分企业转变经营模式，大幅缩减了企业生产经营中的固定成本，提高了资金使用率以及社会资源的合理配置。另一方面，数字化技术的灵活运用对于物流的影响也不能忽视，信息不对称的控制促进了企业间的物流效率的提高，有助于企业缩减运输成本。总而言之，数字技术的深入运营，有助于企业降低执行的边际成本，且能有效控制企业的总体成本。

数字医疗作为一项新兴的医疗手段，需充分运用计算机技术、数据化技术等高新技术手段，其具有基本特征如下：

医疗设备数字化。医药企业的数字化进程，必然是从医疗设备开始，推动医疗设备数字化，即企业数据信息运用的全过程皆以计算机技术为支撑，随后便是医疗资源的数据化，有助于促进不同医院之间的资源共享，实现各类资料的数据化传输，并且有助于远程医疗的发展，促进全球医疗资源的优化配置。

医院管理信息化。企业数据化程度的加深，有助于管理者对于企业各类信息的充分掌握，帮助管理者作出符合企业运营状态的决策，确保企业的运营状态持续维持在较好的水平。且医院的信息化为患者也提供了便捷，有助于其随时查询自身想要了解的情况。

医疗服务便捷化。数据化的推广对于居民的影响日益显著，现如今人们已习惯于享受数据化带来的便捷，例如网上排队、线上查询诊断结果等，大幅方便了人们的日常生活。

总的来说，数据化的普及使得病人就诊所需时间得以大幅缩减，这对于患者与医生都是好消息，病人病史资料的线上化，有助于医生准确了解到病人的身体情况，也有利于医生间的线上交流沟通。且数据化的普及还有助于医生的远程会诊，合理优化了医院间的资源配置情况，有助于医院提高自身竞争力与可信度。

三、数字化转型下的市场需求变化

微笑曲线理论向我们展示了产业链中价值分布的情况：受产品标准化、同质化影响，同一类产品的制造企业过多，这导致了产品的供大于求，造成附加值减小，于是两端的研发与营销集中，中间的制造价值分布最低。我国由于人口基数大，制造水平处于世界领先水平，但许多制造企业持续处于价值分布的低端部分，这一现象迫切需要转变。数字经济的兴起有助于打破现有困局，具有数字驱动这一特征的新型模式，为传统分配模式带来了新鲜血液。一方面，5G、大数据等技术的推广使用，使企业生产经营更为智能柔和，且数字化技术以及数字化设备的广泛运用，有助于企业生产经营成本的显著缩减以及产品生产效率与质量的上升，进一步推动制造环节的升值。数字化的普及有助于产业链价值的再次分配，降低各环节的分配差距，使得微笑曲线分布更为平缓。各行业需把握此次机会，充分推动数字化建设，完成自身的数字化转型，提高自身地位与发展能力。

另一方面，数字化的普及推广，使得用户的自身需求得以通过大数据从供应链的下游最终输送到企业数据库，达到需求牵引供给的效果。有助于企业转变以往的大众化开发方式，创新性地将用户需求差异纳入产品创新设计考量中，使企业实现向服务型制造商的转型，降低市场上的同质化竞争，助力企业自身在产业链中占比的提高。数字化推广下，不断有新的互联网平台经济崭露头角，有利于打破区域局限性，打造一个符合数字化背景的新市场空间，减少原有的发展限制。长尾理论提出，在产品营销渠道多样化，个性化、多品种、小批量需求产品与社会主流需求产品在市场份额上不分上下，意味着不仅只有主流产品能实现规模经济，个性化产品采用适当的营销手段也能达到一样的效果。

在医院中，数字化的普及程度还在不断加深，各医疗领域均已有数字化的背景。弗若斯特沙利文在文章中表明，中国的数字健康市场规模早在2019年便已达到了2 181亿元，并对未来中国的数字健康市场规模做出预测：中国的数字健康市场规模将以30.9%的年复合增速持续增长，并在2030年达到4.2万亿元。疫情的爆发使得数字化得以进一步推广，居民受隔离限制，不得不采用数字化的途径获取医疗服务。数字化的普及在社会各行业间均得以体现，例如保险、支付领域。

医疗行业的数字化发展速度日益提升。疫情的爆发使得已发展20余年的医疗信息行业更加明白数字化的重要程度，且5G、大数据等高新技术手段的运用为医疗行业数字化带来全幅提升。现如今医药行业的数字化发展程度使得用户在家便可完成就诊前所需步骤，相较于疫情前，大幅减少了人群的密切接触且方便了广大居民。商业健康保险领域的数字化程度还有待提高，现阶段我国人口老龄化程度不断提高，国家医保支出压力大幅提升，商业保险的发展有助于解决这一困局，现如今广大创业者已投身于这一领域的技术创新，为我国数字健康领域注入活力，在疫情持续期间，人们意识到了医疗健康的重要性，也使得数字健康领域吸引了足够资本。PE/VC机构是促进创新的核心支柱。根据CBInsights的数据，全球医疗健康投融资交易规模于2020年达到峰值806亿美元。在数字健康领域，全年融资总额同比前一年提高了45%，达到历史最高值265亿美元。

在各种信息技术、政策和风险资本的支持下，目前数字化发展已经深入到医疗健康行业的各个领域，人们越来越相信数字医疗将改变行业的未来。各相关方应当抓住这一发展机遇，布局相关领域，共同推动数字医疗的进程。对于拥有核心技术的初创公司，应当深化与医院、大型医疗器械与制药公司的合作，大公司拥有广泛的行业影响力，能够领导大规模的技术创新和应用，从而推动整个生态系统的转型。目前政府已经出台了诸多“互联网+医疗健康”的支持政策，监管部门也应当在新的数字医疗服务机制下完善监管体系；同时，在产品设计和监管政策实施中应当始终坚持以患者为中心，为患者提供更高质量的诊疗和更好的就医体验。

第二节　数字经济时代医药生产企业营销能力提升面临新的挑战

数字经济蓬勃发展的新形态，促进了医药企业营销能力的提升并为企业带来机遇，也带来挑战。这些挑战是医药企业数字经济发展必然出现的问题，是医药企业适应数字经济时代必须克服的困难，也是实现企业转型升级必须经历的阵痛，也会随着医药企业营销能力的提升而消失。

一、技术创新和产品更新速度和质量要求更高

习近平总书记关于健康中国建设的重要论述中提出："没有全民健康，就没有全面小康"。要树立大卫生、大健康的观念，构建起便捷、优质的医疗卫生服务体系，全面提升疾病预防和医疗救治能力。当前，数字医疗和智慧医疗服务能力的建设，力争通过引入新兴数字技术与卫生健康事业发展相结合，为百姓提供更便捷、优质的卫生健康服务，"让百姓少跑腿、数据多跑路"，给群众带来实实在在的获得感。

数字化和数字技术的普及，让知识、资源的流动速度、规模和精准度更快更大更准，对技术创新和产品更新速度和质量要求更高，它修改了古典医药企业的线性创新模式，促使企业更新速度不断加快。更新速度的加快必将引起技术进步以及行业变化，进一步缩短了药物度过生命周期所需时间，企业的核心产品所带来的利润会很快降低，因此企业要想确保自身时刻处于领先地位，就要持续加强研发投入，创新符合用户需求新型药品。当今世界，知识分为显性与隐性，创新在实质上就是知识的创造。对于我国现有的大量中小型医药企业来说，显性知识的利用更为轻松。然而隐性知识才是对创新有着主要影响，而由于现有技术限制以及人才素养不够，隐性知识的获得难度更大，这导致了在数字经济蓬勃发展的新时代背景下企业会失去许多机遇，其面临的被挤出市场的风险较大。

在过去，厂家生产什么，消费者就只能买什么，整个生产流程是由供给端发起并主导的，且生产是依附于计划的，"销售预测"是整个组织生产的核心，所有工作的都围绕这一假设展开。供给端和需求端之间存在层层经销商的距离，医药产品制造商难以直接触及消费者，消费者也很难将自己的真实需求传递给制造商，两者之间存在割裂。数字经济时代，基于互联网、大数据、人工智能的C2M（消费者直连制造商）新型生产模式对传统生产模式造成了巨大的冲击和挑战。用户跨过中间渠道，向制造商提出自己对医药产品的个性化需求，医药生产企业根据需求制定具体的生产计划，进行反向生产制造，打破了传统的"生产—库存销售"模式，转向以销定产。客户还能直接参与到产品的设计、生产、服务等各个环节中，甚至可以通过终端实时监控产品生产情况。传统制造型企业交涉的对象大多数是品牌商、批发商、经销商等B端客户，以大批量订单为主，生产的节奏是"按部就班的"，而C2M模式下，制造商直接面对C端用户，要求对用户需求做出及时的响应，使得生产的节奏更加灵活、敏捷，传统生产要素的生产率得到提高，推动企业生产线、供应链、内部管理制度乃至整个商业模式都发生了变革，对生产端带来深层次的改

造。生产价值链从传统以产定销下的“产—供—销—人—财—物”转变为以销定产下的“人—财—产—物—销”。

我国数字经济、医疗领域专利储备进一步加强。截至2021年底，信息技术管理方法、计算机技术和医疗技术成为我国国内发明专利有效量增长最快的3个领域。

2021年，我国知识产权工作量质齐升，各项指标圆满完成。从所得的各项数据中可知，我国企业的创新能力明显有提高。到2021年底，国内拥有发明专利的企业多达29.8万家，且专利数更是高达190.8万件，与上一年相比有明显的进步，且增速水平于全球领先。其中，新兴技术企业的专利数有121.3万件，是我国科研创新的主力军，表明我国科研创新能力持续提高。

专利商标质押融资途径持续增多，普惠性得以展现。2021年，全国专利商标质押融资规模为3 098亿元，融资项目有1.7万项，为我国1.5万家企业带来利好。所有贷款中1 000万元以下的普惠性贷款帮助了1.1万家民族企业，为所有企业数的71.8%，充分显示知识产权质押融资为中小微企业带来帮助的特征。

数字经济、医疗领域专利储备得到提高。截至2021年底，我国国内发明专利依据权威划分的有效量增幅最大的3个领域为：信息技术管理方法、计算机技术以及医疗技术，较上一年增幅达到了100.3%、32.7%和28.7%，表明我国科研创新水平不断提高，医药企业的产业转型升级得以推广。

外国企业增强了对我国知识产权保护力度的信任。2021年，国外申请人在我国授权的发明专利数、商标注册数多达11万以及19.4万件，较上一年提高了23.0%以及5.2%。各国在华申请专利数中美国的增幅是最大的，其发明专利授权数、商标注册数较上一年提高32.1%和17.3%。国外在华知识产权数量不断提高，体现了外国企业对中国知识产权保护力度的信任感日益提升。

在这种环境下，医疗行业必须在技术创新和服务质量上与数字经济深度融合，形成数字化优势，否则就无法参与到新一轮的市场竞争中去。

二、信息管理和数据安全的难度和风险增加

随着信息化的不断推进，医疗企业信息系统日益转变为现代企业发展的关键平台。企业信息化建设采用计算机技术的部署来不断增加企业的生产运营效率，促进企业在生产运营过程中的各阶段规范化，进一步增加企业管理创新能力和长久发展水平。企业信息化的核心要素数据，在一定程度上是企业自身利益的核心资源。现代医疗企业的业务和管理几乎全部为计算机管理模式，要保证企业业务持续稳定的运作，就要保护基于计算机的各种信息数据，因此业务连续性和数据可用性是关系到企业生存的重大因素。员工操作不当、外来因素侵扰以及管理不当等事件导致了我国60%的数据灾难，这还未考虑不可控因素对企业数据可能带来的影响，越大范围的信息共享，对医院的数据对接、患者信息安全的管理就提出更高的要求。具体表现为以下几个方面：

一是数据量大风险多。通过对企业业务系统进行分析，一般来说可分为办公系统与生产系统，产生各种Web/OA文件服务器数据、应用数据库服务器数据、邮件服务器数据

和员工个人信息数据等大量数据。存在太多不可控因素会对企业数据造成不可逆干扰，这对于企业而言是一项重要风险，且数字化背景下企业数据是一个企业十分重要的资产，一旦数据丢失，对于企业造成的影响将无法测度。

二是勒索病毒威胁愈加频繁。服务业、制造业、餐饮&零售、教育、金融&贸易、医疗、互联网、政府、能源、建筑业成为2020年十大最易受到勒索病毒攻击行业，受害者数量超1 000个，且99%的受害者皆为公司企业，其中不乏富士康、佳明、海力士、LG等大型企业。黑客攻击是医疗保健数据泄露背后最普遍的攻击形式，其次是未经授权的内部披露，更有黑客直接勒索。2018年，国内一家省级儿童医院的多台服务器感染“勒索病毒”，以致系统瘫痪，患者无法顺利就医，彼时正值儿童流感高发季，医院大厅人满为患，黑客借此勒索，要求院方必须在6 h内，为每台中招机器支付一个比特币赎金，时价约合人民币66 000余元。这并不是孤例，腾讯智慧安全发布的《医疗行业勒索病毒专题报告》数据显示，在全国三甲医院中，有247家医院检出了勒索病毒。一项来自Verizon的报告提到，仅2018年，一共报告的数据泄露数量为2 216起，来自65个国家，其中，医疗数据泄露出现了536次，为所有行业中招最多的。除了泄漏量大，医疗数据泄露也面临着高成本。根据IBM的一份报告，2019年数据泄露的平均成本为392万美元，而医疗数据的泄露成本通常为645万美元。美国HIPAA杂志的一项统计提到，一次数据泄露将导致819万美元的损失。美国医疗数据泄露的平均成本为1 500万美元。从2014年到2019年，数据泄露的平均成本增加了12%，而同期数据泄露的平均成本增加了3.4%。保卫医疗数据安全已被视为一场持久战。

三是法规要求更严。随着国家对数据安全性的重视，实施了《中华人民共和国网络安全法》《信息安全技术信息系统安全等级保护基本要求》等相关法规，对企事业单位基础网络设施、信息系统以及数据资源对象提出要求，明确对重要数据进行基本的数据备份与恢复保护，重要单位甚至需要定期进行容灾备份、灾难恢复演练等。从2020年《民法典》到《个人信息保护法》，再到最近《数据安全法》，数据安全“防火墙”正在一步步加强。

市场在发展过程中千变万化，风险与机遇永远是共生的。医药企业要想减少自身可能面临的风险并抓住转瞬即逝的发展机遇，那就必须充分了解环境的变化以及社会的发展。数字经济蓬勃发展的新时代背景下，企业间沟通效率提高，减少了企业间的信息不对称，这要求企业在反应能力、辨别能力和信息可获得能力上都有所提升。第一，社会信息传播速度加快，一旦企业出现不利的消息，那将会在短时间内对企业的形象造成巨大的负面影响，这使得企业需要持续维护自身形象。区别于传统方式的一对多信息传播体系，新兴的数字化技术使信息传播模式发生转变，拥有多点、多角度、多维度联结的特点，这导致负面信息对企业的负面影响大幅增加，企业需要更强的应对能力来克服。第二，信息的真假糅合，导致企业经济环境分析和判断难度增大，这不利于企业的运营决策，甚至会导致企业作出不符合实际信息的决策行为，这对企业的管理层提出了更高的需求。第三，信息获取具有延迟，容易使企业错过最佳发展时机。企业在对未来进行决策时，是以大量的信息为基础的，信息的准确性、及时性均对企业的运营决策有重要影响。

医疗数据尤其私密，医疗信息是数据贩卖的“重灾区”。2020年，医疗影像AI公司汇医慧影被黑客入侵，有消息提到，该公司的新冠病毒检测技术数据，正在被黑客以四个比特币（时价约合人民币 21.8 万元）的价格在线出售。之后，汇医慧影对此做出回应，称四月中旬，公司在境外公有云远程部署培训公益平台过程中，遭到了黑客的攻击。但黑客盗取的仅是培训资料，没有 AI 源代码，更没有客户数据。因此，在相当长的时间里，很多医院对于数字化和互联网化是保守的，将数据牢牢攥在手中，不做就不会出错，用这种方式来避免风险。但是把这些海量数据整合联通起来，是开发医疗健康大数据的重要一环，这些医疗数据，会因为共享而创造出价值。如果为了数据安全，而不去拥抱新技术，是因噎废食，那么如何保护医疗数据，又如何共享？

医药企业在享受企业、产品、市场、客户信息数字化、网络化的红利的同时，必须要防范因此带来的数据安全风险，这就包括企业信息和客户信息在收集、存储、传播和使用过程中的泄露、遗失、错用、侵权、违规等问题。数据安全是大问题，数据安全风险也是随着企业规模增大而增大的，在企业数字营销过程中伴随着大量的数据交互，一次很小的过失可能给企业和客户利益带来巨大损失，特别是医药企业的行业特殊性，很多数据不仅涉及商业机密，也涉及客户隐私，数据风险不仅涉及企业发展和产品竞争力，更关系到人民的健康与安全，尤其需要警惕。

三、营销观念和体系深度调整

面对疫情、局部战争、自然灾害等诸多不确定因素，医药企业数字化转型必然伴随着营销观念、营销体系、组织架构、人才需求的变革。改变以往根深蒂固的营销观念是最难的，是一个从舒适区跨越到成长区的过程，企业从上到下都要重新了解学习数字化的理念和知识，摈弃曾经熟悉的营销方式，在机构编制、人员数量上都要进行压缩，这牵涉到很多人的利益，在转型过程中甚至可能经历暂时的业绩下滑，也会形成巨大的转型阻力，不能快速进行营销观念和营销模式修改的公司迟早会遭到数字经济时代的丢弃。数字经济蓬勃发展的时代背景中，企业在供应链中充当的角色发生转变，其承担的任务也更为繁重，从以前只是产品生产者和提供者转变为服务提供者、平台搭建者以及信息守护者。这对企业管理者提出了更高要求，除了业务能力外还需具备运营能力以及对社会热点的把控能力，另一方面也要求企业勇于承担属于自身的责任和义务。

现如今，企业正在更改自身传统的相对独立封闭的模式，与产业链上的其他企业构建一个基于互联网平台的全新网络生态，促进企业信息流通的透明性、资源配置的合理优化、企业合作的便捷高效。

第八章　数字经济时代医药生产企业的营销能力提升策略

医药企业要深入理解其营销能力的核心内涵和主要特征，准确把握数字经济时代带来的机遇与挑战，站在时代风口、紧跟时代步伐，拓展企业营销边界和深度，实现数字化转型升级，全面提升企业营销能力。

第一节　强化管理创新

管理创新是营销能力提升的基础，管理思路、理念、模式、方法的创新对营销能力提升至关重要。

一、制定面向数字化时代的企业发展战略

数字经济时代市场和行业环境瞬息万变，药品销售又有着一定的周期性，所以把握变化中的不变尤为重要，且需要把握市场，最大化所得利益。能否在市场中占据更大比重，生产出足够销售的药品，对医药公司有着至关重要的影响。医药公司应当遵循抢占市场比例的规律，以长远的眼光进行医药产品的研制和生产，把握市场脉络，满足顾客需求，敲定合理价格，打通商业渠道，制定促销战略，力求实现以人为本、发展为基，效率质量两手抓，实现公司产业的长久发展，建立起品牌形象，打造人民信任、社会满意的企业形象。当今世界市场环境瞬息万变，新一代科技层出不穷，时代方向不断变化，形势政策周期性调整等不可控因素要求当今公司企业应当时常进行自我更新和战略创新，以变应变，力争上游，将自身优势转化成外在力量，在市场竞争中寻求先机，开拓出属于自己的路线。

数字化转型分为数字化、信息化、智慧化三阶段。多数企业由于缺乏顶层设计和统一投入、统一指挥，公司内各部门在转型方向、阶段、程度均不尽相同。总体看，目前我国大多数企业内业务和职能部门基本处于工业水平发展极不平衡的多进程并行发展阶段，即数字化的初步阶段。要实施数字化发展战略需要从企业一把手和总部层面统一规划，进行科学合理的顶层设计，明确主体责任和投资标的，由企业总部统一牵头按照一张蓝图分步

实施，久久为功，逐步实现企业数字化转型的全部阶段任务。为全面实现企业的数字化阶段目标，要对企业的业务、市场竞争战略、企业运营管理进行全面梳理，结合数字化工具及数字化发展趋势，完成企业数字化转型顶层设计，实施数字基础设施建设投资，先易后难找寻可以带动企业全面数字化成效的试点，以点带面试点和推广全流程数字化应用；调整完善面向市场和产业生态的数字化管理机制和形成数字经济雏形，为最终实现高效配置资源，获得更多的商业价值和社会价值奠定更坚实的阶段基础。

从产品的设计、生产到上市，最后进入消费者的手中，需要经历一系列的步骤，而在上市之后，企业必须根据市场动态变化，及时调整战略决策，从而使产品销售量保持稳定，成为一款成熟的企业产品，而如何调整战略决策包括以下四个方面：

首先是要保持战略决策的连贯性。战略指南和目标是阶段性的，但整体布局是连贯的，例如，在国家的五年计划中，每一次计划的中心和要求都并不相同，但上一次的终点往往就是下一次计划的起点，这就要求我们把握发展的连贯性、整体性，做每一个阶段该做的事情，抓住事物发展的主要矛盾。

其次是树立品牌形象。打造企业的金字招牌，将企业的产品优势深入人心，从而依托产品优势，以及当今社会的网络传播，赚取网络流量，由此扩大企业知名度，使得战略决策的部署更具有张力，能延伸到脉络细节。

然后是战略决策应当深入骨髓。将战略决策的重要性烙印在每个决策者和执行者的内心中，实现战略战术的实时同步配合，让战略决策的实行符合预期甚至超越预期。

最后是战略决策的延续性。医药产品市场受国家政策和市场动态变化的影响比起其他产品更大，这就对战略制定者的前瞻思维和未来视野提出了更高要求，如何使当前战略决策为未来铺平道路，抑或是符合国家未来政策方向，这都决定了药企能否存活下去。

医药企业特别是大型企业数字化转型需要从上到下的整体规划，总部牵头各业务单元和智库机构共同制定面向未来数字化、智慧化顶层设计规划和面向近期的实施战略滚动规划。企业总部制定年度计划和 KPI/OKR，并对 OKR 项目按照重要性、紧迫性进行等级分类，如企业级重点、业务单元级重点项目等。各业务单元按照总部年度计划，进行目标分解，设定适合自己单元的 KPI、OKR，上报项目和投资需求，待总部审批后进行投资建设。全部 OKR 按照项目管理制度进行管理，并融入企业半年度、年度计划实施考核体系进行定期检视考核，与各单位、项目人员绩效挂钩。要保障全员进项目、人人有绩效，所有绩效都可见可量。

抓住关键环节，选准突破口，先干成可复制可推广转型升级项目。例如率先建成一批智能工厂，制定集团智能工厂建设总体规划，完成顶层设计和实施方案，选择主机厂进行智能工厂试点实施。根据企业产业布局和发展方向，逐步完善智能设计、智能供应链、智能服务等智能制造体系，进而取得以点带面的整体联动效果。

数融结合，以融促数。要充分利用好国家、地方政府、金融机构等对制造业实体经济的金融扶持政策，整合龙头企业及其供应链生态合作企业，充实制造业转型升级的资金池，构建专业投资基金管理公司，放大企业及业务单元的金融信用，投入到企业未来 5～15 年新一代信息技术、智能装备等领域项目中。通过企业和各业务单元的股权收益偿还基金投入，形成完善的融投管退机制，长效促进企业全面转型升级。

制造业企业数字化转型不仅仅是信息化软硬件的广泛应用，还包括因使用数字化信息设备和软件而带动的企业经营管理机制的变革和提升、市场营销策略的更新和更加贴近市场的手段模式创新，进而带动企业生存创新能力的全面重塑和升级。数字化转型从数字化、网络化到智慧化的过程是企业应市场而变、从内到外全面脱胎换骨式的转型升级，变是常态。

二、塑造数字化营销理念与氛围

随着数字技术的迅速发展，许多医药企业也面临着数字化转型的问题，而数字化转型的复杂程度远远超出一般人的想象。数字化转型不仅仅局限于大数据、人工智能、物联网等很多单项技术具体的应用，还要企业在思想上、战略战术上以及构建企业数字化文化等多方面努力，建设多位一体的企业数字化转型体系。

意识和认知的转型是我们推进数字化转型最重要的起步阶段，意识和认知的转型是第一步，意识和认知到位了，数字化转型才有了真正的初心。把数字化转型作为企业生存发展之刚需，只要思想不滑坡，办法总比问题多。如果企业没有意识和认知到数字化转型的重要性、必要性、紧迫性，就可能会为了获得政府资金而报项目、上项目，甚至政府不给钱就不做项目。意识和认知的转型，关键还是企业一把手的转型，一把手认知的高度和深度决定了企业发展的速度。

思想决定行动，行动决定结果，医药企业的数字化转型要先从思想上和理解认知上着手。

第一，企业要意识到企业数字化转型不只是信息技术、网络技术等战术层面的应用，更是战略层面的变革，需要企业管理层，特别是企业主要领导亲自推动，是“一把手工程”。只有企业决策者才能定夺企业的转型战略，也只有企业的决策者，才能最有效地促进转型过程中的各种问题的解决，如建设相关的数字化组织，建立数字化文化和数字化管理体系。

第二，企业必须让全体员工深刻地认识到，数字化转型是在新技术背景下，企业应对原有老旧产能过剩、市场竞争激烈等压力的有效措施，数字化转型不仅是要解决企业的发展问题，更与企业的生存休戚相关。数字化转型不是企业领导人一人的事，也不是一个企业信息化部门的事，它是所有企业员工的共同事业，数字化转型谁也不是旁观者。只有统一思想认识，心往一处想，劲往一处使，共同推进数字化转型，企业才能抓住机遇，实现更好的发展。

最后，企业要根据自身实际情况以及所处行业特点，以全新的数字化思维，在参考国内外先进理念的基础上，进行数字化转型总体设计。主要包括商业模式、经营战略、组织管理、人才培养、企业文化等等，然后经过科学论证，按照先易后难的顺序，分步实施，最终达到数字化转型成功的目标。

医药企业加快数字化转型，首先是要从战略层面高度重视，树立数字营销理念，将数字化发展确定为企业文化和内涵，形成企业发展共识，从而形成企业营销能力持续提升的内生动力。具体做法就是：

一是制定企业数字化发展战略。企业在制定发展战略中要明确数字化的价值导向，做好顶层设计，制定清晰的数字化发展思路和目标，确立数字化驱动的发展路径。在公司的制度机制中纳入数字化生产、经营指标和参数，深入研判数字经济发展趋势，对接“数字中国”战略，主动融入国家和行业的数字化互联平台；在产品研发、体系构建时提前布局、长远规划，尽早摆脱对传统营销模式的依赖，加大对数字技术和平台开发运用的投入；在上游供应商的采购平台、中游物流渠道订单数据整合、下游终端客户的场景体验进行战略合作。塑造数字化的企业文化和企业形象，在企业的生产、管理中不断强化数字思维、流程思维、技术思维、共享思维。

二是营造数字知识学习态势。数字经济发展的速度和深度超过人们的预期，对人们的知识体系进行了重构，作为新事物也必将会深入到医药企业发展的各个方面，只有不断加强数字知识的学习才能不被淘汰。医药企业要将数字知识学习作为企业发展和员工成长的必要环节，对员工进行数字经济的理念、核心技术、运营方式等全方位的培训，将数字营销水平作为营销能力考核和晋升的关键指标，制定系统详细的学习培训方案，激发员工的创造力，实现数字知识的持续进化与迭代，提升员工对数字营销模式的理解和适应能力。

三是强化以消费者为中心的服务意识。以往的医药企业营销基于消费者对医药产品需求的刚性，侧重于供给侧的能力和需求，在数字经济时代，市场和产品信息不对称的情况得到彻底改变，消费者的价值感知成为企业营销的重点，消费者对产品的熟悉、认可成为产品的核心竞争力。所以，医药企业必须强化以消费者为中心的服务意识，注重消费者对医药产品的评价，寻找产品特性与消费者需求的契合点，主动了解和满足消费者的需求，提升消费者在营销中的体验感和参与度，围绕消费者的价值感知制定营销策略，并提升产品售后服务和产品优化水平，从而提高消费者对产品的忠诚度。

三、建立数字化营销管理考核制度和系统

（一）构建动态考核机制

提升营销能力的同时，还需对医药企业的营销能力进行绩效考核，对绩效考核体系进行改革创新，从而对营销能力进行动态管理和科学评价考核。有效的绩效考核必须在对数字经济和营销能力的深入理解和准确把握的基础上，有针对性地精准实行，才能真正反映医药企业及其员工的营销能力水平，并形成正向激励。

一方面要将医药企业的营销工作和营销能力管理作为完整的系统进行绩效考核。数字经济时代的营销工作更为复杂，传统单一直线型的营销模式已经不能适应时代要求，营销能力的构成要素更加多元，需要将医药企业的营销工作和营销能力管理作为完整的系统进行绩效考核。

第一是对公司整体和各部门的绩效进行考核。传统营销工作和营销能力考核只是针对营销部门和营销人员，但是在数字经济时代，一个企业的营销能力不仅仅反映在营销部门和人员的工作业绩上，更是整个企业发展活力、市场竞争力的体现；不只由营销部门和人

员的工作热情、能力来决定，更由企业的发展战略和市场决策以及各部门对营销工作的认可与支持情况来决定。所以对医药企业营销能力的绩效考核应该是从上而下的整体考核。一是将公司的既定战略与各项决策同市场环境变化、国家政策导向进行对比，看是否与之相符。二是看公司对营销工作的重视和建设力度，可以通过公司制度、文件、会议、财务、组织架构、人员编制情况与同水平或更高水平同类企业的平均水平进行对比。三是看公司其他部门对于营销工作的支持力度，可以通过与营销部门的衔接情况、对营销部门反映的问题和建议的处理情况、对市场变化的应对情况等方面进行考核。

第二是对营销工作和营销能力的动态管理。传统的营销绩效考核是阶段式的，按照每季度、半年或一年进行一次的绩效考核工作而进行绩效控制，这种阶段性的绩效考核能起到很好的总结作用，但是有时市场环境瞬息万变，营销机遇稍纵即逝，阶段式的绩效考核连续持久的激励作用不足。在大数据背景下，需要对绩效数据实时分析，分析结果实时报告，对营销工作进行实时的动态管理与绩效考核，但是这种动态管理与绩效考核只有在数字经济时代才可能实现，不然会耗费大量的人力、物力、财力，在大数据、人工智能、云计算等数据信息管理平台的支持下，企业可以将所有营销工作输入平台，不仅可以实时监测考核，还可以实时分析，精准施策。

第三是对营销工作和营销能力的全过程考核。传统对营销的绩效考核是对结果的考核，只看业绩不看业务，只重结果不重过程，在这种模式的绩效考核中，奖惩机制的效用受到极大约束，对于优秀的营销工作人员激励会很大，越干越好，对于水平一般、业务不熟的工作人员，只知道自己的绩效不好，但是不知道原因所在，企业的营销绩效和营销能力往往集中靠少数几个营销干将，资源、荣誉、奖励也集中在极少数人手中，企业的营销能力整体提升较难。同时，在数字经济时代营销工作更加系统化，不仅仅是与客户面对面接触的那部分营销人员的工作，还涉及信息获取分析、网络推广、信息安全维护、培训、平台建设、组织策划等大量工作，每一个环节对营销的效果都非常重要，这就需要通过营销工作进行全过程管理、全过程考核，建立工作各个环节的标准和效果预期表，利用数字化平台对营销工作进行全过程记录、分析、考核。

另一方面要构建有效的绩效考核体系。绩效考核体系是保证企业营销目标顺利实现、激励企业营销人员努力奋斗的关键因素。但是医药企业传统的绩效考核在考核指标、考核方法、结果运用等方面都已跟不上时代变化、行业发展和技术更新的步伐，必须进行基于数字技术上的体系优化。

第一是绩效考核指标优化。对营销工作人员的考核主要可以分为三个方面，其一是员工的综合素质，包括对企业发展战略、企业文化、企业营销目标、行业情况、市场环境以及公司产品的理解和道德品质；其二是员工的岗位胜任能力，包括学历、培训情况、组织协调能力、资格证书、市场营销知识水平、沟通表达能力、自信心责任心、应变适应能力等；其三是员工的业务水平，这一部分是传统 KPI 考核的主要内容，包括总销售业绩、工作目标完成率、业绩增长率、违反公司规章制度情况等。以此三方面可以构建一个立体系统全方位的考核体系。

表 8-1　营销人员绩效考核指标体系

一级指标	二级指标	二级指标说明
综合素质	企业发展战略与文化	对公司发展愿景、相关理念、口号、历史的理解
	企业营销目标	对企业、部门、个人营销目标的熟悉度
	行业情况与市场环境	对行业的主要企业、产品以及市场的竞争情况的了解
	公司产品	对企业产品的特性、价格、优势的了解
	道德品质	同情共理、帮助他人、遵守职业操守
岗位胜任能力	学历	反映基本知识水平
	培训情况	参与培训次数和效果，反映学习能力进取心
	组织协调能力	参与组织策划营销活动次数和效果
	资格证书	与行业、营销相关对营销工作有帮助的证书
	市场营销知识水平	对营销理论知识和实践经验的学习情况
	沟通表达能力	清楚表达自己的意思，能处理好与客户、同事的关系
	自信心责任心	对公司忠诚、对产品有信心；有大局观、责任感；主动服务客户
	应变适应能力	灵活处理紧急情况，应对客户的特殊要求
业务水平	总销售业绩	月度、季度、年度的销售量、销售额
	工作目标完成率	既定工作目标的完成率，反映尽心尽力程度
	业绩增长率	与上次考核的对比情况，包括环比、同比
	违反公司规章制度情况	考勤情况、违规违章情况

第二是创新适应数字经济的考核方法。传统的绩效考核方法通常是定期的 KPI 考核，即围绕月度、季度、年度的营销数据进行考核，这种考核方式是静态定量的考核，虽然能将多方面的因素和员工的努力程度、成长潜力关联起来，但无法从考核中进一步分析提升营销能力的着力点和改进方向。因此需要采用多元考核方法进行全方位的考核，主要可以通过以下四种方式：一是信息管理平台实时监测，对营销工作进行痕迹化管理，并将所有数据信息上传数据平台，对营销工作进行全过程监测，发现不符合要求、进度、标准的情况进行及时反馈纠正。二是月度、季度、年度的定期检查，对标工作目标，从指标完成率、目标达成率、业绩排名、进步情况进行考核，并制定相应的奖惩办法，以达到最直接的激励。三是相关能力知识的考试测试，对一些定性指标，比如综合素质的各项指标、营销知识水平进行普查或抽查，将考核结果纳入总体绩效考核中，保证营销人员的整体素质和能力。四是客户和同事评价，对一些主观指标可以通过问卷、电话、网络调查的方式，让客户和同事对营销人员的营销能力进行评价，如果样本达到一定数量，就会得到比较客观的结果。

第三是强化考核结果的精准灵活运用。考核结果出来后，如何兑现员工的“期待”，是我们必须处理好的问题。考核结果只有充分运用才能发挥绩效考核的最大效用，考核结果的运用必须要做到精准、灵活、有效，应用于奖金分配、薪酬层级调整、激活沉淀、员工培训与职业发展、员工淘汰、管理诊断等多个方面，与干部管理、人力资源管理、薪酬管理、战略目标制定等工作衔接。对于考核有效的员工，不仅给予更多工资、福利、荣誉、晋升机会，还要根据考核结果对公司战略、既定目标、相关政策、产品规划等进行灵活调整，将日常工作与考核结果一一对标对表检查，让绩效考核在发挥激励作用的同时，作为对整个企业的体检。

（二）创新数字营销体系

医药企业营销能力提升的关键是需要创新构建一套适应数字经济时代、贯彻落实数字发展战略的营销体系，这一体系应该能充分发挥数字营销的优势，并对外部环境的变化作出快速响应，对不同的消费群体和消费需求形成系统集成化的解决方案。

1. 采用多边协作的动态营销模式

数字经济是一种信息资源共享、互联互通的开放环境，以数字技术为支撑，以互联网平台为载体，连接着企业、供应商、渠道商、客户多方，医药企业营销必须采取跨行业、跨边界、跨平台的多边协作，并根据数字技术的发展和客户消费心理、行为、逻辑的变化动态调整。要强化资源的整理能力，医药企业一方的数据获取、分析能力以及对客户需求的理解是有限的，必须与新兴互联网企业、数据开发企业、智能物流企业进行深层次的合作，从医药产品的研发、生产、采购、分销、使用全价值链视角构建一个良性循环的商业生态圈，实现价值共创、利益共享，要走分销、零售并行的道路，拉近与消费者的距离，缩短营销环节。

2. 搭建无缝高效对接的组织架构

数字经济时代的企业营销职能发生了变化，不仅是产品的销售，更是企业与外部连接的窗口，医药企业内部的营销组织架构也应根据这一变化进行调整。一是要进行扁平化的管理，缩短对市场变化的反应流程，增加一线营销人员的比例，扩大与消费者的直接接触窗口。二是实现跨部门的合作，无障碍地将收集到的市场信息反馈给产品研发、生产、原材料采购等部门，实现企业战略的灵活调整。三是强化数据采集分析、数据技术开发运用、新媒体运用、客户引流等方面的职能，增加企业与客户间的双向了解。

3. 培养数字、医药、营销的复合型人才

医药企业的营销能力最终集中体现在营销团队的整体营销素养上，医药企业的营销能力的竞争归根到底是营销人力资源的竞争，医药企业营销人员能否适应数字经济时代快速成长，决定了企业数字营销战略能否顺利实施。国家对医药营销人员的品德、技能、资质提出明确的要求和规定，不管是对国家、行业还是对医药企业而言，最需要的是要有一批既懂医药知识、又有营销技能、还掌握数字技术的复合型营销人才。医药企业要打破技术研发、产品生产、市场营销的专业界限，进行跨界人才培养，根据人才的综合素质匹配到合适的岗位，营销人员要到不同的部门进行轮岗锻炼，重点加强数字化专业知识的集中

培训。

（三）强化数据信息管理

数据信息的获取和分析是医药企业数字化转型升级的前提条件，数据信息的风险管控与应对是企业健康持续发展的必要保障，二者对于企业营销能力的提升缺一不可。

1. 提升数据挖掘与分析能力

市场和客户的数据信息是以零散、破碎甚至隐蔽的方式存在，需要医药企业通过互联网、新媒体平台以及市场调研进行深度挖掘，从海量的数据中提取有用的信息，并运用大数据技术、数据分析工具、模型构建等方式进行深入分析，获取现象与结果的潜在性因果关系，形成有价值的信息，去市场进行前瞻性预测。对客户的需求特征、消费心理进行画像，继而实现数据驱动的产品靶向开发与设计，在市场进行精准投放、精准营销。与之配套的是要建立客户数据信息库和管理平台，对数据信息进行规范管理、模块化链接，让数据信息持续发挥作用。

2. 提升风险管控与应对能力

医药企业营销能力提升的最后一道屏障和考验就是数据信息的风险管控与应对。医药企业要切实建立数据信息风险管控机制，实行严格的保密制度，规范数据导出、使用流程，对数据进行标签化、网格化、加密化管理；匹配专业的信息安全管理人员，落实分管副总经理信息安全责任制；利用大数据技术定期对数据信息进行清理检查，制定信息安全风险应急处置机制，及时收集、核实、处理关于企业和产品的负面信息，提升紧急事件的应对能力。

第二节　强化技术创新

技术创新是营销创新的必要条件，没有技术的支撑，产品本身就缺乏市场竞争力，落后产品必然导致落后的营销。同时技术创新还为营销能力提升提供了更多的工具和手段。

一、加大基于行业发展的科学预判的技术研发力度

快速发展的网络技术已经使传统药物的开发过程脱胎换骨，此技术使得药品开发不需要使用线下研究员进行具体研究，而是通过对历史数据的分析，在线上进行模拟开发，大大缩短了药物开发的时间和降低了经济成本。除此之外，可以使患者参与到产品的研发过程中，更体现以人为本的医学风范。

通过电子信息模拟和数据分析整合，确定出最佳的药品原料及配比，而后进行生物实验，使得药品达到最佳疗效，最后进行临床实验，观察药物对不同患者的稳定性、安全性。在埃博拉病毒药物的研发过程中，Atomwise 公司利用 IBM 开发的基因模拟技术，借助 AI 算法模拟出产品开发过程，从上万中化合物中迅速匹配到可以抑制埃博拉病原体的

最佳物质，仅用了不到 24 h 的时间及几千美元的成本，比起传统药品的开发极大地减少了产品研发时间和成本。

电子信息技术除了在药品研发领域有重大作用，在实际患者治疗过程中同样拥有十分重要的作用，使得患者无须出门上医院，便可以参与药品的调试。例如，一系列医嘱监控软件可依靠生物特征识别患者是否按时按量进行药物治疗，并将情况实时反映给对此负责的医生及药品开发人员。研究员可通过患者的用药情况判断药物性能及副作用，不再像传统方式一样，与患者进行面对面交流，减少了例如大龄患者表述不清等麻烦，提高了工作效率，更减轻了医院的床位压力。搭载了电子信息技术的硬件设备，例如传感器和信息采集设备，可对患者进行成批量的数据采集，通过大数据分析，对药品的使用效能进行评估，结果更加精准可靠。Roche 公司研发的可佩戴式手表传感器，可对帕金森患者及其他具有手部及手腕异常表现的患者进行手腕关节数据采集，收集其一天手部异常活动的频次和幅度，将用药前和用药后的数据进行对比，评估药品的治疗效果，此类监控评估比起临床观察在某种情况下更为有效，且数据更为准确。最后，在患者选取方面，电子信息技术更能大规模的选取患者，不再拘束在医院附近，可以辐射到整个地区甚至国家，患者更具有多样性，对象选取速度更加快捷方便，所研究的结果也更具有代表性。

加大基于数字经济发展和医药行业技术变革的科学预判的技术研发力度，加大产品开发投入，不断提升产品内核。以企业核心技术为依托，扩大企业资本，加快产业与数字经济结合，不断进行数字化创新，使创新体现在生产的各个环节，不拘泥于每一项技术，要进行全方位、多层次、多样化的创新，促进技术融合。从医药原料供应到最终的医药服务，数字化创新需彻底重塑整个产业的整体结构和价值链条，为医生和患者提供更好的服务。这就要求企业不断研发出市场认可、患者信赖的核心产品，同时围绕着核心产品建立产品生态圈，优化企业结构，不断满足市场日益增长的需求。市场销售的核心是能否创造出企业的核心产品。核心产品能使一个企业在竞相角逐的市场中屹立不倒，在竞争中取得显著优势，对企业的发展至关重要。但单一的核心产品远远不能满足此要求，需要不断推陈出新，开发出源源不断的核心产品，保证企业活力。核心产品的开发本身具有优良的性质，但这种性质不是永恒存在的，也不是一直符合消费者需求和社会需求，不断开发出符合消费者需求和社会需要的核心产品是研发的重中之重。

面对变幻莫测的市场变化，医药企业需要及时调整战略，不断优化产品架构，保持企业的生命力和创造力，在挑战中发现机遇，在困境中寻求希望，根据不同市场的实际情况，收集已有资源，对症下药，具体问题具体分析，采取相应的营销手段，达到令人满意的营销目的。通过对新药研发、生产、质量监管等多流程的数字化赋能，加快研发的进程、改进临床实验管理和消除新产品开发的障碍，提高研发成功率，缩短新药从研发到批量生产的周期。在开发—运用—创新—开发的周期循环中找到内在规律，不断优化其结构，保证企业有着强大的生命力和对市场变化的抗冲击性。

目前数字化生产、供应链数字化管理、电子处方流传及医药数字化营销四项数字化产品需求度最高，已经实现相关技术落地。通过对新药研发、生产、质量监管等多流程的数字化赋能，加快研发的进程、改进临床试验管理和消除新产品开发的障碍，提高研发成功率，缩短新药从研发到批量生产的周期。结合数字化技术，从价值角度识别数字化场景。医药数字化创新不是局限于某个环节、某项技术，而是站在产业链全局视角，全流程、多项技术融合的创新。

二、政府要加大技术研发支持力度

推进医药企业数字化转型和数字技术创新，必须从国家层面发力。一是加快新技术在公共卫生领域应用示范，进一步推进医学人工智能技术应用水平。开展人工智能、5G、区块链新兴信息技术在医疗健康领域的应用研究，医学人工智能应用领域主要包括公共卫生智能服务、临床辅助诊疗、医院智能管理、健康产业发展、医学科研教育等5类，其中公共卫生智能服务类主要包括智能健康管理、疾病智能筛查预测、传染病智能防控、免疫智能管理等4个应用方向。二是全面加强医疗卫生机构信息化。着眼未来5～10年全国医院信息化应用发展要求，针对医院的临床业务、医院管理等工作，覆盖医院信息化建设的主要业务和建设要求，从软硬件建设、安全保障、新兴技术应用等方面规范医院信息化建设的主要内容和要求，对大数据技术、云计算技术、人工智能技术、物联网技术等方面提出明确要求和具体安排。三是推动新兴技术融合应用。面向疫情防控、医疗健康、公共卫生等领域需求提供智能、高效、管用的解决方案，联合有关部门加快促进5G、大数据、区块链、人工智能等新一代信息技术在医疗健康领域的集成应用。开展大数据产业发展试点示范，促进大数据在医疗健康领域的落地应用。

政府部门需要大力支持企业对半成品进行二次开发，将药品研究项目并入国家计划中，积极推动药企对新产品的开发实践，对中小企业进行政策帮扶，对大企业研究的、已经进行临床试验的药品进行项日申报及创新保护，激励大中小企业对新药品的开发热情，保护研究者利益。

政府部门需要对医用器械的开发大力支持，将医用器械的开发写入计划书，划进政策文件。严格审查医用器械项目，过滤出真正符合市场趋势、满足市场的器械用品，使真正想做事、做实事的企业能够享受到政府的大力支持，剔除掉借着政府政策的幌子牟取不正当利益的黑心空壳公司。对拥有医疗器械注册证的公司，优先推荐其为资助公司，实行经济政策扶持。

不断推动知识理论创新和技术更新。推进生物制药和各类药企进行技术升级和企业变革，理论是创新的基础，基础理论的突破对技术的创新有着至关重要的作用，加强基础理论突破与技术创新的融合，不断提升新产品的稳定性和生命力。

政府部门不仅仅要对大型企业进行政策倾斜，同样要对中小企业起到帮扶的作用，实现“专精特新”发展。培育有能力、有想法、有特长的中小企业，对具有特殊技能或者特殊资源的中小企业进行投入，解决中小企业的供应链短缺等常见问题，帮助其解决关键短板，不让其短板限制其发展。将创新型中小企业作为发展重点，选取其中具有突出优势的中小企业作为重头戏，帮助其成为地区级“小巨人”。某些中小企业虽然规模不大，但其拥有其他大型企业不具有的核心技术，在某些方面甚至是全球医药行业的龙头技术，这就需要政府对其进行帮扶照顾。

第三节 强化模式创新

模式创新是营销创新的根本和关键，只有适合新形势、新条件的新模式，从利益分配、价值塑造、市场开拓等方面找到营销能力提升的动力之源，才能激发营销活力。

一、优化营销渠道

制药企业从合作的角度和渠道成员紧密合作，加强沟通，才有可能实现双赢，才能优化制药企业的市场营销渠道。受医疗改革的影响，各级成员紧密合作，相互支持，对寻求医疗产业发展尤为重要。可以具体从以下几个方面着手：

首先，制药企业要加强和渠道提供商的合作。随着国药集团、上药集团、华润集团、九州通等大型国家医药品销售代理店的出现，以及广东制药集团等大型地区制药集团企业生根发展，制药流通行业的产业更加集中，医药品供应链逐渐变化。为了减少相关的渠道成本，经销商有权进行一些产品和渠道的激励，在一定范围内，发布相关的政策，维护好与大型制药企业的合作关系，互利共赢，共享共担，了解更多市场信息，最终达成营销战略。但是在合作过程中，必须进行公正合理的利润分配，才能让合作关系更加稳固；削减不利的通道竞争，也会减少将来的谈判成本、交易成本。向医药品销售代理店提供高品质的品牌产品，医药品销售代理店负责在特定地区帮助制药企业全面覆盖市场和物流，制药企业和医药品销售代理的市场营销团队共同开发维持区域市场。

第二，活用医药品零售终端的资源。制药企业的焦点，一直是大型连锁药店的零售终端资源。与有强大管理能力的大型连锁药店的合作，常常能帮助制药企业实现销量突破，比如海王星辰、国大药店、湖南老百姓、桐君阁连锁、广东大参林、辽宁成大方圆等连锁药店下属的门店家超过万家。这种制药企业与连锁药店紧密的供求合作关系形成后，制药企业直接供应连锁药店，通道会大大缩短，药物可以通过连锁药店直接传递给消费者，提高效率，减少通道会带来一定的利润空间，这对连锁药店和消费者来说是有益的。

第三，建立第三终端销售网络。在新的医疗改革背景下，第三终端市场完全不是自由竞争市场，主要特点是点多面广、宽覆盖、渠道散乱。在这种模式中，自我构建营销团队，开发第三终端的制药企业人员，依靠营销渠道和制药商业公司进行流通，医药企业自己营销团队主要是帮助分发和终端引进；制药企业不介入市场，仅仅依赖商业企业的运营，无法真正占据市场，把握竞争主动权。具体的运用方法是，在已有常驻营销人员的社区门诊等，制药公司企业与员工共同进行开发和维护，也可以在当地招聘优秀的营销人员完成这项工作，选好的配送商完成配送。

第四，完善客户关系管理系统。医药生产企业的营销链条包括各级分销商、医院、连锁药店、基层医疗机构等无数终端客户，终端客户群体较为庞大，可以建立沟通顺畅的信息平台，对客户群进行有效管理，给公司营销决策和营销方向提供参考，完成公司的销售战略。对这个信息平台的高效利用，不仅可以为公司维护稳定的客户群体，还可以营造良好的企业形象。

二、创新基于市场细分和客户画像的新模式

采用多边协作的动态营销模式。数字经济是一种信息资源共享、互联互通的开放环境，以数字技术为支撑，以互联网平台为载体，连接着企业、供应商、渠道商、客户多方，医药企业营销必须采取跨行业、跨边界、跨平台的多边协作，并根据数字技术的发展和客户消费心理、行为、逻辑的变化动态调整。要强化资源的整理能力，医药企业一方的数据获取、分析能力以及对客户需求的理解是有限的，必须与新兴互联网企业、数据开发企业、智能物流企业进行深层次的合作，从医药产品的研发、生产、采购、分销、使用全价值链视角构建一个良性循环的商业生态圈，实现价值共创、利益共享，要走分销、零售并行的道路，拉近与消费者的距离，缩短营销环节。

科技的不断发展会带来更多的线上用户，企业的营销模式不局限于线下实物销售，也将营销战略转变为网络模式营销。现代大数据技术、互联网技术不断结合，不断有新的信息技术产生并投入应用。公司的动态营销基于大数据，可以有效地扩展传统的市场营销模式。近年来，电子商务、网络销售等出现在人们的生活中，用户使用网络留下相关信息数据后，经过跟踪和处理，这些数据可以为企业营销提供更有效的参考价值。

企业生产和销售产品时，通常需要从多个用户中收集数据，或者让特定用户体验，通过收集这些数据，可以优化并加工投入生产的产品。该方法通常通过若干问卷调查或市场分析来获得。这样的传统模式消耗了大量的资金和资源，问卷调查的效率低下，企业为了理解消费者的需求，必须用其他方法收集用户数据和信息。以大数据为背景，电脑用户有迹可循，通过跟踪大数据，他们可以迅速了解消费者的行为，搜索特定的消费模式和兴趣，帮助了解现在人们的生活需求，掌握消费者需求动态。在产品优化生产的过程中，我们可以通过大数据实时监控，可以检测消费者不断变化的行为。这种大数据分析，不要求企业用传统方法收集数据。通过大数据分析思维，可以帮助企业制定不同的营销战略，为不同的人和地区建立不同的商业销售模式。

大数据可以反映消费者在网上的消费倾向，但数据也有一定的可变性。消费者会根据自己的兴趣、体验、价格、主观感觉等来决定是否购买特定的产品。由于一部分人的价值方向性不会轻易改变，大数据分析可以为不同的用户提供不同的服务，通过大数据分析，也可以计算网络用户的兴趣点。因此，对于动态商务营销来说，大数据的背景有助于提高商业营销的动态运营能力。

价格是影响企业营销的最重要因素之一，特别是对于一些消费者来说，是否购买产品，直接由价格的合理性决定。如果公司的消费群体是以低端消费者为目标，那么需要设置高性价比的产品。如果想要吸引高端消费者，公司需要更加注重产品质量，需要根据消费者的需求定制产品，设计独特精致的外观，提升产品的针对性和专业性，树立自己的品牌形象。

还要搭建无缝高效对接的组织架构。数字经济时代的企业营销职能发生了变化，不仅是产品的销售，更是企业与外部连接的窗口，医药企业内部的营销组织架构也应根据这一

变化进行调整。一是要进行扁平化的管理，缩短对市场变化的反应流程，增加一线营销人员的比例，扩大与消费者的直接接触窗口。二是实现跨部门的合作，无障碍地将收集到的市场信息反馈给产品研发、生产、原材料采购等部门，实现企业战略的灵活调整。三是强化数据采集分析、数据技术开发运用、新媒体运用、客户引流等方面的职能，增加企业与客户间的双向了解。

第四节　完善营销保障体系

营销能力提升不是简单地解决产品的销售问题，而是要解决高质量、可持续发展的问题，涉及企业的战略能力、管理能力、人才培养等更为宏观、长远的考量。

一、着力加强营销人才队伍建设

医药企业的营销能力最终集中体现在营销团队的整体素养上，医药企业的营销能力的竞争归根到底是营销人力资源的竞争，医药企业营销人员是否能适应数字经济时代快速成长，决定了企业数字营销战略能否顺利实施。国家对医药营销人员的品德、技能、资质提出明确的要求和规定，不管是对国家、行业还是对医药企业而言，最需要的是要有一批既懂医药知识、又有营销技能、还掌握数字技术的复合型营销人才。医药企业要打破技术研发、产品生产、市场营销的专业界限，进行跨界人才培养，根据人才的综合素质匹配到合适的岗位，营销人员要到不同的部门进行轮岗锻炼，重点加强数字化专业知识的集中培训。

人才队伍的构建和改善是企业面临的重大问题。在人才选拔和人才培养的过程中，包括很多方面，人才也是市场营销的一环，制药企业在人才招聘中主要选择了科研技术、管理、营销和生产四种人才作为发展重点，不同类型的人才也可以根据实际情况综合开发、培养，人才的选拔只是营销的开始，人才的开发和利用是企业能力的关键。要获得良好的营销效果，必须结合人才的素质和开发潜力，不断创造条件，保证优秀人才队伍为企业的进步服务；不断优化人才队伍结构，充分满足公司各个时期战略发展的需要；完善员工的各种成长渠道，形成公司的人才梯队。

公司营销理念的实施依赖于营销团队，客户往往通过营销人员的素质来审查公司的产品和企业的形象。优秀的营销人员对企业有莫大的助益，能让公司和客户实现良好的沟通，在一定程度上弥补公司的不足，所以建设高素质的营销团队对制药企业的发展非常重要。制药企业在自己的能力范围内，外部招聘结合内部培训，形成与自己的业务情况一致的营销团队。建立一个具有潜能的商业团队，有 4 个基本要素：核心、品质、管理、沟通。

市场营销团队应该有坚定的核心。市场营销团队战斗力的发挥取决于团队的精神凝聚力，要求团队有核心。核心就是企业有共同信念和可以信赖的领导，能给每个人带来安定感和自信，能够整合资源、凝聚意志、带着团队向前行。否则，团队中的人无法团结，协调行动的步骤无法确定，相应的团队力量无法发挥，营销工作很被动。

优秀的队伍由一个个优秀的业务人成员组成。接受培训的专业推销员的销售效果和没有销售知识的推销员不同。我们必须要认识到的问题是，优秀的业务员来自精心的招聘和选拔，需要认真严格的实践训练。要选择吃苦耐劳、思想灵活、自我意识强、行为良好、有社会基础的人员，培养包括商务理念、行业知识、营销技能等基础知识在内的综合技能。通过严格的实践去训练新人，让其成为销售队伍的骨干力量。

严谨科学的管理是优秀业务团队的保证。很多企业认识到企业团队建设管理的重要性，但在实际工作中营销管理往往不足，体系不全面，审查不严，企业团队松散。构建定期会议的交流系统，利用例会可以从上到下解决问题，从下向上汇报情况，共同讨论市场问题。还可以通过表扬先进，鞭策落后，给业务人员一种归属感和荣誉感，强化团队合作精神。

二、着重提升公共关系的管理能力

随着我国改革的不断深入推进，药品招标方案改革、发改委价格改革、医保控费等不确定性行业政策以及重要营销渠道对医药生产企业产生决定性或是毁灭性影响。为了提高营销能力的适应性，降低营销窒息风险，医药生产企业有必要设立专门的公关事务部，将公共关系工作中常规化的政府关系由专人维持，政府事务通常在法律基础、制度规范上合理进行，有政策进行系统的规范和指导，注重高水平的公共关系工作。企业的干部定期访问政府，将政府的外联作为通常的公务。

公共关系管理是建立在透彻理解政策基础上，国家发布相关政策，希望通过管理来规范和引导行业和市场。医药行业具有一定的特殊性，医疗改革一直是一个全球性的问题。中国政府解决了全国人民的医疗保险问题，在“看病难，看病贵”的难题破解上也有了一定的突破。但是，政府介入太深又会对行业发展的活力不利，只有制药公司积极应对，才对针对特定问题制定的解决方案有推进作用。

企业营销需要“公关开路，销售织网”。必须仔细观察出台的相关政策的背景、原因和结果，把握指导方针的实施途径，了解机构和部门操作政策的具体工作流程，制定详密的组织计划和合理的应对风险的措施，和政府保持紧密的公共关系，做好政府相关部门的工作，争取得到政策的支持。此外，公司也要注重药物的宣传活动，在国家进行基本药物制度实施之前，可以对本公司的药品有一定的了解。基本药物会进行适时调整，企业也要抓住各省的补充目录等机会。

三、加快建设营销危机处理与应对体系

医药行业关系人民的生命健康安全，任何小的疏忽都有可能酿成巨大错误，给企业发展带来毁灭性打击。对于医药生产企业而言必须进行营销危机管理，建立危机应对处置体系。

一是危机预防。医药企业需要事先构建科学可行的危机信息系统，广泛收集多种类型的危机信息。在此基础上，拟订行之有效的危机预防方案，深化工作人员对危机的重视与

认知，树立危机意识。在日常工作中，定期开展危机管理技能培训活动，并为此建立与之匹配的危机预测、预警系统，对日常发展过程中出现的多种变动进行解读，在有可能会出现问题的警源上设置多个警情指标，随时随地对企业运营状态进行管理，使企业管理者能够在解决危机事件过程中处于主动地位。

二是危机处理。首先，构建专门的危机处理机构，广泛收集危机发生期间出现的信息，将此资源保存下来并在内部传递，以此保证企业上下行动的一致性。其次，制定危机处理应对方案，将与之相对的危机处理机制渗透到内控工作中，不断增强危机出现后多个部门员工应对危机问题的能力。最后，在爆发危机后，相关部门需要立即作出反应，实施企业危机处理方案，选择与之相对的危机解决方法，如隔离法、利用法、中止法等，以此降低危机升级的可能性。

三是危机评估。危机结束后，医药企业方面需要自主评估危机，将评估结果作为修改危机管理计划的数据参考。全面调查分析危机出现的原因，对症下药，避免再次出现危机；评估企业内部危机应对能力，罗列出详尽的管理工作问题，综合整改；在归纳问题类型后，针对存在的问题制订有效的解决方案，及时调整已有的整改措施。

第九章　中外医药生产企业营销能力对比与启示

在互联网医疗企业的助力下，医药数字化营销已经到达催生化学变化的临界点。在医药体制改革进一步深化的当下，如何探寻医药数字化营销方法论，如何把握政策机遇和用户需求，利用数字化推动医药创新营销破局，已成业内关注的重点。中国已经有很多医药生产企业在数字医疗和数字营销的背景下对营销模式、营销手段、营销体系、营销管理等各个方面的创新进行了广泛探索，美日等西方国家的营销经验也为我国医药生产企业的营销发展提供了诸多有益借鉴。

第一节　当前医药生产企业营销能力提升的主要困境

当前我国医药生产企业营销能力在整体上还不能适应医药行业的发展和人民卫生健康事业的需要，还存在一些制约营销能力提升的难题。

一、营销渠道结构不合理

营销渠道结构不合理，导致营销渠道作用严重弱化，不利于厂家与消费者之间的有效沟通，主要表现在厂家和零售商的关系比较松散。由于药品营销渠道流通环节多，生产企业不能直接与客户接触，远离终端客户，这在一定程度上限制了厂家与消费者之间的直接沟通。医药生产企业很难掌握有实际价值的市场信息，甚至在分层传输过程中可能会出现信息失真，将不利于企业的经营决策，降低渠道效率，削弱渠道功能。

目前，经销商代理是多数药品生产企业的首选渠道模式。在激烈的市场竞争中，经销商对厂家的重要作用和市场地位逐步体现出来。在市场开发过程中，总经销商或代理商只对产品的市场推广、品牌创建和销售渠道负责。药品生产企业难以参与对营销渠道的监控和管理，不利于企业的长远发展。目前，我国大多数制药企业都习惯采用区域经销商制或代理制，通常在一定区域内选择多家经销商或代理商，然后通过这些经销商及其下游经销商覆盖药店和医院，从而建立起营销网络，医药销售渠道长达数级。区域经销商制或代理制的优势在于有利于企业快速占领市场，但同时也带来了一些问题：随着渠道的不断深化，企业对二、三级中间商的控制力逐渐减弱，管理难度大、成本难以控制、渠道成本上升、渠道成员利益难以协调。由于同一地区存在多个经销商或代理商，渠道价格难以控制，经常会发生冲突，虽然制药企业有自己的价格体系，但经销商和代理商想要自己控制价格，通常会根据自己经营的产品的整体利润情况进行定价，不能严格按照制药企业价格体系进行定价；此外，由于很多经销商和代理商针对目标市场往往会打破正常的价格体系，导致价格体系被破坏，渠道冲突难以避免。

二、医药营销渠道分销效率低

营销渠道运行效率低，渠道冲突众多。远程管理是渠道管理的重要方式，我国大部分企业在这方面缺乏经验。代理商、经销商、零售商为了自身利益，往往会出现窜货行为、触发渠道冲突的情况。渠道成员之间存在着利益分配问题，比如他们之间的关系是合作还是敌对，或者是相互倾轧，这就是所谓的渠道冲突。同时，他们与药品生产企业也会有自身的利益关系，出现一些摩擦和利益冲突，比如渠道成员争夺大客户等。再加上一些医药生产企业的管理水平较低，无法很好地协调和管理渠道成员，平衡渠道成员的利益，导致整个营销渠道的运行效率低下，降低了整个营销渠道的竞争力。

分销渠道的规模和覆盖面也不够大，渠道覆盖能力低，覆盖深度不够。如农村市场广阔，原有的医药流通体系分散，缺乏有效的配送渠道。由于医药营销渠道规模较小，覆盖能力较低，整体分销效率较低。

据统计，我国拥有相应资质医药批发企业 1.65 万家，医药流通企业约 250 家，销售额 10 亿元的批发商 22 家，销售额 20 亿元的批发商 10 家，销售额 50 亿元的批发商寥寥无几。与此同时，无序的竞争也导致了行业利润率的下降。目前，我国医药批发行业的平均毛利为 12.6%，平均费用为 12.5%。在美国，药品批发行业的平均毛利率只有 5%，但平均费用率只有 3%～4%，平均利润率有 1%～2%。造成这种现象的主要原因是我国药品流通渠道成本高，我国医药流通渠道成本高达 10%，远高于西方发达国家 2.6% 的均值。

分销效率低下的一个重要因素是激励方式不足。在我国，处方药的目标市场主要集中在医疗机构，而医院市场占据了药品销售市场的大部分，医疗改革并未真正触及医疗器械的地位。作为医药营销渠道的重要终端环节，由于严重的信息不对称，医疗机构拥有其他销售终端无可比拟的话语权，制药企业要想在医疗机构实现产品销售，就必须获得医院的进院通行证。但是这种激励制度是否适合于医疗机构的特点，是否真正促进了医疗机构的药品销售，这是人们需要研究的问题。由于我国大部分制药企业的产品都是仿制药，同质化程度严重，激烈的竞争使得医院处方药的销售成为众所周知的“灰色地带”。为了刺激医疗机构的药品销售，企业往往采用不正当的手段进行人员激励，如收取专家住院费、临床用药推荐费等，这些行为超越了道德和法律界限，形成了医药营销的顽疾。

三、营销终端建设亟待加强

医药营销渠道终端包括医院、药店（连锁药店、单体药店）、第三终端（社区医疗、乡镇卫生院、村卫生室、乡村药店）等。医药企业终端占有率越高，在市场竞争中占据优势的可能性就越大。随着我国市场经济的不断完善，医药终端在促进药品流通和提高医药企业经济效益中发挥着越来越重要的作用，终端已成为医药企业的利润增长点。但是，我国医药终端还存在着以下问题，亟待加强。

一是零售药店必须依靠较高的药品加成率才能进入一些行业内最大的连锁药店。连锁药店要想基本维持运营成本，就必须达到较高的平均药品毛利率，而零售药店的运营成本较高，只能通过药品加成来满足，而大多数药店的毛利率要求更高。从零售药店的利润趋向来看，部分中小型企业零售药店加成率需求要高于品牌药品，消费者不得不选择价格昂贵的药品而不是价廉物美的药品。

二是终端资源资源配置不均衡，城乡差异大。我国人口众多，是一个二元化结构，即由庞大的城市市场和消费能力有限、结构单一的农村市场组成。绝大部分优质医疗资源集中在大中型城市医院，而医药零售业经营者选择在城市经营更多的零售药店，大中型城市药店非常密集，药铺多于米铺是真实的反映。而且药店的分布不合理，农村市场的药店缺失，城市药店与农村药店相互独立，医院和药店都集中在大中型城市，农村市场缺乏医疗资源和药店。

三是终端网络还不完善。由于农村的基层医疗卫生网络不健全，农村医疗卫生资源配置不均衡，农村药品配送是一个实实在在的问题，农村药品配送主要由县级医药公司承担。随着基本药物制度的实施，第三终端已经越来越受重视，但如何快速有效地建立销售网络是医药企业面临的难题。

四、营销组织架构有待优化

由于医药企业自身规模、发展战略、营销理念、营销模式、人力资源等方面不尽相同，不同制药企业营销组织的结构与模式也是迥然相异。总体来看，制药企业通常设置营销中心，在营销中心下设二级部门，各部门中划分具体的销售组，延伸至各终端。针对整体营销组织架构，主要分为直线职能制、事业部制、直线职能与事业部混合制这三种模式。

直线职能制，即以直线为基础，按照不同职能设置相应部门，由营销中心统一控制所有产品线的销售策划等工作。这种营销组织成本较低、对销售的控制能力比较强，且各部门定位清晰、功能相对独立，效率较高。但在该模式下，各部门之间协作能力较差、灵活性较弱，同时营销信息传递路线较长，反馈较慢，难以适应市场环境的迅速变化。

事业部制，起源于美国，在产品或地区部门化的基础下产生，每一个事业部都有独立的营销部门，负有独立的责任和利益。事业部制营销组织主要分为按区域划分与按产品划分两种形式：按区域划分适用于产品线和品种结构较为简单、销售覆盖地区广泛、地域差别较大的药企，通常在大区管理下设置各区域办事处。这种模式将责任与权力同时下放至区域，有利于人才培养与管理；同时也有利于地区内部协调，在当地容易与客户以及渠道建立关系网络。但是该模式下，随着地区的增加，需要更多具有全面管理能力的人员，而这类人员往往不易得到；总部难以控制各区域，区域经理权力可能过大。按产品划分是指通常按一种产品或一组相关产品来划分销售组织，适用于产品品种较多、差异性较大的药企。这种模式下，销售活动专业性较强，能够充分针对各产品性质制定与执行销售方案；而且在同一产品部门内有关的职能活动协调比较容易，能够适应企业扩展和业务多元化的要求。但是同时，内部部门设置可能出现地域重叠的问题，导致营销工作重复，成本较高。

总体来说，事业部制的优点为：有利于营销工作多元化，有利于提高营销效率，各事业部之间的竞争关系对营销工作起到强激励作用。这种模式既有高度的组织稳定性，又能够灵活适应市场变化。其缺点为：所需人员数量较大，营销成本较高，各事业部只考虑自身利益，可能会影响事业部之间的协作。

直线职能与事业部混合制，企业可以根据产品、区域的不同，设置相对独立的营销单元，但是将一些共用的职能集中，由营销中心集中管理以辅助和协调各产品、区域部门，做到资源共享。该组织结构灵活性强，可以根据外部环境和营销业务活动的变化及时进行调整。但由于这种组织结构本身是不够规范的，容易造成营销管理混乱。目前，中国医药企业营销组织多采用直线职能制，部分药企采用直线职能制与事业部制混合制的模式。

当前我国医药企业的营销组织架构主要有两个问题：一是营销组织设置复杂，部分医药企业营销组织层级较多，部门设置过于复杂。这固然体现了专业化分工，提高了管理的控制性和规范性，但有时会出现部门设置重叠的现象，造成资源浪费；也会影响营销信息的及时传达与反馈，延长决策时间；同时也不利于各部门之间协同工作。二是营销组织无法满足发展需要，部分医药企业营销组织设置或是未能满足营销战略需要，导致企业在发展过程中经常受到营销组织功能缺失、结构不完整的制约；或是盲目借鉴国内外标杆企业营销组织设置，没有“因地制宜”，最后发现营销组织“水土不服”，却不知道根本问题所在。

五、医药营销的复合型人才缺乏

当前我国医药营销人员的规模、结构质量已经远远不能满足医药行业的快速发展，营销人员总体素质和营销技能不高。第一是由于行业岗位要求越来越高。门槛高，能够入门的就很少，医药企业需要全面掌握医学、药理、营销等多方面的知识。医药产品事关生命健康，不容许有对产品不清楚或模糊的情况，较高的素质要求往往让从业人员望而却步，特别是随着人工智能、大数据、云计算以及新一代的生物技术、医药技术的发展，对营销人员的知识水平提出了更高的要求。第二是由于营销体系激励机制不合理。由于医药产品的特殊属性，不同产品在供需市场中呈现极端差异化，对于大部分非处方产品竞争激励，医院、零售店等营销终端掌握市场客户资源，具有很强的话语权，医药生产企业的营销人员处于弱势一方，在整个利益分配体系中也不占优势，又缺乏足够的激励机制，仅靠传统的营销模式和手段，很难见效。第三是由于医药营销人才培养机制不健全。现有的教育体系中，在医学药学方面和营销管理方面每年都有大批量的人才培养出来，也有系统完善的培养机制，但是专门针对医药产品营销的培养培训还很少，要么是医药生产内部人员在长期资源积累下从事相关销售工作，这是目前优秀医药营销人员的主要部分；要么是具有医药专业知识的人才，比如医生在与医药企业接触后因为利润或是爱好等原因慢慢转向销售岗位，但这种数量和比例都比较小；要么是营销专业人员投入医药行业营销，这需要在前期花较大精力掌握相关医药知识。

随着我国医药行业的快速发展，对营销人员综合素质的要求也在不断提高，营销人才不仅需要掌握医药专业知识，也要具有高超的营销技巧和职业素养。然而与国际大型药企相比，我国大部分药企营销人员综合素质良莠不齐，因此在实际工作中使得很多营销计划得不到积极有效地落实和解决，影响营销工作的有效开展。

医药院校营销专业的医学营销人才培养模式已经无法适应新的市场要求。一是人才培养供需结构不平衡。人才培养目标和方案与市场需求不匹配，培养效果还达不到数字经济时代的营销能力要求。在新医改的大背景下，医药院校要结合医药企业的实际情况，进行有针对性的培训，以提高人才在临床医学、医药企业营销等方面的基础知识和技能；二是课程体系不健全、不规范，对医学院校营销专业的理论知识缺乏重视，在教学内容上存在着一定的滞后。目前很多医学院校都没有开设网络营销、社交媒体营销等营销课程，这就造成了大学生对网络营销的认识不足；三是理论与实践结合不够，缺乏一定的产品定位、产品定价、市场调查、渠道管理、宣传战略、组织策划等方面的专业技能培训；四是教学条件有待改善。医药院校营销专业实习环境不佳、教师缺乏实战经历、实习环境恶劣等问题仍然突出，高职高专的临床实习机会较少，大部分老师所掌握的知识都被局限在各自的专业领域，造成了医药专业的营销师资参差不齐。

第二节　数字经济时代我国医药生产企业营销的有益探索

随着国家综合实力和国际地位的快速提升、医药行业和医药市场的迅猛发展、医药产品和医药技术的更新迭代，人民对卫生健康的需求不断提高，特别是在数字经济的时代背景和技术支撑下，我国医药生产企业在不断地学习摸索中创新发展，在医药产品的生产、经营、销售中积累了丰富的经验，取得了丰硕成果，为我国医药行业发展、参与国际竞争、满足人民需求做出了应有贡献。

一、产品技术创新实现市场突破

（一）迈瑞医疗：不断实现高端突破的高成长医械龙头

迈瑞医疗是国际知名、稳居国内龙头地位的医疗器械领军企业。这家医疗公司在成立之初的主要经营范围是开发医疗监护器，而后凭借这一产品慢慢做大做强，现在它的经营范围越来越大，涵盖了医疗的方方面面，包括传统领域和新兴领域，因为其自主研发能力强，在市场竞争中经常占得先机，取得了全面领先。

2020 年之前，迈瑞医疗公司已建成超过 20 条产品生产线，可支持传统三大领域产品的制造和开发，其生产线涵盖的产品广，可满足市面大部分医药产品，比起其他企业体量规模更大。除此之外，其生产的产品能覆盖市场多层次的要求，无论是高端医疗设备还是中低端医疗仪器都能满足。不仅如此，迈瑞医疗公司更是发挥龙头作用，在云医疗上进行摸索开发，走在时代前沿。持续加强研发投入，不断实现高端产品突破，深挖科技护城河，提升盈利能力。2020年，迈瑞医疗公司将大量资金花费在产品开发上，仅2020年就达到20亿元，在医疗行业可谓是首屈一指，比去年在产品研发上的资金高27%，其资金主要用于研发人员的任用和先进技术专利的购买，且迈瑞公司的研发中心十分完善，效率高。2021年一季度，迈瑞公司发布了A9麻醉系统；2021年三季度，迈瑞公司发布了MC80全自动细胞形态分析仪，开创可医疗仪器自动化时代。迈瑞医疗公司的产品不断完善和发展，有口皆碑，其合作的国家和地区也越来越多，各种高端仪器一经发布便销售一空。

深耕海外市场，国际化进展加速，展望世界级医械企业。随着全球化进程加快，迈瑞医疗公司需要走出国门，向国外进军，而经过这么多年的发展，迈瑞医疗公司的市值也不断上升，综合实力也不断增强，已经具备了应对国际市场的实力。迈瑞医疗公司希望把自己的国外营销份额增加到70%。国外市场宏大，更是有着国家政策支持，步入国际市场更有利于迈瑞医疗公司的未来发展。

（二）开立医疗：勇立进口替代潮头的彩超和内窥镜领军企业

开立医疗公司早期靠彩超医疗器材起家，经过多年的开发和升级，其彩超医疗器材和制造技术已炉火纯青，并凭借其过硬的质量和值得信赖的服务在这一领域获得高度好评。其主要营业方向为医疗超声器材、医疗电镜及其附带的材料。开立医疗公司经过20年的刻苦开发，成为超声方面的领军人物，并且掌握了其核心技术。开立医疗公司近段时间开发的S60/P60设备极大程度地提升了医师的诊疗速度和诊断准确率，在世界范围内都享有盛名；开立医疗公司于2021年开发了一款血管超声设备，最先开创了此方向的先河，我国再也不需要依赖进口，可以自给自足的满足国内设备的急缺，使我国超声领域的发展速度大大加快。

开立医疗公司推出的内窥镜HD550使我国在内窥镜领域不再受制于人，可以独立自主地研制和生产高清内窥镜，不再依靠国际市场的进口。而后经过十几年的开发和产品升级，其质量和可靠性不断增强，完全可以与外国产品相媲美。最新资料显示，内窥镜搭载了光学仪器，可实现焦距变化，使得国产开立内窥镜可以与国外品牌分庭抗礼，在国际市场上取得一席之地。公司销售团队架构改革+核心经销商政策推动公司营销改善。开立医疗公司进行了改革，将生产线产品的分配进行了重新洗牌，使公司营销路线更加亲民，实现多方面多层次的新型结构；同时，开立医疗公司将注意力集中在代理中间商上，积极开拓代理商，显著扩大了渠道路线。

（三）东城药业：核医药技术多点开花

通过并购丰富业务条线，打造从诊断用核药到治疗用核药的全产业链体系。公司2015年收购云克药业，标志着东城医疗公司已经步入了风险与回报并存的核医药行业；2016年，东城医疗公司收购了GMS，标志着核医药行业的产业链已经基本完善；2017年，东城医疗公司收购了江原医疗公司，大大提高了其显像剂的产量和市场份额；2020年，东城医疗公司收购米度生物医疗公司，引进了其分子示踪的核心技术；同年，东城医疗公司使用电气显像剂；2021年，东城医疗公司购买了APRONOIA公司的股份，表明东城医疗公司已经涵盖了核医药行业的大部分领域，可以自主开发核医药产品，实现了一体化。

核药中心网络化布局基本完成，逐步进入收获期。东城医疗公司已经向市场投放7个以单光子药物为主的核药中心，14个以正电子为主的核药中心，正在建设14个以正电子为主的核药中心，以每年新增5～6个核药中心的速度投入运营，预计2023年公司投入运营的核药中心将超过30个，可以做到解决全国90%以上的核医药需求，标志着核药店在中国的初步落成，这也代表着核药店将在国际竞争中帮助东城医疗公司取得优势，核药房将实现它的价值。

创新是企业能保持生命力的主要原因，需要不断研制出新型产品，才能保持企业竞争力。东城医疗公司核素药物以东诚安迪科核药技术研发中心、东诚云克核药技术研发中心、东诚欣科核药技术研发中心、东诚益泰核药技术研发中心为基础，组成放射性药物精准诊疗研发平台，平台药物的不断丰富有效提升了公司的核心竞争力。东城医疗公司着重开发了以下产品：为缓解在恶性肿瘤转移中痛苦的问题，针对开发出了以铼为添加元素，代替传统的注射液；为获得更为清晰的图像，将氟作为添加元素加入注射液中；开启生物学评估工作，攻破肝癌的有关核心问题。借助东城医疗公司的核药研发优势，打造更为合理的产品生产线，使东城医疗公司成为核药领域的领军人物。

二、模式创新占领市场

（一）翔宇医疗：提供整体解决方案的康复医疗设备龙头企业

完备的产品体系＋完整解决方案，赋能康复医疗建设，满足政策落地需求。翔宇医疗公司已经开发出20大体系400余种自主药品，其开发的药品能够满足国家在医疗药品文件中的大多数药品，其药品主要向大型医院、中小药房供应，满足了大中小型医院的药品需求。翔宇医疗公司凭借其众多的产品生产线，为所有医院提供药品和最适宜的解决方案。

保姆式代理商培育加速渠道网络建设和市场开拓，持续研发创新加固竞争优势。翔宇医疗公司主要依托销售，将公司的员工打造成保姆一样的贴心，以服务至上，以顾客至上，从员工进入公司开始就进行多方面的培训，一对一的考核，为顾客提供最优质的服务。翔宇医疗的所有员工和部门都旨在为国内的医院、医疗机构服务，服务业务扩张到了全国一半以上的地级市。在开发领域，翔宇医疗公司设立了健全的开发中心，着重进行自主研发。

（二）伟思医疗："电磁联合"的盆底康复龙头企业

"电磁联合"推动盆底业务增长，精神、神经康复业务有望接棒发力。伟思医疗公司主要针对人群是产后妈妈群体，收入占到公司收入的60%以上，因为近段时间产后业务需求激增，其学术研究也增加，伟思医疗公司依据磁电效应的方法对适宜群体进行治疗诊断。伟思医疗公司还在神经领域进行了多项研究，未来一段时间将迎来新突破，从而在此领域获得优势。

研发创新推动产品迭代升级，前瞻布局高端康复医疗技术领域。伟思医疗公司抓住消费者心理，将现有产品进行更新换代，提升其综合性能，不断迎合市场口味，满足消费者需求。同时，伟思医疗公司积极开发新型产品，将核心技术扩展到新产品上，不断拓宽其业务范围。

（三）万孚生物：国际国内双循环，“内研外引”打造多场景终端需求

万孚生物公司依托POCT，多平台建设出完善的产品生产线，保持了业务扩展的可能性。30年来，万孚生物公司利用其九大核心技术，创造出一款实时监测患者病情的产品，这款产品包括了多方面领域，其强大的核心技术和完善的产品生产线使其利润逐年增加。哪怕因为疫情减缓，其他业务的增长量同样惊人。国内国外营销方式多样化，全方面营销打造防空洞。在国内，万孚坚持“四扩”模式，即扩渠道、扩品类、扩终端、扩份额，目的是选取合适的应用方向，给渠道中间商利润，为消费者打造其喜爱的产品；在国外，万孚生物公司仍然保持本心，将中国的规章制度坚持下去，和国外许多国际公司签订合作协议，建立了十分可靠的盟友关系。除此之外，万孚生物公司以“ToB”和“ToC”为基础，形成了一套完整的营销架构。

万孚生物公司“内研外引”打造核心医药技术，开发新领域，实现二次增长。在基础研究上，万孚生物公司一直着眼于科学创新，并且建立了一支高科学素质的研发队伍，将研发速度提升了不少并且降低了研发成本。并购投资方面，公司2018年先后通过对英国Binx Health Limited、美国iCubate、比利时Biocartis的参股投资，将自己和国际公司绑在同一条战船上，一荣俱荣，一损俱损，引入国外先进技术并模仿改良，实现从无到有的突破。

三、产业布局与结构优化拓展企业能力边界

（一）九洲药业：产能布局进一步完善，业务能力再上新台阶

九洲药业公司经过多年的发展，其产业规模不断扩大，突破了其成长瓶颈。九洲药业公司在2019年到2021年间先后收购了多家医药公司，同时获得了Teva的三款产品的生产许可。其作为全球最大的仿制药公司，九洲药业公司的海外贸易能力有目共睹，为其未来的发展夯实了基础，业务范围不断扩大，顾客类别不断增加。九洲药业公司拥有的项目数目充足，截至2021年中报，公司承接的已上市商业化项目已有18个（较去年同期增加7个），临床Ⅲ期项目41个（较去年同期增加2个），临床Ⅰ期和Ⅱ期项目471个（较去年同期增加96个），项目池继续扩增，并且漏斗结构进一步优化，早期项目和新增客户的储备奠定了向后端转化的长期驱动力。顾客类别方面，除了针对一些传统的大型公司，九洲药业公司还与一些中小型公司合作，为其提供服务。

强化产业结构调整，提高综合实力。九洲药业公司从创业初期到现在，已经初步形成催化领域的科技技术平台，并且向多肽领域发展，愈加完善大分子领域的建设。除此之外，其还开展了 CDMO 办理模式，通过收购其他专业公司，学习其先进核心技术，提升其自主发展能力。九洲药业公司经过一系列举措已经将自身竞争力、公信力及业务能力提升一个档次。

（二）君实生物：全面布局中和抗体和小分子新冠治疗药物

君实生物公司研制的 PD1 药物正好适应市场环境，其开发的新治疗手段完美契合当时市场环境。2021 年 11 月 26 日，君实生物公司研制的特瑞普利药物宣布即将入市，引起轩然大波，君实生物公司同期申请的食道癌入市申请也获得受理，此类药品将会在 2022 年相继上市。君实生物公司所擅长的领域包括肺癌、胃癌、肝癌和食道癌，其研究进展属行业前端。国家对新冠治疗药物的支持使得君实生物公司大力开发中和新冠抗体分子的研究。2021 年 12 月，君实生物公司研制出 FDA 双抗体治疗方法，用于预防和治疗 0～12 岁高风险人群的新冠感染者，这是全球首例开发的中和抗体治疗。12 月 31 日，君实生物公司召开新闻发布会，宣传乌兹别克斯坦已通过 VV116 的药物使用申请，此为全球第三例通过的新冠小分子药物。除此之外，君实生物公司已经拥有全球大范围内的新冠小分子药物权益。

第三节　美国医药营销经验的启示

一、美国医药企业营销实践经验

1775 年美国独立战争打响，传统医药制造的速度和质量已经远远赶不上当时美国军队的需求，因此，一种新型制药模式兴起。1852 年，在市场的需求下，药剂师协会应运而生，制药行业从传统的小规模、无组织变成了大规模、有组织的新型行业。而在药剂师中拥有突出才能的，例如 John Wyeth、Lois Dohme 和 Waltter Albbott，都创建了属于自己的产业。但那个时候大多数制药公司的产品基本上一样没有什么标新立异的产品，只有个别大制药公司有不一样的新品发出，比如礼来和惠氏。第一次世界大战的爆发给了美国医药带来了一个机会来进行药物开发，这期间美国的制药公司掀起了一阵研制新药的狂潮，知名的美国制药企业礼来、默克和施贵宝有了自己的研发机构。第二次世界大战后，美国的制药产业抓住机遇速快速发展并且这期间诞生了许多的新药。在资本市场的运作下大企业不断吞并小企业，导致了其市场集中度非常高，到了 2006 年只有 700 家左右药企。

现在美国的医药公司商业发展模式有两种趋势，一种是多元化和有竞争力的跨国制药公司，另一种是一家具有丰富特色和专业化的生物医学公司。辉瑞在美国通过大量的合并和重组，已经成为美国最大的制药公司，其药品销售一直处于领先地位。在美国，2021 年全球制药企业 TOP50 的研发费用合计 1 408.32 亿美元，罗氏以 113.01 亿美元高居榜首，是唯一研发投入超百亿美元的药企，是后面23家药企的总和，罗氏能连续2年保持全球第一的位置，和其大幅的研发投入不无关系，2020年的研发投入相比2019年增长9.79%。此外，研发投入超90亿美元的企业有3家，分别是强生（95.63亿美元）、美施贵宝（92.37亿美元）、默沙东（92.31亿美元），位居榜单的2～4名；研发投入超10亿美元的有28家药企，其中再生元制药成为最舍得投入的药企，研销比达47.59%；研销比超20%企业共有21家，其中研发费用占据销售费用的1/3的有再生元制药（47.59%）、Biogen（勃健、37.33%）、UCB（优时比、32.83%）、上海医药（29.68%）。2021年全球制药企业TOP10榜单中，美国有5家，TOP50榜单中美国有15家药企上榜。

美国的市场经济十分强劲，政府对市场价格的把控力十分有限，往往是市场决定了商品价格。而在药品领域，政府对药品价格的影响几乎为零，政府无法通过一项政策或者什么手段来改变药品价格，这就导致制药公司对药品价格有着绝对的话语权，一家制药公司拥有了一款药品的专利，这家公司就可以实现绝对垄断。例如，当一种疾病难以治愈且患有这种疾病的群体较多，此时药物公司会花费大量的资金去研发药物，因此当药品进入市场时价格会非常高。在美国，Enbrel的注射费用约为1 010美元，并且这些钱只能用来买十天的剂量。Aranesp每针售价26.80美元，而且必须坚持每日服药，由于花费的时间成本和经济成本很高，这就导致美国的药品价格并不便宜。这种定价规律很好的激励了制药企业进行新药的开发和研制。美国医药市场的销售渠道有连锁药店、邮寄服务、单体药店、诊所、非联邦医院、食品店、长期护理、联邦医院、家庭卫生保健、健康维护组织等，其中连锁药店、邮寄服务和单体药店是美国药品销售的主要渠道。

患者想要购买需要的药品主要是通过药店，制药公司生产出来的药品也会分销到各地的药店。随着科学技术的进步，网上购买药品逐渐取缔了线下购买，患者可以足不出户的购买到自己所需的药品。数据显示未来的一段时间，网上购买药品的份额会超过线下购买的份额。据统计，美国每年在互联网上购买药品的费用约为10亿美元。根据这一趋势，网上药店将成为下一个重要的竞争对手。美国医药公司2020年总的促销费用为130亿美元，进行专业销售所花费的金额为83亿美元，这包含了广告宣传费用、分销经理雇佣费用，其中超过半数的资金全部用来进行广告宣传。总而言之，在人力上花费的资金高于在其他方面花费的资金，这是由于制药公司更乐于花钱请有名望的药学专家或者知名教授进行推广。

从总体上讲，美国医药的营销模式主要是两种：

一种是DTC营销模式（Direct to Consumer），又被称为直营模式，这种营销模式主要使用的方法为不通过中间步骤，让顾客直观地接触到公司的产品。此模式包含了丰富多彩的活动，这些行为都直接面向顾客。在医药市场，患病人群及其亲戚朋友都是直接的受众，除此之外，接触医药产品的医药工作者和一线工作人员也是其受众。因为患病人群对药品有着直接而又强烈的需求，他们迫切需要能够治愈自身的疾病，所以他们乐于参与到药品体验当中去，为了治愈疾病，他们会主动地与医生进行深入交流，咨询更加有效、廉价的药物和治疗手段；除此之外，他们会积极寻找与现在服用的药物相同类型的药物以及相关材料，会在线上向相关专家咨询最新进展。随着互联网功能的多样性愈趋稳定，更多的患病人群会在线上查询自己疾病相关医药领域的研究近况和治疗手段，并且在线上进行购买和使用。另一种则为 DFC 营销模式（Direct from Consumer），与 DTC 模式不同，这种模式不直接针对消费者，而是对患病人群进行询问，患病人群可以采取手机、网址、问卷的形式向医生或者专家告知自己的患病情况、心理情况和生活质量。然后大数据会根据用户所提供的信息进行分析，将分析结果发送给负责医师，医师则会依据相关经验或者系统信息对患者进行专属的治疗计划，评估往期治疗的效果并改进，制定出合适于患者的最佳治疗方案。大数据分析的结果对患者的诊断结果非常有参考意义，不仅如此，还极大地帮助了医师对病情的评估，最终提高了相关药品的销售量，这种营销模式使患病人群、医师和医药企业三方获利。在美国，医生只负责给患者进行诊断和开方，患者只能凭借自己的经验或者通过他人介绍在药房购买相应的药物。因为这个原因，药店对于药品的定价有着十分高的自由度。一些大型医药企业可以通过自身优势，降低药品的进价，将利润控制在 1.5%以上，这远远高于我国的最高 1%的利润率，这种差距的主要原因是美国的医药行业发展迅速，且自由度高，因此管理更加科学，效率更加高。除此之外，美国的营销模式中所特有的会员制也大大减低了用于营销的开支。

二、我国医药营销与美国的存在差距

首先是销售规模上存在差距。对比中美两国的医药行业数据，不难得出中美之间医药企业的综合实力有着鸿沟。不管是在药企的总体实力，还是销售规模上，都有着显而易见的差别。美国药企的突出特征是资金体量大、经营范围广。作为美国最大的药企，CVS 在全美拥有超过 5 000 家门店，而在中国，最大规模的医药公司在全国也不过几百家门店。由于美国制药企业的超大规模，他们的药品销售也十分惊人，配合上他们科学有效的管理经验和行之有效的快递体系，使得企业拥有远高于世界平均水平的利润率，而中国的药企将成本都浪费在了药品的宣传和销售环节，这就是为什么中国的医药行业利润往往都较低。

其次物流体系上存在差距。在药品输送方面，中美之间的差距也十分巨大。近几年来中国的物流行业快速发展，但瘦死的骆驼比马大，美国物流行业起步早，发展时间长，物流体系较为成熟。而我国物流行业仍然处于发展阶段，需要国家层面进行建设和扶持。美国在药品输送方面的花费可以控制在 4%左右，而中国在这方面的花费却不尽人意，往往超过 10%，这就需要我们进行物流方面的改进。中国的多数制药公司在采用新物流模式方面仍相当落后，目前大多数医药物流企业在中国没有能够推出一个先进的物流信息系统。

物流行业在外国属于独立的行业，其自身的发展往往取决于在其中工作的行业人士，拥有较高的自由度和竞争性，国家和政府往往不对物流市场进行干预。而与此相反，我国对于物流行业的管控较为严格和烦琐，使得物流行业的发展受限，物流行业往往被政府多个部门交叉管辖，这就使得无法对物流体系进行系统的、有组织的管理和升级，这就使得我国的物流体系较为分散和混乱。每一个企业都有着自己的物流体系，往往在市场中进行恶性竞争，导致整个物流行业的发展停滞不前，使药企无法发展。

再次在医药环境上存在差距。在美国，目前整个药品营销渠道只有 2～3 个环节，而在中国一般有4个以上的药品营销渠道。渠道过多往往导致中间过程增加，每一级参与者需要从中牟利，导致最终的药品价格昂贵，大量的利润被中间商赚取。更是因为这一点，制药公司对于最底层工作者的控制能力差，通过一层又一层的命令下放，领导力和统帅力大打折扣，无法对最基础的东西进行把控，导致监管不到位，无法保证药品质量。当渠道改变时，需要花费大量经济去挖掘适合的经销商来填补空缺，无法形成稳定可靠的经销链，最终造成效率缓慢。除此之外，我国大型制药公司都没有配备完整可靠且行之有效的物流输送机制，即使拥有门店众多，但无法连成一体，只能各自为政。

最后在营销手段上存在差距。就当前形势来看，中国的药品营销手段主要是通过医院、药房及网上药店。但在美国，制药公司通常使用DTC模式，抑或是渠道更多更快捷、效率更高更有效的DFC模式。其中的主要缘由是我国企业并不重视药品销售过程和体系，没有在渠道的开拓上下功夫，往往是被动的改变，而不是主动思变。

第四节　日本医药营销经验的启示

日本医疗体系在结构上与中国有相同点，依据市场规模增速、老龄化比例等数据相比可见当前中国和20世纪80年代的日本接近，控费手段上中国借鉴了日本的方式。他山之石可以攻玉，对中日医疗环境与政策、医疗产业的指标做评判，对日本“失败案例”JCR的分析，并参考辉瑞（全球巨头）、武田（日本巨头）等企业的发展历史，可以给目前的中国医药行业发展带来一些启示。

一、中日医药营销发展对比分析

中日两国2015年的医疗费用分别为4.10万亿元和2.52万亿元（折合人民币），占GDP的比例分别为5.5%和10.2%。2007—2012年医保覆盖面扩大和医保目录扩容导致了我国医疗费用的剧增（复合增速约19%），近几年减缓至10%～15%的水平，几乎是日本1985年前的水平。从药品市场增速来看，中国市场在医保扩容所致高增速后目前减缓至7%～8%的增速，相当于日本1986—1989年的情况。

从患者需求看：

一是人口老龄化导致医疗费用提高，尤其是慢性病和重疾（如心脑血管疾病、糖尿病、肿瘤等）医疗费用较高的疾病的发病率与年龄挂钩，医疗费用的提高与老龄化程度的上升密切挂钩。国际上往往按60岁以上人口占全国总人口数高于10%或65岁以上人口高于7%作为老龄化社会的标准，按此标准中日两国皆是老龄化社会。以65岁以上人口占比来看，中国相当于日本1985年的水平。

二是疾病谱变化，老龄化导致了疾病谱的演变，老年病、慢性病占比有所增加。1984年以来，日本主要的疾病大类中，典型的老年病如恶性肿瘤和以糖尿病为代表的内分泌代谢疾病占比显著增加，循环系统疾病占比先升后降目前相对稳定；与年龄关系不大的呼吸、消化系统疾病占比则有一定缩减。从用药结构来看，恶性肿瘤用药结构较高且急剧上升，由于恶性肿瘤当下仍处于由不治之症向慢性病转化的早期，高价新药近年来上市增加；其他疾病如心血管、糖尿病等转化为慢性病的历时较长，药品比例相对稳定甚至有所降低。中日的疾病谱改变形式相差不大。2003 年以来，循环系统疾病和内分泌代谢疾病占比急剧提高成为第一和第三疾病类别；呼吸、消化、肌肉骨骼等类别的疾病比例急剧缩减；恶性肿瘤占比轻微增加，可能和城市化水平有关（肿瘤的诊断与高血压、糖尿病等相比需要更好的医疗条件）。

从医保制度看：

日本政府 1957 年起实施全民医保四年规划，1961 年便达到医药制度的全民覆盖。日本医保制度与中国在一定程度上相同，均以覆盖全民的社会医疗保险为核心。按照参保对象的差异，可区别为三种类别：被雇佣者保险组织（相当于中国的城镇职工医保）、地区保险组织（相当于中国的城镇居民医保＋新农合）、后期老年人医疗联合组织（参保人达到一定年龄后强制转入，2008 年颁布）。随着经济形势以及老龄化程度的发展，对个人负担比例的相关政策也做出修改，整体为先降（经济高速发展时期）后升（经济低迷、老龄化严重时期）的形式。从医疗费用来源构成可见，中日在 2015 年费用来源构成上有所不同：日本为政府公费 39％、社会保险 49％、个人负担 12％，中国为政府公费 30.5％、社会保险 40.3％、个人负担 29％。中国个人负担占比高于日本，可能是因为政府公费投入不足以及医保参保水平不高，占人口较大比例的城镇居民医保和新农合缴费标准和报销比例都较低。预计未来随着新农合与城镇居民医保两保合一、城市化的推进、越来越多的新特药通过谈判等途径纳入医保，社会保险的占比将得到提高，减轻个人负担。

从医院情况看：

日本长期以民营医院为主，从单家医院的平均床位数量可见，公立医院规模一般是民营的两倍。中国以公立医院为主，最近在政策鼓励等因素驱动下民营医院在数量上实现反超，然而在规模上公立医院仍为主体，且公立与民营的平均规模差距日益增加，对做中国市场的制药公司而言，以三甲医院为代表的大客户更为重要，对销售能力要求更高。以后随着分级诊疗的发展，二级医院等偏向基层的医疗机构越来越关键，市场离散化程度加强，对营销能力的要求提高。营利性质方面，日本限制不管公立与民营医疗机构皆为非营利性组织，即收入用途限于弥补医疗服务成本，不能作为投资者经济回报；中国公立医疗机构皆为非营利性，民营医疗机构二者皆有。目前中国约 65％的医院、75％的基层医疗机构为非营利性组织。

从控费手段看：

一是推动仿制药替代。一方面促进一致性评价，采取价格不高的仿制药取代造价高昂的原研药能够很大程度上缩减药费，但取代的首要条件为二者药效一致。如果无法达到这一要求，仿制药的功能与原研药相比差距较大，影响患者治疗，反而增加医疗费用。趋同性评价便是为了处理这一问题，符合趋同性评价的药品一般与原研药效果相差不大，可以取代原研药。日本采取过 3 次大规模的药品再评价，其中 1998 年起的第三次评价以仿制药口服固体制剂为关键目标，目的是推广仿制药对原研药的替代，是最为关键的一次，又称“药品品质再评价工程”。评价仿制药与原研药的效果趋同性，国际上往往使用体外溶出曲线和生物等效性试验两种，前者在实验室进行，后者为开展小型的临床试验。日本采取了体外溶出曲线的方法，与美国等采取的生物等效性试验方法相比减少了开展临床试验的费用、时间以及临床资源，但溶出曲线的结果更具有可靠性。

日本政府鼓励其他企业对药品进行仿制出售，对其进行评估之后，评估结果良好的话就会对原药进行替换，政府甚至推出多种政策支持仿制药的制造。在这种大环境下，仿制药的发展十分迅猛。然而因为自付比例低，以及专利过期的原研药依旧有较高的医保支付价，日本的仿制药推广规模在国际上还较小。中国仿制药质量水平有高有低，有部分专利过期的原研药仍有较高的市场份额，不利于使用进口替代实现控费。2015 年起食品药品监督管理局启动了本轮仿制药趋同性评价（始于 2012 年即有动向但未具体实施），通过效仿美国的生物等效性试验标准，执行力度大、要求严。

二是药品降价。日本的药品价格体系采取政府与市场双定价，医疗机构与流通商二者商议批发采购价，政府部门确立终端医保支付价，中间差价则是医院可获取的盈利。医疗机构买进，熟悉产品价格，政府在制定价格时需要确保制药公司积极性，使医疗机构在利润与费用中达到均衡。日本 1957 年实施《药价标准》，明确全国统一的医保可报销药品种类和医保支付标准；1982 年完善了新产品的价格制定途径，在多次调整后达到目前的定价体系（具体加成比例等各次价格调整间有变动）。

仿制药主要参考原研药价格确定自身价格，上市时间和药品类型均会对其造成影响。目前化药仿制药价格一般为原研药的 50%（超过 10 个厂家的为 40%），生物类似药因为技术难度大，价格一般为原研药的 70%以上（超过 10 个厂家的为 60%），具体价格呈现下降趋势；质量高的药物价格在一定程度上更高。在完成趋同性评价之后，这一定价模式更为实用，且能够改变仿制药大量浪费资源的现象。

中国当下的药品价格体系与日本相似，省际招标商讨确定自己的价格，当下已有部分省份通过联动途径降低价格；部分医疗机构更是与药企或流通企业进行再次议价确定实际采购价格。区别如下：

（1）目前招标价格和医疗机构实际采购价二者相关度不高。医院采取二次议价减少成本且使差价留存在医院的手段，在政策上是灰色手段（国家层面的政策不允许二次议价，但地方默认这一做法，个别医改试点地区将二次议价作为试点进行），存在采取修改定价模式减少价格的空间。

（2）仿制药依据商品名定价，不同厂家的同一类仿制药价格或许存在不同。这同仿制药自身质量挂钩，需等待仿制药趋同性评价大范围完成后才能执行。

中国的创新药和高品质、竞品相对较少的仿制药合计的降价幅度稍微高于日本，2017 年市场整体药品缩减 15%，相当于日本 1980 年代初期。

三是推动医药分开。医药不分开时，不管是正规医院药品进销差还是不正规的医生回扣都导致医生存在多开药、开贵药现象，单凭药品降价控费的成果不足。为处理利益关系，从本质上减少医生开大处方现象，日本实施下列方针：

提高医生服务收入。医药分开手段会减少医生收入，则应当从另外的途径对其进行弥补；当医生工资足够时，便会减少非合理途径获取收入。日本 1974 年对医生薪资进行了大幅提高，此后也不断增加医生诊疗报酬，2008 年医生平均收入是一般民营员工的 2.4 倍。

不合理的药品加成会使得医生采取大处方，由于药房运营成本限制，彻底取消药品加成也不可能。日本 1992 年采用现行的药品价格上市后修改方针，不断减少加成力度，当下定价规则中加成力度大概为 2%，因为价格修改后医疗机构会向供应商转移相当价格压力，准确加成百分比大约为 8%。

防止处方外流流于形式。增加医生收入且减少药价加成力度，使得医生对药品利润的倾向缩减，但仍有医院与院外药店合作的途径，事实上还有着利益输送链。因此，1996 年厚生劳动省颁布规定，当药店高于 70%的处方是相同医院，则药店的调剂费标准减少。在修改理顺利益关系后，日本成功达到医药分开，2014 年这一比值（流向院外处方数量/全部处方数量）达到 68.7%。

医药分开同样是中国医改的关键，中国主要依靠取消药品回扣和采取行政命令强制减少药占比。然而因为提供医疗服务的收入与医生学习培养成本相比过低（仅为社会平均工资的 1.12 倍，远低于国际水平），依旧有不少医生采取这一手段获取收益，且招标体系制定价格存在不少利润空间，取消药品加成后医生依旧能够获得收益，即通过减少药占比、采取提高检查费用的方式实现。以公立医疗机构为引领、以普惠性为方向的医疗模式下，增加医疗服务开销十分困难，当下只能试点运行，可见中国实现医药分开更为困难。

现如今医保控费强度的提高以及监管森严，日本药企的数量近年来持续减少，但在规模上，减少最多的是中小型药企，大型药企（约占 10%）缩减力度不大。

从行业集中度来看，以百强药企收入占比为关键，全球的百强药企收入占比多于 80%，日本约为 75%，中国仅 23%。日本药品市场格局目前已经趋于成熟，而我国还存在巨大的进步空间。

二、日本制药工业的发展之路

日本制药工业发展可以分为四个阶段：

第一个阶段：20 世纪 70 年代初，属于日本行业制药的资源最初堆积时段。得益于全体医保政策，日本国内的药品需求大大提升。相关部门设立了昂贵的药品价格，而且医疗从事人员从药品的售卖价格中获取了极大的利润。可是那时日本医疗药品行业水平比较落后，市场也是主要依靠其他跨国公司的医疗药品，行业对于进口的依赖度很高。

第二个阶段：20 世纪 80 年代中期，由于日本国内厚生省做出了减少医药品的支出的决定，掌控了药品价格，例如某一种药品刚上市的首年可以定高价，之后逐年平均减 5%。所以日本制药公司在 80 年代中后期，选择加大对药品的研发，即使其市面上的 Me-too 药极其泛滥，日本制药的能力仍然是大步向前，缩短了和西方的距离。日本制药企业也大部分选择融资、合股的方法成立研发部门，提升制药水平和级别。

第三个阶段：20 世纪 90 年代末，日本的经济发生翻天覆地的变化，经济迎来了最萧条的时候，日本政府不仅背负了要获得外界资本的投资重任，还要恢复本国被重伤的经济。日本机关就是在这样的情况下整改和抛弃了大部分防御性条约。因为优才、大局经验、外语等限制，让西方的制药公司做销售代理变成了当时的主流合作方法。但是这让日本的制药企业几乎毫无利润可言，因此其对日本市场依赖的形势还是没有变化。

第四个阶段：21世纪之后，日本医药技术链渐渐完善，市场也慢慢成熟，但问题也随之而来，比如国内市场增长缓慢，国际畅销药专利的到期、新药研发的缺乏以及本土市场竞争的加剧。对此，日本采取了内部整合和外部扩张的战略，进入仿制药市场，通过系列政策支持和鼓励医药企业创新研发，实现了生产跟上、创新跟随、销售发力的新局面。

日本医药行业发展模式是"研发＋生产＋临床＋销售"协同推进的架构。

研发先动。20世纪80年代中后期的日本做出了一些决定，这足以改变日本制药企业第一步从"模仿"变成了"研发"。日本有关部门通过发布新政策引导鼓励研发新药，而且通过海外研发弥补国内空白，政府为新药提供诸多支持政策，提供保险。

生产随后。在制药行业中，上游的技术和专利与下游的品牌和销售是整条产业链中双核心，总投入占据过半销售额，与中间生产环节共同构成特殊的"微笑曲线"。跨国研发型企业每年给予的研发投入占据销售额的15%～20%，下游品牌维护、药品推广则花费更高，约占销售额的40%，而中间生产环节花费相对较小。制药前期生产环节花费较少也能一定程度上缓解跨国企业的财务压力，为后续更关键的临床和销售环节提供较为宽裕的流动资金。此外，药品生产注册可复制性较强，是产业链中相对容易取得规范市场准入的环节。

临床跟上。临床审批是一个充满风险的环节。C&EN数据统计，新药进入Ⅰ期临床，通过率约为70%；进入Ⅱ期临床，通过比例减小至30%；而进入Ⅲ期临床，通过率则更低，仅为25%，所以，候选新药经过三轮层层筛选，平均通过率仅为5%。新药临床通过率极低的同时，若实验失败将导致制药产业的公信力下降，失去在患者和市场中的可信度，甚至直接影响到公司的经营状况。除此之外，新药的研制周期极长，平均需要6年以上才能成为一款稳定的药物。这样长的时间，花费巨大的人力财力，并不是一家小型企业可以负担得起的，所以只有大型药企才能进行临床研究。

销售发力。上文提到，产业链中的下游品牌维护、搭建销售团队于全球市场进行药品推广的环节花费巨大，约占总销售额的40%。根据大数据的分析，2009年全美69家药企，他们在营销、策划和日常开销中花费的资金大约是全部支出的40%左右，排在世界首位。虽然在开始时的投入十分惊人，但所产生的收益却不尽人意，制药企业仍然需要不断地推出新产品才能适应市场需要，可随着新产品的增加，销售成本和雇佣的人员也随之增加，大大提高了销售花费，这就需要企业建立一支专业团队来解决此类问题。

同时日本制药企业通过资本运作，以收购兼并欧美生产型企业的方式建立合资公司，由合资公司生产、通过规范市场的验证、国内合资企业为生产基地等多种方法获得成功，这些成功的商业运作，可为我国制药行业借鉴。

通过武田药业人们可以分析日本制药工业的发展路径：

一是新药获批黄金期。在度过了日本1960年代—1970年代的医疗费用急剧上升后，日本药企既有资金实力又有技术实力，部分生产商不断投入资金与技术进行科研创新，在1980年代—1995年代期间得到许多新药品，每年10～20种新药。得到新药较多的生产商如武田、大冢、小野、第一三共等等都是现在的行业领头羊，武田在此期间基本达到每年研发一个新药。

二是积极拓展海外市场。日本国内市场规模不够，行业领头羊都开始往海外发展。武田1977年和雅培成立了联营公司，在美国贩卖武田创新药物，典型的核心药物例如亮丙瑞林（1985）和兰索拉唑（1995）等，与此同时，同礼来等多家全球领头羊开始合作创新促进海外市场发展；1990年代在欧美多地开设了各项业务的子公司，完成在全球主要市场的布局。

三是通过并购寻求突破。1990年代后期至今，创新开始变难，全球每年创新药物数量减少。日本药企早期的创新以Me-too类药物为关键，在创新难度变大的情况下发挥不好，每年的创新药物平均只有5个，很大程度上落后于美国。武田也遭受了创新困局，为改变生存困境选择了通过并购的方法寻求生存。

通过JCR Pharmaceuticals我们可以分析日本制药企业的发展困境：

JCR Pharmaceuticals（以下简称JCR），该公司成立于1975年，但较长时间内收入处于缓慢增长甚至停滞下滑状态，当下收入只有181亿日元（约合11亿元人民币），虽然估值偏高，然而市值仅有16.4亿美元（约合104亿元人民币），作为一家不是初创型、高毛利率的公司，状态十分不好。

JCR在创新上面临下述难题：首先，未搭建成型技术平台，拥有一项技术，创新出一个品种后无法很快在此基础上创新新型同类产品；其次，太追求高端产品，当下的研发目标大多是难度较高的新兴技术或市场规模小的治疗领域，这类产品更好的途径是科学家为主的创业公司研发以及资金雄厚的大药企提供多方面支持，小公司虽然有希望凭借该项目实现爆发增长，但需要承担很大的风险。

更为合理的发展途径为：在一项技术上达到首个产品商业化后，将此项技术搭建一个成熟的平台，不断创新产品，充分发挥这项技术的优势，按由易到难的顺序改良剂型、Me-too类新药等，最后才投入高端项目的科研创新之中。

在销售体系上，JCR目前获利来源以1993年研发的重组人生长激素为主，占收入59%，中国的长春高新（子公司长春金赛）与之相差不大。二者表现有很大的不同，尤其在市场份额上，关键要素在于销售模式的不同。JCR主要是代理模式，与住友制药（日本一家中型药企）合作推广，目前医药代表仅80人左右。长春高新在重组人生长激素1998年上市之初便十分重视销售队伍的建设，采取学术普及，销售费用率在35%上下震荡，2001年公司员工中销售人员有421人，当下更是接近2 000人。

三、日本医药营销对中国的启示

一是龙头占优，强者恒强。老龄化导致医疗需求大幅增加，在医疗保险总量增幅有限时会导致控费力度的增强，除非疗效突出、品质优秀的药物才能确保自身拥有良好的议价能力、抵抗控费压力。大公司往往已经有从初期研发到临床推广全途径的技术与资本，在创新上更为方便。且与新兴行业不同，医药行业新品研发周期长、监管力度大、往往不会出现颠覆性药物、渠道建设成本高（面向的是医生，专业性强且分散），尽管出现如CAR-

T 等突破性的产品，初创型企业也会出于监管、渠道等因素限制而选择同传统巨头合作或接受合并。

二是重视创新，但要循序渐进。开发新型药物是抵抗控费压力的必然要求，长期来看趋同性评价完成后，仿制药转变为标准产品，接近没有定价权，其中更多的是成本比较，格局较差，只有开发新型药物才能维持自身竞争水平。如果想要搭建全面的创新模式，最好的办法是循序渐进，从难度不高的高端仿制药、剂型创新药、Me-too 类创新药等开始。从日本新药定价规则来看，简单的 Me-too 类药物难以取得高比例加成，希望疗效有突破的 Me-better 甚至全新靶点或机理的 First-in-class 药物和解决孤儿药等特殊需求会是创新型药企在拥有研发 Me-too 类药物能力后的新方向，也是衡量企业实力的标志。投资太领先的技术也会有高风险高收益的困境，适合大公司以相同风险投资的途径，小药企自身发展此类项目有较大困难，最好是与大公司合作，借助其研发和销售的资源达到自身的快速发展。

三是重视营销，加强终端掌控。尽管创新药在市场上也会存在有同类型的产品竞争，在医药分开的背景下，无法通过回扣获得足够的收获，只有不断地进行研发创新，充分发挥自身的竞争优势，才能达到对终端的更好掌控，所以公司必须创造一批学术水平高、能给医生创造更好药学服务的创新人才。终端类型方面，中国当下依旧是以大型公立医院为核心，对三级医院等关键客户的营销更为关键。考虑到社会影响，中国未必与日本一样，走以非公立为主体的途径。但会利用普及分级诊疗来舒缓患者汇聚于三级医院的不良局面，药企应当事先向基层安排，消费者分布范围更广，对营销人员的规模要求更高。

四是疾病领域的选择。老龄化的日益严重使得社会对老年病药物需求的急剧提高，关键的疾病包含了心脑血管、肿瘤、糖尿病、老年痴呆等。按照日本的疾病谱和用药结构、疾病和药品自身属性可见：慢性心脑血管疾病（如高血压、高血脂）当下已趋于完善，价格较低且使用方便的药物能够获得更佳的治疗效果，如果没有产生突破性的治疗药品，那么费用将难以急剧提高；急性心脑血管疾病（如心梗、脑梗等）用药汇聚于发病时的紧急救治和后遗症的预防治疗，关键是溶栓类药物和微循环改善药物，在未取得关键性进展时仍有着提升空间；肿瘤是当下绝大部分公司进行创新投入的重点，对新药的需求远没有满足，市场的可获得性很高；糖尿病当下也还没有相关的成熟廉价药物能够显著改善病情，随着病情加重，患者通常需使用传统的存在许多不足的胰岛素，也值得研发改善；老年痴呆当下可用药物十分稀少，只有美金刚等少数药物能够使用且效果不是很好，市场急剧需求该类药品，但研发创新极为困难，很多领头羊企业的创新结果并不理想，普通企业则更加难以投入。

总而言之，与中国公司投入创新相配的可攻克领域主要为肿瘤、糖尿病、急性心脑血管疾病等。而且，结合中国目前经济发展状态，许多有消费升级属性的疾病领域（不危及生命但影响生活质量的疾病）也适合投入，比如眼科疾病、矮小症、关节炎、银屑病等。

第五节　德国医药营销经验的启示

德国制药兴起于二次工业革命，又因两次世界大战而失去了“世界制药中心”的地位，而错过了20世纪70年代生物技术革命的发展契机更使得其处处落伍。然而进入21世纪之后，以拜耳等为代表的德资药企在并购重组、生物技术、拓展新兴市场等多个方面迈出了自己的步调，其谨慎、坚定、不激进的节奏为中国制药提供了一个长期持续发展的借鉴傍样。

一、德国医药企业发展探索

(一) 德国药企的发展

德国人口约8 300万，国民生产总值37 600亿欧元。全国卫生医疗支出3.78亿欧元，医疗保险2 490亿欧元，德国药品的总销售量为520亿欧元。有2 100种国家确定的药物，其中处方药占70%、非处方药占30%，在非处方药物中植物药占30%。德国生产的药物占欧洲市场份额的40%以上，2021年世界制药企业销售额排名中，前十名德国有默克集团和拜耳公司两家。最早的现代制药公司出现在二次工业革命时代，时间是19世纪80年代，地点在欧洲的莱茵河流域，其中德国制药是主力。化学和制药工业成为那个时代经济最前沿的代表，而在此之前药品一直是从天然动植物和矿物中采集和提炼。20世纪之初，德国药企在制药行业曾经真正建立起一个同行难以企及的帝国，将人类引入了自主研发制造药剂的时代。

德国制药产业和医药企业在人类医药发展历史上具有重要作用，特别是在生物技术领域，以拜耳公司为代表的德国医药企业一直处于先进水平。1897年，拜耳公司的科研人员菲里克斯·豪夫曼博士在为其父亲研究更有效的、耐受性更好的抗风湿药物过程中，首次成功地合成出了高纯度、化学性质稳定的乙酰水杨酸（ASA）——这就是后来的“阿司匹林”。

彼时，拜耳、赫切斯特、默克、先灵等德国制药公司是先进医药技术、医药产品的代表，掌握着整个医药市场的主导权，同时期的礼来、雅培、惠氏、施贵宝等美国制药企业还只扮演着优秀的渠道分销商的角色，主要加工和销售天然药，分销给药店和其他零售商。同时德国医药企业的发展不仅带动了医药产品的创新，还推动了医药模式的改革，如今叱咤风云的默沙东与先灵葆雅是由德国默克和德国先灵的北美分公司起家的，而辉瑞同样带着德国血统。

自主研发制造药剂是德国医药企业对世界最大的模式贡献，现代制药的创新、研发等词是由德国人最先实践的。拜耳最早发现了实验室研发的潜能，将制药行业引入自主研发的阶段。1935年，拜耳将首个磺胺药物偶氮磺胺投放市场，其发明者Domagk博士因此荣获诺贝尔生理学或医学奖。一个多世纪以来，广谱抗生素、心脑血管药、皮肤抗真菌药、糖尿病药物等新产品相继从拜耳的制药实验室诞生。但是经过两次世界大战，拜耳数度分拆易名，直到 1972 年，公司更名为拜耳德国股份有限公司，开始向国际化学和医药集团发展，在医药保健、材料科学和农作物科学等领域位居世界前列。

随着医药企业营销模式的发展，20 世纪末期出现制药业大合并，主要原因就是生物技术革命的后果。此时保守的德国制药业一直拒绝变革及新的投资，因此赫切斯特这样的昔日德国制药巨擘才会在并购中连名字都逐渐消失。赫切斯特公司曾经是德国制药界的骄傲，同样也曾领跑全球制药业。然而，1999 年法国的罗纳普朗克公司合并了赫切斯特公司，组建了法德合作的安万特公司。随着最终安万特公司于 2004 年被法国赛诺菲公司并购，新的赛诺菲——安万特公司已经彻底抹平了赫切斯特公司的德国特征。

可以作为对照的是美国药企。一直到第一次世界大战爆发，美国所有的新药都仰赖从德国和瑞士进口，新药都是采用当时最先进的有机化学技术制造的。第一次世界大战给了美国制药企业一个难得的机遇。由于美国政府对德国药品禁运，德国默克和德国先灵在美国的子公司，把欧洲的技术和对技术的商品化能力带到了美国，美国本土的制药企业也开始建立实验室，逐渐积累了新药的研究和开发能力，并形成了一定的竞争优势。而二战后美国制药更是获得了超常规的发展，同样是拥有德国血统，默克与先灵在北美的子公司在二战后比在德国的母公司发展要迅速得多。

德国已经不再是昔日的“世界制药厂”了，虽然德国在生物技术方面获得了许多新的研发成果，但是这些研发成果转化成的药品，往往是在其他国家而不是在德国。尽管德国拥有无数制药企业，基础雄厚，但大部分生物技术药品都不是由德国企业而是由美国、英国的企业来完成并实现市场化的。

（二）德国医疗体制改革

为帮助德国制药业在生物科技时代迎头赶上世界先进水平，加强德国生物制药领域利益相关单位的网络建设，重振“世界老牌制药强国”的雄风，德国联邦教育与研究部专门制定了《德国制药业计划》，用于资助健康领域以及生物技术领域的基础研究和应用研究。这些生物技术新药包括：生物技术疫苗，治疗慢性病、重症和罕见病症的重组蛋白。在某些生物技术领域，德国制药正在迎头赶上。

1. 实施国家医药倡议，全面推进新药创制研发

为了促进重大创新药研发，2007 年德国联邦教研部（BMBF）首次在该领域制定实施了《德国医药倡议：未来医学竞争战略》。该倡议属于德国《高技术战略》框架内容，实施期限至 2011 年，总经费预算达 8 亿欧元。该倡议对德国政府促进创新药物研发的相关政策措施进行了重新调整和综合集成，全面覆盖了从基础研究、应用研究、临床前研究、临床研究直到进入市场等创新药物研发生产销售整个链条，跨领域集成了大学高校、公立研究机构、生物技术企业、医院临床和制药企业等创新药研发的所有相关方。倡议具体内容包括：实施创新药物研发跨领域发展战略、加强疾病致病机理基础研究、支持促进创新理念商业化进程、开展新治疗和诊断技术研发、加强药物临床实验研究、强化德国医药技

术产品的国际地位、促进企业间合作研发等。在倡议框架内配套实施的计划项目包括《生物制药竞赛》《国家基因组学研究网3期》《医学基因组学研究计划》《系统生物学》《医药发展创新》《生物机遇＋》《疾病导向型能力网络》《临床研究中心》等。

德国政府出台了新的《高技术战略：2020》，把“个性化医疗”“大众疾病研究”和“基因组学/系统生物”等列为“健康/营养”领域（未来高技术研发五大需求领域之一）行动路线中的战略性研究课题。联邦教研部和联邦卫生部联合推出了《健康研究框架计划》。作为德国政府医药健康研究领域框架文件，该计划将以往分散于各大研究计划中的医药健康研究内容进行了集中，明确了未来10～15年德国医药健康研究领域的技术、产业和社会发展目标以及相应的行动领域。重大创新药研发属于框架计划内大众疾病联合研究和个性化医疗两个行动领域的重要内容。

2. 加大研发经费投入，全力支持新药创制研发

近年来，德国政府一直高度重视医药健康和生物技术领域研发经费投入，为高校、公立研究机构、生物技术企业、医院诊所和制药企业等开展创新药物研发活动提供了有力保障。2010年底，德国政府发布了由德国联邦教研部、联邦农业部、联邦环境部、联邦经济合作与发展部联合实施的《生物经济2030：国家研究战略》，并为其配套了24亿欧元研发经费投入。2011年初，德国联邦教研部和联邦卫生部联合实施《健康研究框架计划》，该框架计划第一期研发经费预算就高达55亿欧元。2011年底，德国政府发布了《联邦政府人口结构变化研究议程：老年人未来》，该研究议程第一期研发经费预算达4.15亿欧元，老年人口健康是其6个重点领域之一。2012年，德国政府发布了《高技术战略行动计划》，明确提出实施“个性化疾病医疗”“有针对性预防与营养健康”和“老龄人口独立生活”等三个与医药健康研究密切相关的未来项目（总共有10项），上述三项目研发经费预算约7.65亿欧元。

3. 组建健康研究中心，创建新药创制研发高地

为了更好适应国内医药健康领域未来发展需求，更有力集成大学高校、公立研究机构、生物技术企业、医院诊所和制药企业的研究创新能力，形成必要的研究规模和研究强度，将德国打造成为创新药物研发国际高地。2011年起，德国政府着手对国家医药健康领域研发创新体系进行了改革，面向神经退化、糖尿病、心血管、癌症、传染病、肺病等6类大众疾病组建了6个国家健康研究中心，并为其配套了7亿欧元经费。目前，德国国家神经退化疾病研究中心（DZNE）和糖尿病研究中心（DZD）已建设完成，心血管疾病研究中心（DZHK）、传染病研究中心（DZI）、肺病研究中心（DZL）和癌症转化医学研究中心（DKTK）等4家中心正在组建过程中。新建立的6家国家健康研究中心不同于传统概念上的研究机构，它们采用虚拟化研究网络式架构，突破了既有科研体制和区域界线，将研发网络触角延伸到大学高校和校外研究机构之中，力求将德国最优秀的研究创新资源联合起来。德国政府认为，通过组建国家健康研究中心将对德国健康研究和创新药物研发带来积极影响：一是有利于开展集成研究，建立资源共享平台；二是有利于开展大规模的临床研究和流行病调查；三是有利于与制药企业联合建立战略联盟；四是有利于与病

患、医务人员和社会公众交流对话；五是有利于与政府其他促进医药健康领域研发创新的政策措施进行衔接；六是有利于开展国际研发合作。

4. 重视创新网络建设，促进跨领域新药创制研发

为了提高跨领域医药健康研究水平，促进相关研究成果实现临床应用转化，1999年起，德国联邦教研部着手组建由高校、校外研究机构、医院诊所和病患组织共同参与的“医药创新能力网络”。这些医药创新能力网络具有组织形式灵活、主题特色鲜明、交流沟通迅速和产学研结合密切等特色，为促进医药健康领域研发成果实现转化应用提供了平台空间。受德国联邦教研部委托，德国医药研究网络技术方法平台协会（TMF e. V.）负责对创新能力网络相关活动进行管理。在联邦教研部支持下，德国已组建了针对传染病、慢性病、心脏病、癌症、神经性疾病、心理疾病、代谢系统疾病等7种不同类型，开展肺炎、肝炎、艾滋病、败血症、肠道疾病、风湿病、先天性心脏缺陷、心脏衰竭、心房颤动、急性和慢性白血病、恶性淋巴瘤、小儿肿瘤及血液病、多发性硬化症、帕金森症、中风、退化性痴呆症、抑郁症、精神分裂症、肥胖症、糖尿病等21种疾病主题研究的医药创新能力网络。

5. 建立完善的医疗保险和医疗创新制度

德国是世界上最早开始建立社会医疗保障制度的国家。早在1883年，德国就颁布了世界上第一部《疾病保险法》，建立了法定医疗保险制度。德国医疗卫生体制的主导性原则从此确定，如居民收入达到一定标准则必须加入医疗保险系统，雇主和被保险人代表组成的非政府组织负责管理医疗保险基金，医疗保险的保费和收益都与收入挂钩，医疗保险的资金来源主要是工薪阶层和雇主等。德国医疗保险制度的核心原则，即“团结互助、社会共济和高度自治”。根据德国宪法（1949年《基本法》），联邦政府为基本保险制度制定了大量政策条例，尤其是关于收益、选取资格、义务会员制、风险涵盖面、生病期间的收入维持机制、雇主雇员的保费分配等方面的内容，使得SHI制度的运作避免了政府行政等因素的干扰。法定医疗保险者的保费取决于投保人的经济收入，按照一定百分比从工资中扣除，由雇员和雇主共同负担。

6. 加强青年人才培养，建设新药研发人力资源

由于高校的医学教育活动偏重于传授临床实践知识，对学生研究能力的培养不足，大学医院的医务人员对研究工作也不够重视，研究被认为是应在“业余时间”完成的工作，因此研究任务在大学医院的三大任务（研究、教学和医疗保障）中处于“弱势”，各级政府下拨的研究经费，也因为科研人员在上述三大任务间没有合理的界定方式，无法完全投入到研究活动中去。为了扭转这一不利局面，德国政府制定了一系列措施，加强大学高校中研究型青年人才培养力度：一是在大学高校医学教育中加强研究能力的培养任务；二是向学生提供研究奖学金，组织“研究假期”活动，提高医学博士论文的学术要求；三是鼓励青年研究人员尽早开展和承担独立研究工作；四是在大学医院的职业生涯规划中更多地考虑研究因素，设立更多的研究职位；五是向在校研究生传授企业研发创新的基础知识，以及与企业开展研发合作的有关管理标准；六是改善医学专业学生和研究人员的职业前

景等。

二、德国医药营销对中国的启示

德国的医药企业发展经历了引领、危机、崛起的不同阶段，特别是随着技术革命和私有化的进程加快，面临着很多我们也将面临的机遇和挑战，其经验与教训的总结对我国医药企业的发展特别是营销能力的靶向提升具有重要意义。

一是优化资金投入结构。德国生物医药产业的基础研究工作是通过政府资助形式完成的，资助对象包括一些研究机构（大学、研究中心等）和由国家研究委员会认证的国有科研部门。据统计，德国75%的生物医药R&D投入是通过研究中心和项目中心等实施的。在生物医药公共研究开发方面，德国拥有自己的科研体系，包括各大学的科学系或医学系，以及各生物制药研发机构。生物医药企业都与大学、公共研究机构联系紧密。其中，生物技术公司主要是利用国家知识创新基地从事研发创新，而大型的制药企业主要是寻找全球合作伙伴，打造制药产业基地。在资金方面，德国倡导私人资金和风险投资进入生物制药产业，这种结构性的调整对高新技术企业有着重要的影响，尤其在高新技术企业处于重大转折时期，风险投资发挥着极其重要的作用。

二是加快技术创新占领技术前沿。德国的生物技术占有领先优势，在新药研究与开发方面居欧洲第一。德国政府非常重视生物技术的研究发展，去年就拨出了超过80亿欧元的联邦教研部经费，重点资助生命科学和创新技术的研究。德国为了鼓励制药企业开发新药，尤其是基因技术和生物技术产品，近两年改革了对新研制药品价格的管理程序，允许制药企业自行确定新药价格。

三是增强产业集群和知识积聚。德国模式都是以高水平研发机构的集聚为其集群基础。除了扮演知识源的角色，这些地区的高校还直接衍生出一批创业企业，目前欧洲最大的生物技术公司Qiagen就是源自杜赛尔多夫大学，事实上高校成为欧洲生物医药产业的中坚力量。因此，集群内的企业在垂直维度上与大学、科研机构的合作远远大于在水平维度上企业间的技术交流与合作。企业在特定区域的集聚从而使生物医药产业集群表现出一种少有的以高校、科研机构等知识源为集群核心的创新集群架构。因此，重视知识源，发挥知识源的作用，是构建生物医药产业集群的重要前提。

四是建立健全医药市场规则秩序。德国制药企业充满活力的主要原因是政府制定了完善的市场规则并引导和资助企业开发新药品。完善的市场规划包括：社会保险、卫生医疗保险、互理保险、伤残保险等各种社会保障机制，保证了各类人群都可享受基本的医疗条件和最基本的药物治病；基本药物由政府与企业协商后定价，政府确定基本药品的价格，确保老百姓的基本要求；基本药物名单是由政府进行审查并听取市民的意见后确定的，这样既保证了企业的利益，又满足了市民的基本需求；引导和资助企业开发新药，新的药物开发周期长，往往中小企业容易望而生畏，因此，德国政府以资助中小企业搞研发的方式，引导新药物的开发。另外，欧洲框架计划也重点支持、资助新药物的开发。

五是要合理有序实行私有化。德国是典型的国退民进的国家，整个市场推动着医院走上私有化。医保付费方式在1993年，从后付费转向预付费制度，在医院收入下降的环境下，适者生存，只有具有高效率的医院才能迎来发展契机。在医疗私有化的进程中，诞生了大型医疗集团。私有化减轻了政府的财政负担，激发了医药市场活力，但是也带来了服务公平性、可及性的问题，特别是公立医院人才的流失导致公立医院服务质量下降。在2020年新冠肺炎疫情的救治中公立医院的作用彰显出来，我国的医疗体制优势得以充分发挥。我国医药企业必须在以公有制为主体、公私并存的格局下进行发展模式的转型，通过产业结构优化、科技创新、营销能力提升等方式实现内涵式发展。

第十章　我国医药企业营销能力提升的实践探索

本章以云南白药、哈药集团、华海药业、中新药业、太龙药业、金花股份、沃华医药等医药生产企业在营销能力提升方面的实际探索经验为案例，总结其应对数字经济、数字营销的思路、方法，分析其在营销模式、营销体系方面创新的实效，为提升我国医药企业营销能力提供借鉴。

第一节　云南白药的营销能力提升

云南白药是我国医药行业的重要企业，是一个将创新技术和超凡营销手段相结合的医药企业，其成长发展既体现人们对健康的重视，还展现出国内医药行业不断追求卓越的目标。在营销方面，其能力更是行业内的佼佼者，特别是近年来在营销模式、营销体系的改革力度和改革效果方面反馈良好，值得深入分析。

一、云南白药的营销困境

一是行业发展趋缓。随着国内人口数量的持续上涨和老龄化现象的日益突出，医疗费用大幅增加。医疗保险费开支的快速增长加重了政府的经济重担，进而阻碍我国市场经济的发展进程。因此，政府出台了诸多相关政策用以减少医疗保费开支，阻绝医疗资源挥霍，从而处理医疗费用偏高的难题。在我国政府的领导下，医院降低了非必须用药的应用，简化了问诊步骤，能够更精确的对症下药，并更加约束抗生素此类药品的应用。此外，我国经济迅猛发展，医药产品的基本成本日渐增加，产品的创新研发及装备维修调节需要的资金也日渐增长，且其需要支付技术管理人员的薪酬也与日俱增。与此同时，政府医疗改革使医药制造企业被迫降低医药产品价格，利润率降低，从而导致企业生产成本居高不下。医药制造行业发展受限于愈发高涨的生产成本和愈发低迷的利润空间，医药制造产业的发展日渐趋向平缓，原先跳跃式增长、蓬勃发展的迹象已不复存在。

二是企业发展趋缓。企业统筹市场及行业的发展需求，积极配合政府的领导方针，进行了混合所有制改革。为谋求企业的高质量发展，对营销能力体系进行一定程度的重新构建。新医改开展后，虽然企业的营业收入并未出现显著下降，仍具有一定的增长趋势，但整体涨幅相对之前却有所减少，年同比增长率出现下降趋势。2013年之前企业总收入与净利润表现为跳跃式增长，之后年均增长速度出现明显下降。2014年，企业总收入的同比增长率由之前的小幅上升变为小幅下降，甚至有继续降低走向，相较于之前阶段，净利润同比增幅大幅下降，下降幅度更是达39.13%，其后呈现出小幅波动的平稳发展走向，同比增长率处于低水平位置。企业总收入和净利润的增长由高转低，总体走向趋缓，表明企业发展速度放缓，高速发展势头减弱，开始迈入缓慢发展阶段。为寻求更快且有效的发展速度，需展开相对应的方案措施。

三是公司管理体系存在不足。白药由云南省国资委管辖的企业控股，其股权由云南省国资委持有。白药控股具有云南白药41.52%的股权，为云南白药的控股母公司，更是名副其实的最大股东。不难看出，国有资本占据企业资本结构的绝对份额。因此，云南国资委具有企业的关键决策权。由于国资委持有大量股权，导致政府决策成为企业运营过程中不可忽视的影响因素。政府管理企业过程中存在缺少专业指引、对公司基本情况了解匮乏、决策效率低下等问题。

四是市场竞争激烈。自2013年以来，国内医药行业新成立的企业数量迅速增加，到2019年，国内医药行业新增企业19.8万家。第一阶梯为广东省和山东省，其在业的医药企业超过10万家；第二阶梯有河南、江苏、浙江等6个省市区，其在业的医药企业数量在5万家到10万家之间；第三阶梯有辽宁、安徽、广西等20个省市区，其在业的医药企业数量在1万家到5万家之间；第四阶梯有宁夏、青海和西藏三个省份，其在业的医药企业数量在1万家以下。中国医药工业信息中心2020年6月发布的《2019年中国医药工业经济运行报告》指出，2018年，76%的中国医药企业主营业务年收入低于2 000万元，在百强制药企业贡献不断增加的同时，市场占据份额不断加大，大型企业的市场集中度显著提高。

五是消费者负面反馈上升。首先，企业旗下产品大都围绕白药展开，如市场上逐渐出现的白药气雾剂、白药创可贴等产品，该类产品的知名度远超白药粉，也深受市场和广大消费者的喜爱。而现如今，我国关于药品的监管体系仍有待完善，非法药厂屡见不鲜，致使药品价格产生大幅波动，消费者能够通过各种渠道获得低廉的非法药品。为达到将药融入日常生活用品中的目的，云南白药开始展开大规模的研发和创新，例如云南白药牙膏、洗发水等一系列日常生活用品。但是将药完美融入普通的日常生活用品中需要投入大量人力物力，生产商品的成本也水涨船高，从而相对于其他同品类的产品而言，产品价格也偏高。然而普通消费者很少会具备普遍使用高价格产品的条件，对比产品价格后往往会选择低价产品，久而久之消费者会对企业产生负面情绪，于企业而言是极其糟糕的情况。其次，轻视售后意见反馈。售后反馈是指消费者在产品售出后使用产品的体验反馈，其必然存在好的建议和差的建议，做到有则改之无则加勉，以便在市场上呈现出更加符合大众品位的产品，同时也为下一步的产品营销打下了良好的基础。在当今的市场中，售后反馈是连接消费者和企业生产的重要节点，良好的售后反馈是基于市场的基本要求。在企业成立初期，产品销售只有线下销售渠道，无法及时收集消费者的反馈信息，对消费者的调研也存在一定难度，一定程度上阻碍了研发新产品计划的实施，缺乏迎合市场需求多元化的能力，对于企业旗下产品而言，同类产品竞争激烈，消费者意见反馈显得尤为重要。同时，轻视售后意见反馈也会降低企业在消费者心中的良好形象。最后，产品的境外受欢迎程度很低。目前，虽然企业的产品涉及中国香港、中国澳门、中国台湾以及东南亚的一些国家，但其他地区和国家对云南白药的历史和功效知之甚少。由于不同地区对进口商品的检验标准不同，云南白药甚至被列为禁药。此外，产品的包装设计风格比较传统，符合东方人的审美理念，而不符合西方人的审美理念，虽然企业产品质量良好，但在当地消费者看来，企业产品在当地并不知名，也不是当地消费者最喜欢的品牌。此外，产品种类繁多，效果相近，竞争激烈，企业产品无法脱颖而出，缺少让消费者了解的欲望，相对其他同类产品而言，企业产品缺乏竞争力，这是企业今后稳步发展要解决的一个关键问题。

六是传统的市场营销模型和决策方法有待优化。云南白药集团股份有限公司大多采取以需求为导向的价格方式，市场上对白药产品的需求量也相对很大。在以上各种价格方式中，需求定价法可使公司作为国宝企业获取相对较大的收益，但白药开发生产成本高昂，目前中国国内白药生产能力仍严重不足，除白药以外，该商品的其他原料均选用优质材料生产，其成本相对较高。如今，云南白药专注于行业高端产品，而国内消费者不具备长久应用高价格产品的条件。当产品价格低于行业价格的平均水平时，即发展中低端产品，不仅契合普通消费者的自身利益，更是企业稳步发展的重要基石，特别是在市场和国家政策的引导下，降低价位也是将来的发展趋向，但分销渠道是当前企业发展的症结所在。分销企业存在着规模小、效率低、技术落后、区域化严重等不容忽视的问题。此外，在销售渠道方面，由于药品本身所具有的特殊性，导致其销售渠道相对受限，通常为药店和医院，生活必需品则大不相同。自 20 世纪 90 年代以来，基于“一站式”便利的购物模式和高质量的保证，大型超市已成为消费者的主要选择。然而，由于大型超市的营销成本费用偏高，而传统老字号品牌的盈利较低，企业通常很难承受此类项目的投资。

二、云南白药的营销能力构建与提升

（一）营销理念

营销理念第一个就是诚信。就医药行业而言，消费者投诉、官司等各类问题大都是由于企业在营销过程中过分夸大了产品的功效，这些都会在一定程度上让企业的名誉受损，而消费者在选择产品时会在很大程度上考量企业的声誉，尤其是在医药行业，因此，“诚信营销”是云南白药集团相当重视的一个理念。例如，由于夸大产品功效和怀疑虚假广告，云南白药自 2007 年以来多次被列入当地食品药品监督管理局的黑名单，这些问题给“云南白药”这种老牌药业带来的损失是相当大的，不管事后做多少宣传，都很难补救。所以，在宣传药物功效时云南白药应做到实事求是，营销过程中也应该对顾客待之以诚，对经销商和所有与之打交道的人，都做到言行一致，不违背任何承诺，以赢取公众的信任，提升消费者的好感度。

其次，坚持卓越也是一个重要的理念。云南白药在医药领域长期处于行业先导地位，因此，保持卓越应该作为其营销的基本准则。也就是说，企业应当考虑或尝试一些以前不会想到或无法做到的事情，来赢取到终端客户。总之，在供给同类产品和服务的竞争中应该尽力超越其他竞争对手，并尽最大可能拉大与他们之间的差距，使这种竞争优势发展得更加显著，努力开辟竞争关系的新标准。

此外，坚持混合品牌也是必不可少的营销理念。目前，云南白药在我国享有着极高的名誉，它作为云南白药企业的无形资产和资源发挥着重要的作用。努力实现这一战略资源价值的最大化是云南白药营销的基本出发点和落脚点。具体来说，就是为了防止在多元化的过程中发生各式各样的问题影响到“云南白药”的声誉，在除了云南白药主要的药物领域之外采用其他的品牌，譬如杨元庆洗发水、“钱草堂”沐浴露等。各种类型的产品可以冠以不同的品牌，尤其是在那些相关性较弱的行业中推出的一些产品。

（二）营销模式选择

首先，营销应该做到全员化。在新时代，全员营销是一种新兴的模式，不但可以使营销的效果得到显著提升，还可以将企业各人员凝聚起来，降低一定程度的营销成本，培育出积极的企业文化。因此，营销全员化这种新的模式在云南白药企业得到了确立。为了有效地实施全员营销，企业要求所有职员形成“龙头是营销管理，责任需大家共同承担”的理念共识，这与云南白药的各位员工以及各项任务密切相关。在管理的实践当中，应该重视产品的营销策略，并且做到营销的整合。在技术开发的有效支持下，通过生产、财务、行政以及人事等各方面的管理，以及产品、价格、渠道和促销等各项策略的默契配合，使营销导向内化进云南白药企业，确保公司实现它的营销目标。

其次，营销应该准确。许多云南白药的产品价格均高于市场上的同类产品。云南白药牙膏在市场上仍然保持着强大的竞争力，几乎不受市场的影响，其主要原因就是云南白药企业对自己产品足够准确的定位。云南白药独特的配方是其他知名品牌无法比拟的，因为它的配方独特而神秘。以云南白药牙膏为例，市场上大多数普通牙膏的主要功效是美白，而忽视了牙龈保护，云南白药牙膏中所含特有的活性成分可以有效改善牙龈问题。因此，云南白药牙膏针对的消费群体分为两类：一类是高收入和牙龈出血的群体，另一类是中等收入但牙龈问题严重的群体。通过准确的分类，以实现牙膏市场定位的准确性。同时，公司还可以在一些大型节日庆典过程中推出相应的活动，降低产品价格，以达到促销的目的，从而扩大产品在消费者心中的影响力。此外，云南白药注重女性用户，强调气血问题。例如，云南白药在3月8日的女神节上，在充满干货的美柚气血图鉴专题中，推出了每一种气血不足情况的专家知识讲座，通过高度有趣的活动和奖励刺激，强调女性的血液问题，引导用户了解产品的卖点并触发购买。深入了解目标人群的痛点，探索他们的生活及消费的场景，让用户自觉主动地关注健康问题是影响用户思维的第一步。

最后，网络营销是重要手段。云南白药与人民网络金融研究院联合开展网上调研和街头采访亚健康痛点，根据线上线下调查结果，云南白药金融研究院和人民网发布了公共亚健康调查分析报告，深入分析了亚健康的成因和常见痛点。云南白药以关心国家健康为出发点，与人民网络金融研究院联手发起全国亚健康医疗行动，并得到人民网络金融研究院的认可，以提高公益活动的高度和公信力，其中，云南白药“植物补品，因爱行走”的直播是整个营销活动的亮点。在直播前三天，利用海报、倒计时等宣传手段为直播铺路；直播当天，利用前期宣传的主要媒体平台进行了全方位的直播，展示了云南白药为国家亚健康服务所做的努力；直播结束后，云南白药进行了为期 10 天的直播点评，延续直播的人气，加深品牌印象，进一步占领用户头脑。云南白药以新媒体营销为基础，传统媒体为辅，线上线下融合的理念，构建了自己的营销体系；与官方媒体合作，与垂直媒体、自媒体、线下杂志推送深度合作，精准投放不同用户，多渠道、多方向报道，实现用户群体的破环传播。用户逻辑是所有营销逻辑的本质。随着互联网的发展和新媒体的更迭，人们的学习、工作、生活以及消费等各个方面的行为模式都在经历着潜移默化的进步，消费群体以及企业的营销方式也都伴随其发生着巨大的变化。云南白药抓住时代发展机遇，深入挖掘用户心理和需求，把握新媒体营销大势，做好宣传推广工作以抓住用户的心。

（三）营销策略选择

产品策略。从根本上说，营销人员盈利与否最根本上取决于用户对产品的需求。云南白药以客户的利益为根本，在做到合理的市场细分基础上，从满足各类消费者的需求出发，开发各具特色的不同产品。在研发新产品的同时，企业还充分考虑患者用药的便利性，使内制剂和外制剂共同发挥作用，使云南白药集团的白药体系立体化。然而，云南白药的产品定位大多都较为高端，价位偏高。事实上，绝大多数消费群体都只有一定的消费能力，因此在未来，其可以适当研发更多新的低端或中端的产品，以满足部分对标价敏感、消费能力有限的人群的需要。对于这类产品，大可不必用“云南白药”命名，以防止混淆当前“云南白药”品牌的现有定位。此外，鉴于该集团自 2007 年以来多次出现药品质量问题，云南白药集团今后应该在确保产品质量稳定的前提下，改进制药技术，开发更多新产品，提升技术含量以及附加值。此外，还可以加强新药研发，确保云南白药久居行业龙头。除药品相关行业外，还可以在其核心效用——祛瘀止血的基础上，创新出更多的产品，并以此为契机，根据各类消费者的不同核心需求进行区分，让其各类产品在定位、报价和效用等方面显著有别于其他竞争者。

定价策略。在我国，消费者最敏感、企业最应该注意的营销变量之一就是价格，因此，价格的确定要求营销工作者做到深思熟虑。定价决策中的任何失误都可能引起营销组合的各项其他活动无效化，企业在一定的费用和成本等条件下，必须运用最灵活的价格策略才有可能制胜。目前，以需求为导向是云南白药使用的基本定价方法，就是依据消费者们在目标市场上的实际需要进行科学的定价。鉴于白药名贵、对其提取的成本高昂，且行业内现有的生产能力欠佳，加之使用最好的其他各种原料，都使得其在生产过程中产生了高额但又必须付出的成本。并且，云南白药对很多消费者来讲已成为刚需，因此，高价格是云南白药很多产品固有的特点。集团为了保证白药的品质，其绝对不会采取使用次等药材的方法来达到降低成本的目的，所以其系列产品的售价不会存在太大的波动。只有企业在现有生产能力得到极大飞跃、生产成本陡然降低后，才有机会降低云南白药产品的售价。

渠道策略。在医药行业内，因药物制品本身具备着它的特殊性，所以其只有相对单一的销售渠道。一般来说，它们只售卖于医院及药店。目前，云南白药集团不仅可以借助于传统的销售渠道，还能自营于云南白药大药房，其产品在互联网上还可以官方线上销售。此外，其产品也在当当、淘宝等著名网络消费平台以及药商网站上上架出售。然而，其渠道建设仍需改进，药品配送时相对离散，在流通的过程中产生了大量的时间成本，此外，销售渠道中经常发生冲突。因此，尽管企业耗费高昂的成本维持着现行的渠道，但其效益却非常之低。针对这些问题，云南白药集团今后可以加强各条渠道之间的激励及管制，深入整合各条销售渠道，依靠严格的制度化解渠道冲突，搭建互利共存的网络结构，从而提高运营收益和渠道效率。此外，还可以从国外引进成熟的配送系统以及物流管理系统，实现全国各地药品呈送的统一化，节省产品在流动过程中产生的各种不必要的成本。云南白药在销售日化产品方面的渠道仍然不够宽阔，销售区域受到一定限制，虽然其产品被广泛宣传，但还存在着许多消费者愿意但购之不得的情况，在乡镇地区尤为明显，这对日化产品的推广非常不利。此外，就主要渠道的选取问题而言，云南白药在日化产品常用渠道和连锁药店之间徘徊不止，这也使得其日用品在市场突破战中面临一些障碍。

因此，云南白药集团在未来，应尽量立体地在用户眼前呈现自己的产品，特别是在主流客户很乐意或最习惯消费这些产品的场所。

云南白药集团作为最早确立并运用立体网络营销手段的企业，避免了传统促销方式的缺陷，还提供了新的鲜活思路用以帮助企业全面拓展产品市场销售、提高销量以及扩张现有市场份额。

三、云南白药的营销能力实践检验

（一）产品为主：品牌营销与内容营销

经过多年的筹备，云南白药公司推出的云南白药牙膏开始在市场中销售，在准备的过程中，云南白药公司对市场进行了深度与广度的调研，依据牙膏行业的发展态势，并对其产品进行了全方位、多层次的设计开发。从上市到现在，云南白药牙膏产品可以说是深入人心。而它最开始的功能也只是和普通牙膏一样，保持口腔清洁，但现如今，它所具备的功能不仅仅是清洁口腔而已，经过 30 多年的更新换代，它的功能扩展到了口腔的各个部位。由此产品，云南白药公司打造出了公司品牌产品，并与市面上其他牙膏区分开来，实现了其品牌优势，借此打开了牙膏市场。

（二）消费者为主：社交营销与粉丝营销

短视频平台和媒体具有广泛的观众用户，抓住这些用户的口味就能收获大批量的产品受众，从而提升产品销售量。媒体平台为云南白药提供了稳定且庞大的用户群体，人们在日常生活中会接收到大量信息，由于现代人类生活节奏的逐渐增速，人们的消费理念也不断变化，越来越多的消费者更加关注健康而非价格。2019年，云南白药牙膏主打维护口腔健康，向市场投放了一款关注口腔健康、由小分子肽构成的牙膏，它的宣传标语是“更适合中国人饮食习惯的牙膏”，这款牙膏一经问世，就博得消费者眼球。同时，云南白药公司还和多家媒体平台进行合作，大力宣传，经过明星的推广和宣传，以及本身就十分优良的质量，一经推出就广受好评，积累了一大批忠实用户，

“粉丝营销”将关注点从顾客的物质层面转移，不再局限于关注顾客的物质需求，而是偏向于顾客的内心世界，其中包含了顾客的三观、热情和认可度等。除此之外，粉丝营销的主体是顾客，顾客至上的理念尤为重要，希望顾客能提出宝贵且有用的意见，发表自己的独特见解，帮助企业完善产品质量和服务，做到让顾客满意，获得顾客对产品的认可度。2017年，云南白药公司与当时最热门的音乐文化节目《中国有嘻哈》合作，借助明星代言，将云南白药牙膏向市场推广，吸引了不少新时代的青少年关注。其中，深受年轻人喜爱的鬼卞老师，还为云南白药牙膏创作了主题曲“吃货法则从来不用太多对与错，对位美食从来不错过”，朗朗上口的歌词配上音乐人的完美演绎，使得云南白药牙膏深深印在观众的脑海中，这首歌曲也在年轻人中广泛传播。同时，云南白药公司还请了众多流量明星代言，将明星的粉丝转换成云南白药牙膏的忠实顾客。

（三）体验为主：场景营销和跨屏营销

21世纪，随着各种信息技术的更新升级，科技公司研发的各类软件收集着手机使用者的喜好，并根据其爱好推送其感兴趣的视频、商品，用户在每天对软件的使用中，将自己的需求暴露在软件开发者眼中，软件开发者再将这类信息打包售卖给其他公司，其他企业就会对用户的数据进行整合分析，向顾客投送他可能感兴趣的产品。这就是一种场景营销手段，它根据用户的需求，精准推送满足客户需求、解决客户问题的产品。

随着科技的进步，手机的功能愈趋强大，人们更加习惯于使用手机上网，这也造就了一大批手机平台，例如快手、抖音等短视频平台，或者小红书、百度等科普类软件。于是，电视广告逐渐转变为手机广告，以前在电视节目和电视节目之间插播的广告变成了各类软件点开时的手机广告，各类公司开始把注意力转向了手机端。云南白药公司率先抓住机会，与各大手机软件公司合作，将其产品广告投放到各类手机软件上去，早早地吸引了手机端的顾客。

云南白药牙膏还与腾讯视频携手，围绕着音乐丰富儿童生活，展开了一系列活动。此类活动不仅提高了云南白药牙膏的知名度，也实实在在地帮助到了留守儿童；不仅获得了经济效益，同时还实现了社会价值。云南白药牙膏依据科技手段，将自己的品牌搭载到腾讯视频和腾讯新闻的手机客户端上，开发了H5互动，让每一个下载了腾讯视频和腾讯新闻的人每时每刻都能接触到云南白药的产品，通过H5实现了全方面、多层次的广告投放，让云南白药赞助的公益活动和其品牌优势出现在每一个用户的生活场景之中，最大程度地提高了品牌曝光度，让更多的人认识到云南白药牙膏是一款有温度的产品，是一款值得信赖的产品，是一款可以追随的产品。

第二节 哈药集团的数字化营销转型

哈药集团是国内药企数字化转型的先行者。近些年哈药集团一直在不断探索，加大信息化投入，建设了供应链管理的企业资源计划（ERP）系统、生产制造执行系统（MES）、仓储管理系统（WMS）、实验室信息管理系统（LIMS）等。

一、哈药集团营销能力概述

作为一家医药行业上市公司，哈药集团始终遵循“精简骨干企业，优化副业，收拢五指，形成拳头，调整经济结构，发展规模经济”的总体改革方针，在技术改造方面寻求突破口，着力提升技术装备和产品档次水平，使产品的结构与市场需求相适应，以此来增强企业综合实力。目前，哈药集团已经在全国范围内形成了一个庞大而严密的生产、销售、流通网络，包括覆盖全国30多个主要城市区的130多家销售办事处，拥有了超过200家的零售连锁药房，形成了广泛而实用的营销网络，并在此基础上适时开启了全球化营销战略，逐步向欧洲、亚洲、非洲及中北美洲市场渗透。集团通过总经销、区域代理、终端销售、广告宣传促销、医学专业推销等方式，实施“哈药品牌平台，共享哈药品牌资源效应”的市场战略，切实提高了哈药集团抵御市场风险的能力，并且取得了参与国际竞争的主动权。

（一）哈药集团营销战略

一是捕捉市场新需求，细分市场。哈药作为老牌大型制药企业，主要生产抗生素、中药粉针剂、滋补保健品、高档中成药、生物工程药品。近年来，随着社会医疗水平和群众健康意识的不断提升，国内抗生素市场的增长速度明显放缓，市场收缩较为明显。此外，国家出台的《国家基本药品品种目录》和《职工医疗保险药品报销范围》进一步对医药市场产生了深远的影响，这无疑对用药结构和生产销售药品的企业均产生了很大影响。哈药根据市场变化，在被动的市场环境中主动出击，寻求新的增长点和突破点，通过及时调整产品经营结构，对那些市场潜力大、经济利润高的新药品进一步加大了研发和生产力度。哈药集团以其敏锐的市场嗅觉和果断的市场判断力逐步制定了与市场需求切合的对策，把握住医药行业的新动向，面向市场前景好、增长速度快的OTC市场主动加大开发力度，并在市场实践中进行检验和修正，取得了较好成效。

二是培育优势产品，加大广告促销力度。哈药集团的主营业务涵盖范围十分广泛，包括“抗生素、化学药物制剂、非处方药品及保健品、现代中药、生物工程药品、动物疫苗、医药流通”7大产业领域，共有20多种剂型和1 000多个生产品类。具备了年产原料及中间体1.5万吨、西药粉针20亿支、中药粉针1亿支、水针1.8亿支、片剂110亿片、胶囊140亿粒、口服液22亿支、动物疫苗300亿剂的生产能力。如此众多的产品，哈药是怎样定位市场的呢？以扩大单品种经营规模来形成集团的主导产品群，进而实现主业型规模发展，是哈医药经营的一个重要战略。哈药用巨额广告投入（1999 年以来，广告投入达 10 个亿），向消费者推出了它的“主导产品群”（如本文开头的一系列产品），同时细分了市场——补钙、补锌、补血、治感冒等不同产品针对不同消费群，以知识营销式的广告向消费者宣传了产品的功能。在大量的广告烘托下，盖中盖、葡萄糖酸钙口服液、强力脑清素这三个“爆款明星产品”销量快速增长。除了这些“爆款明星产品”，集团还十分注重潜力产品的开发，包括铃兰欣、糖锌、严迪在内的 3 个品种也被加入到了集团规模优势产品的阵容。

三是扎实的营销网络是市场取胜的法宝。哈药在全国各地已经建立了 131 个驻外办事处，销售队伍有 2 000 多人，占职工总数 10％以上，而且其中具有大专学历和本科学历的人员就占了 97.6％，专业技术人员也占营销人员的 35％。集团还分别组建了“人民”和“同泰”2 个系列连锁店，现已发展到 64 家。这个营销网络是哈药的一个坚实的市场基础。

四是注重培育核心竞争能力，力图生产竞争对手不易模仿的产品。核心竞争力是一个企业发展的核心动力之一，主要包括通过打造适应市场需求的新产品新服务的能力、创新企业管理的能力、创新营销战略和手段的能力。哈药将其培育核心竞争力定位在三个创新上——技术创新、市场创新、管理创新。比如在技术创新方面，为了适应产品升级换代的需要，哈药着力推进六大生产基地新一轮的技术改造。

（二）哈药集团的营销困境

首先，集团面临着产品结构调整的压力。化学原料药的生产中心不可避免地要向成本更低的发展中国家转移，国内医药企业可以通过引进新技术进而掌握关键的生产技术，以较低的生产和销售成本打开国际市场的大门。

如果哈药不能区分差异化的产品核心利益以满足客户端核心利益需求，就很难长期维持并不断扩大市场份额。哈药必须在生产技术上、质量管理上、经营策略上进行改革，以求得在新的环境下的竞争优势来解决哈药生产分散、资金利用效率不高的困境。

哈药集团的六大产业基地是按照每个分厂的组织结构、所属类目、地域特点进行分割的。虽然这样的布局特点可以很大程度上发挥出每个分厂的生产积极性，但是同样也会存在比较明显的缺点，那就是从整个哈药集团宏观治理的角度来说，不利于集团内部资源的统一管理和有效配置与利用，不利于以集团整体发展战略来牵引各个分厂的共同发展。每个分厂拥有较高的自主权，都可以很容易地建立自己的企业，容易只关注局部利益，而不是整个企业的利益。6 个产业基地提法的制定，为哈药集团的业务发展指明了方向，相较于哈药集团目前的实力来看，这个目标显得过于宏大了，实现以上目标的可行性还存在疑问，哈药集团有必要根据公司的具体情况和市场环境来调整产业结构。

其次哈药在营销手段和营销方式上还存在过于单一的问题。大手笔的广告促销战略效果是有目共睹的，在短期内给哈药集团带来了较好的社会公众反响和盈利空间，也可以在短时间内提高品牌和某一产品的市场知名度，但是哈药在对于广告促销活动中的投入、手段、形式环节上的处理仍然存在不少亟待解决的问题。

在 20 世纪末至 21 世纪初，哈药集团通过大量的广告投入迅速占领市场，在当时“营销为王”的战略规划下，哈药集团下三精制药的产品研发几乎处于停滞状态，而随着社会变迁，广告能给哈药集团带来的收益也在逐年减小。2010 年卫生部发布限制抗生素滥用的政策，哈药总厂的原料药制剂业务首当其冲，利润下降严重；2012 年《广告法》开始实施，哈药模式不再百试百灵，广告投入不但没能拉动销售，反而拖累了利润；不仅如此，哈药重销售轻质量的隐患开始暴露，频繁陷入环保门、传销门、假药门、违规宣传等一系列负面信息之中。此后，虽然哈药迅速提出“二次创业，转型升级”的口号，但效果甚微，重通道轻终端 OTC 产品的营销模式没有及时调整。在此背景下，“哈药模式”在媒体费用不断上升、收入放缓、广告费用居高不下的情况下难以为继，导致公司净利润从 2010 年 11.3 亿元下降至 2014 年的 2.47 亿元。

二、哈药集团数字化营销探索

受到新冠肺炎疫情的影响，2020 年以来医药零售业迎来了爆发式增长，电商和早已布局医疗 O2O 模式的企业纷纷抢占先机。哈药集团持续升级新一代信息技术，通过协同创新、云计算、大数据等方式打造线上业务，加速企业研发、生产、销售、流通以及企业治理等各方面的数字化变革。国家也从宏观政策的层面对医药改革领域不断出台新的政策，在这样的大环境下，绝大多数医药企业面临的机会是均等的。而在大健康领域，竞争显得更加激烈，包括互联网公司、保险公司和其他非传统的制药公司在内的各类市场参与者都加入了这一领域的竞争。对于依赖传统竞争优势的企业而言，如何应对市场变化，迅速建立新的竞争优势，是一个非常具有挑战性的问题。这些新的市场参与者都是以医药产业链为核心，通过信息化建设，提升服务水平，降低运营成本，提高经济效益，从而获得更大的利润空间。这也是哈药集团要通过信息化建设，以数字化为抓手，促进企业业务变革的最根本的原因。

（一）营销模式的数字化变革

20 多年前，哈药在全国率先推出了“空中密集广告，地下招商代理”的营销模式，创造了独特的哈药营销模式，2010 年，哈药这一营销模式达到顶峰，先后获得了“哈药三金”“制药六厂”“护彤”“钙加锌”等多个中国驰名商标，自 2005 年起连续 5 年位居医药工业行业第 1 位。但是在品牌建设方面，哈药并没有像预期的那样，在销售终端建立起强大的品牌优势。2011 年以来，受到国家一系列对抗生素的限制政策的实施和市场竞争加剧的影响，以抗生素为代表的品牌药的市场主导地位受到了较大的冲击和影响。品牌药在销售终端的作用往往只是被用来证明药店和终端上可以买到值得信赖的药品，但这却难以激发消费者的购买欲望，药店也存在不提供药品的情况，在很多终端市场，哈药被高毛利产品以及终端自有品牌所封杀。不少品牌药“渠道受阻，死路一条”，企业销售规模摇摇欲坠，经营质量和效率开始下降，市场受到较大冲击。

哈药集团在时代变革和市场竞争中积极探索一条新营销模式与信息技术的互动双生道路。一方面，这是为了更好地响应医药市场变化和国家政策要求而做出的必要调整；另一方面也是哈药一直致力于优化销售体系的举措，其目的是为了解决“经销分销＋招商代理”这一现有的粗放销售模式所带来的渠道体系混杂、终端缺乏掌控、销售资源重复建设、低效等问题。

第一，哈药建立了以专营商为中心的销售网络，渠道充分扁平化。通过建立专营商的网络，可以缩短产品的终端流通环节，降低流转损耗，加强流通渠道的管控。新的专营商体系是一种契约形式的合作关系。在这种模式之下，经销商的数量大幅减少，原来可能一个省就有几百家经销商，全国加起来有几千家经销商。优化后，整体进行了压缩，现在有278家专营商。

新营销体系既减少了经销商的数量，也压缩了经销商的层级。哈药对经销商的层级直接压缩为一级，一次到位，彻底扁平化。原来的经销商模式是由一级商、二级商、三级商、四级商、五级商组织的，甚至在不同层级的经销商之间相互有渗透，级与级之间相互交叉，非常复杂。目前，哈药已经与全国278家具备区域渠道优势的专营商建立了营销合作关系，覆盖了全国30多个省及直辖市、311个市、2 657个区县，基本满足了全国区县的基层终端配送。

第二，哈药建立了与销售终端的信息互联系统，实现了终端的网格化、个性化的管理，有效地掌控了终端。通过“扫码验证”的方式，哈药可以直接连接专营商、终端药店、基层医疗机构、终端店员等，实时获取2 657个区县278家专营商的产品流向、渠道库存、产品效期等信息。通过对100多万家终端销售的大数据分析，提供经营决策信息，针对不同的区域制定个性化的营销政策，提出了“一省一策、一品一策、一区县一策”，分不同区域对广告营销活动进行定制。这一做法使得哈药在充分发挥优势资源协同效应的同时也大大提高了资源投入的产出率。

第三，哈药强化销售队伍考核管理，推行5项考核，强化了销售队伍的能力建设，也强化了区块能力的建设。公司以区县为维度，将市场一共划分为2 657个考核管理单元，实施了5项考核，这5项考核指标分别是利润、覆盖、维价、效期、窜货。精简后的指标具有很强的驱动性，使得销售队伍明白他们的核心考核指标，也使得专营商的考核指标与销售队伍相互连带，共同维护好市场，共同实现效益的增加。

第四，哈药建立了营销的大数据分析平台，对130多万家终端客户的销售数据进行大数据分析。建立的多维数据模型，从单品、渠道分类、销售机构、销售人员、销售时间、消费者等多个维度进行数据分析与挖掘，并以图形化的方式进行可视化展示，实现了哈药集团全国2 657个区县的销售精细化管理。目前，各个区县的销售情况，不但区域的业务代表了解，省、区销售经理了解，营销公司的各个管理层级乃至集团的核心决策层都非常熟悉销售情况，个别信息做了在手机端的微信推送。

（二）营销方式的信息化变革

从2015年起，哈药集团开始探索企业的信息化和数字化。在此背景下，哈药集团数字化转型已经成为哈药集团的核心战略目标之一。为平衡好成本控制和绩效管理能力提升之间的关系，使哈药实现稳健的发展目标，集团近些年已率先通过建立协同运营平台、打造信息平台入口、加强数据资源整合等手段来进行战略部署，加快数据资产的流动配置。

哈药为了提升企业的信息化程度，有以下举措：一是开发了一个“码上有”App来捕获零售终端和销售流向信息，这在一定程度上解决了市场现有销售终端信息不准确、销售数据不完善的问题。这个工具可以帮助开发区域市场，分析和整理销售数据。具体而言，这个App结合了GPS及北斗卫星定位系统和GIS等新兴技术手段而开发的行为管理软件，可以实时跟踪业务人员的销售和来访情况。二是依托微信平台，开发了微信小程序功能，帮助业务人员开展产品流向和终端信息查询。三是开发产品定位采集器和终端定位图，对物流全程进行监控。四是以药品电子监管码为基础，建立全产品身份识别系统，实时、动态核查，确保药品、产品各个环节顺畅运行。五是以二维码技术为基础，开发产品自媒体平台，作为企业和消费者之间沟通的桥梁。六是运用云计算算法和互联网渠道加强企业去中间化的能力，通过去中间化的能力加强整个集团在销售和管理活动中的数字化、智能化和互联网化，搭建一个贯穿整个物流和销售链的哈药终端销售信息管理平台，有效支撑、推动甚至引领营销转型。

在集团信息化过程中，哈药产品的全程追溯系统是最值得关注的，即PTS。哈药集团利用物联网、云计算、大数据和北斗定位等新兴技术与移动端App相结合，通过“前端—终端—后端”的信息处理连接模式实现对数据采集、数据链接、数据处理的集成，在此基础上大力投入，继而打造哈药产品追溯体系。公司对产品运输包装和最小零售包装上给出了产品唯一的身份追溯码，实现了对箱、分箱与产品流程、用途等对应的动态信息PTS数据库实时采集，并为每一个产品建立了产品电子档案，做到全程跟踪验视。

（三）营销工作的精细化管控

2017年是哈药集团建设协同运营平台的起点，这一年哈药将集团所有的各大业务板块都统一纳入到了ERP体系。哈药集团从企业自身的发展现状出发，在分析了协同运营平台的业务架构及其在整合哈药集团业务板块中的应用情况的基础上，对集团两千多个日常的业务流程进行了分类梳理，并通过协同运营平台的业务定制能力，打造出了满足企业运行需求的线上一体化管理平台，构建了“集团—企业—部门”之间的数据链条，打破了原有的数据孤岛，并通过在平台上实时共享信息和数据来达到提高集团内部整体工作效率的目的。

哈药集团协同运营平台建设的全过程可以分为以下几个阶段：(1) 搭建与ERP系统全面融合的统一工作入口，提高集团生产效率和实现产销协同，最终达到“集成互联，统一入口”的目的。(2) 基于协同运营平台的BMP管理优化了企业流程，贯穿于企业管理的三个层面，实现“流程顺畅，执行力强”，还利用协同运营平台的业务定制化能力，可以定制“重大事项办理”，有效疏通和执行政令。(3) 通过协同移动平台，实现全集团的移动应用，实现“移动化—可视化—全员化”的业务协作模式。(4) 将协同运营平台、影像系统以及SAP系统进行集成，实现“业务处理可视化”。

此外，哈药集团还通过互联互通打通了协同管理系统和微信公众号的传输渠道，连接了企业公众号，有效拓展了SAP应用的边界，使所有企业的内外部沟通、协作和信息共享系统成为“航母”而不是“散兵游勇”。

当前，哈药将更多的精力放在应对市场变化上，开始加大投入，为C端用户提供产品和服务，提供数字化创新业务。这种变化也在医疗卫生行业中体现出来。比如：开展互联网医院试点，针对O2O、B2C等电商业务，建立线上线下协同系统。此外，从新零售端来看，在未来，哈药还需要适应多渠道、全方位的运营模式。

第三节　华海药业的数字化营销转型

作为中国医药国际化先导企业，华海药业是中国首家通过美国FDA制剂质量认证并自主拥有ANDA文号的制药公司，也是首家在美国实现规模化制剂销售的中国制药公司，在世界高端制药市场树立了中国制药品质形象。特别是在数字化转型中，华海药业作为民营企业，体现了其市场敏锐性和创新发展活力。

一、华海药业营销能力分析

华海药业创立于1989年，总部位于中国浙江。在全球拥有40多家分子公司（包括中国、美国、日本、德国等），主要业务覆盖化学药、生物药、医药包装、贸易流通等多个领域，与全球500多家制药企业建立了长期合作关系，为100多个国家和地区提供医疗健康产品。公司产品涵盖了心血管、精神类、抗病毒等领域，是全球主要的心血管、精神类健康医疗产品制造商之一。

10年不到的时间里，中国医药市场销售额从2012年的9 555亿元，增长到2020年的21 500亿元，年均复合增长率达10.7%。中国医药市场保持高速增长，但整体数字化程度落后于其他支柱产业，对于31.3万亿元数字经济贡献程度有限，传统医药模式仍然是目前行业的主要形态。在带量采购、仿制药一致性评价等医药新政以及数字产业发展的倒逼与推动下，传统医药产业快速向数字化靠拢，同时数字化又将拉动医药产业进一步加速发展，两者相辅相成。而华海药业在这一发展趋势下，面临着新的机遇与优势。

一是新医改带来新机遇。过去，华海在国内的销售能力较弱，存在国内销售人员不足，销量与研发、注册和质检环节不匹配等劣势。而带量采购的推行大大削弱了这一劣势，为华海的行业洗牌带来了良好契机。比如在2019年国家两批集采品种中，华海药业共有9个中标品种，其中，赖诺普利和氯沙坦钾2个品种（均为降压药）为华海独家中标。

二是行业壁垒优势依然存在。在化学仿制药竞争日益激烈的行业背景下，生物药和新药竞争格局显著优化，华海以降压药、抗精神病药、抗癫痫药、抗痴呆药等为重点，凭借原料药制剂一体化评价等优势，在生物药和创新药领域开拓，加大研发投入，提高产品的专业壁垒和行业壁垒，扩大市场主动权。

三是国际贸易政策不确定影响巨大。华海药业是全球范围内的沙坦、普利类原料的第一大的供应商，产品获得欧美市场的认可。但华海药业2018年经历了缬沙坦杂质事件的影响，被禁止向欧美出口，国内的缬沙坦也停止销售，公司的业务和财务都遇到较大的挑战。随着国内质检体系的完善，以及华海对技术升级改造后，2019 年底，欧盟相应出口禁令（厄贝沙坦原料药、氯沙坦钾原料药和缬沙坦原料药）被解除。原料药作为国家医疗的命脉，西方国家很有可能加重投入，逐步回迁相关产业，甚至有可能通过加增关税、严厉标准等手段，把基础牢牢把握在自己手中。在逆全球化趋势出现和贸易保护主义抬头的背景下，一系列贸易政策对华海药业在海外市场的销售带来了巨大的不确定影响和生产风险，

四是产能过剩危机。华海药业的优势产品是原料药产品。据国家发展改革委价监竞争局统计，我国能生产的原料药多达 1 500 多种，总产量达百万吨，出口量达 60%以上，已然成为仅次于美国的世界第二大原料药生产国家和最大的出口国家。近年来，随着专利到期的专利药品品种数量不断增多，仿制药的品种与数量也迅速上升，为原料药市场带来了巨大的市场机遇，原料药的产量不断增长。同时，欧美等国因生产成本及环保成本压力的增加，以及我国原料药生产企业工艺技术、生产质量及药政市场注册认证能力的提升，原料药企业大量加速向我国转移，我国原料药行业生产规模不断增加。目前国内原料药生产企业已超 8 000 家，但主要还是以生产技术含量较低的大宗原料药为主。随着供给侧结构性改革的推进，我国大宗原料药的生产将越来越集中，工艺也会进一步提升。可以预见，未来我国大宗原料药的产能和产量将有所减少，供求关系趋于平衡，价格和利润将逐渐恢复到较合理的区间，以往低价的时代将一去不复返，个别原料药品种甚至存在失去价格竞争优势而转移到国外的可能。

五是销售能力不足。华海药业的销售能力与其生产、研发能力不匹配。公开资料显示，其销售人员只有 200 人，占全公司人员 3.8%，远低于行政人员 15%，随着市场规模的扩大，销售人员明显不足。在销售模式上过度依赖医药代表，没有充分运用智能化、数字化平台和新型零售终端，导致在国外市场业务受阻后销售体系出现跛脚，国内市场覆盖率不高，不能发挥公司一体化制药的体系优势和规模优势。

二、华海药业营销能力提升

对于华海药业而言，在数字经济时代，如何突破自身发展困境，发挥传统原料药生产优势，利用数字化、智能化、信息化优势形成市场竞争力，是企业必须面对克服的难题。

一是加强药品研发和创新。公司长时间难以摆脱对海外市场依赖的主要原因是海外市场新药研发上市数量长期以来占据主导地位，公司主打的产品是心血管原料药，公司上市之初，心血管类药品主要集中在海外，我国的心血管药物品种较少，而且新药更新较慢。公司增加国内销售占比一定程度上依赖国内心血管专利药的专利期限、仿制药品上市进度和品类，因此过去的十多年，华海药业调整国内外收入结构进程缓慢，对海外依赖程度的减小也是循序渐进。为了减小对海外的依赖程度，华海药业不断调整产品结构，丰富产品线。公司主营产品从上市之初的心血管普利类、沙坦类原料药调整至目前包括心血管原料药、制剂等在内的多种产品。2019 年成品药销售占比 47.96%，原料药及中间体销售占比 46%，而在 2003 年，华海药业产品均为原料药和中间体，而且普利类产品销售占比在 70%以上。多元化的药品创新和产品结构优化，使得公司在应对市场风险和不确定能力上

显著提升，适应医药市场发展需要。

二是加强技术创新和产品研发。华海药业单依靠普利类、沙坦类制剂和原料药尚不足支撑其业绩持续增长，因为这两类产品的市场占有率已经较高，公司未来增长性还要依赖于新品的研发和现有品种上市后的市场开拓。公司近年研发投入占营收比例均保持在10%以上，2020年上半年研发费用3.59亿元，同比增长超过50%。研发技术方面，华海药业在美国、上海、临海建立立体互动的研发体系，形成仿创结合、国内外融合、原料药与制剂协同的研发和技术网络，研发体系覆盖从中间体、原料药到制剂的完整产业链，具备固体缓控释、复杂注射剂、难溶药物增溶、首仿和挑战专利产品等高端仿制药以及生物药、创新药的研发能力；公司始终立足创新与发展，着力打造高技术壁垒仿制药、改良型新药和新药分子设计与筛选平台。另一方面，华海药业的制剂国际化业务经过多年发展，已形成从产品选型、原料药与制剂研发、临床试验直至注册申报的国际化药物研发体系和人才队伍。同时，华海药业和沈阳药科大学在辽宁沈阳签署战略合作协议，推进产学研深度融合，共同培养复合型应用人才，推动科技成果转化和创新资源落地发展。

三是加快数字化转型。一方面是生产数字化。根据自身业务需求，在合规的情况下构建符合生产要求并能达到降本增效的数字化生产系统，从而打破信息孤岛，实现系统流程协同、数据共享，全面应用疫苗全链条追溯监管系统（“浙苗链”）及药品生产智慧监管“黑匣子”系统，建立一套药品生产数据记录存储展示系统，依托企业数字化智能系统，在线采集影响药品质量的关键参数，同步存储在企业端的数据仓——“黑匣子”，逐步实现药品安全非现场智能化监管，推进药品安全治理现代化。另一方面是营销数字化。华海药业以“创新驱动”为发展战略，实行数字营销转型升级，推进销售管理体系向数字化、移动化、智能化发展，实现从生产质量优势向市场优势、服务优势的延伸。搭建客户全生命周期管理体系，梳理规划营销业务模式，导入先进管理模式，建立以客户为中心的销服平台、业务支持与业务协同平台，并构建客户360度视图；切实打通销售业务流程，并进行优化，提升销售运营效率及销售过程透明化；通过移动赋能销售与服务团队，助力团队随时随地的处理业务与查询信息。

四是多元销售模式融合。一方面紧紧把握国家集中带量采购机遇，利用产品优势和成本优势，依托扩围联盟地区中选契机，快速提高产品市场覆盖率。华海药业在前四轮集采中已有13个品种中标，积极参与全国集采，为华海药业各类中标产品带来了销售量的突破。2020年，氯沙坦钾片、厄贝沙坦氢氯噻嗪片年销售额均突破5亿元，实现新产品上市投产9个，软膏剂申报生产零突破。这也离不开公司长期的技术积淀、上下游垂直一体化和强大的规模效应。另一方面华海药业在“保存量、抢增量”的导向下，通过省区经营管理责任制、类事业部合作管理制、大流通销售等多元销售模式，有效激发市场活力，市场覆盖率和品牌影响力持续提升。此外，以全力扩展和夯实全球营销体系打造收入增量为目的，坚持裂变的思维和方法，打造面向全球的战略运营生态圈，以原料药和制剂两大板块为重点，提增国际和国内两个市场的竞争位势和份额。

第四节　中新药业的数字营销崛起

中新药业是老牌中药企业，新中国中药现代化的开创者之一，其生产的速效救心丸、京万红等产品是中药产品发展的时代印记，是中国第一家同时拥有S股（1997年新加坡股票交易所上市）和A股（2001年上海股票交易所上市）的企业，曾经在产品研发、市场竞争力、行业影响力上有过一段非常辉煌的时期，其营销战略和营销能力的发展脉络经历了从强势到衰退到崛起的3个阶段，一定程度上也反映了我国医药企业营销能力提升的艰难发展历程。

一、中新药业营销能力的困境

天津中新药业集团股份有限公司是由天津医药集团控股的国家高新技术企业，以中药创新为特色，集生产、经营、科研为一体，主要从事中成药、中药材、化学药、营养保健品的生产经营和医药商业领域，形成了中药工业和医药商业两大核心业务板块。目前，公司旗下共拥有22家分公司、10家全资子公司、7家控股子公司和6家参股公司。公司的剂型和品种门类非常齐全，拥有17个剂型，501个药品批准文号。其中国家机密品种1个（速效救心丸），国家秘密品种1个（京万红软膏），拥有4个“国家级非物质文化遗产项目”，9个“市级非物质文化遗产项目”，拥有达仁堂、乐仁堂、隆顺榕3个中华老字号。中新药业的产品实力非常强劲。

但是由于中新药业的企业经营和市场营销战略跟不上时代发展和市场变化，中新药业在国内中成药企业的营收排名从2001年的第2位下降到了2021年的13位，排名下降幅度非常之大，其在中药市场的影响力也大幅下降，在医药行业快速发展的浪潮中其利润增长却相当缓慢，市值也远远低于其自身价值。中新药业的发展困境也反映了其营销能力提升的瓶颈，主要体现在以下3个方面：

一是营销模式和渠道体系老旧。中新药业的营销模式陈旧，没有跟随医药行业营销体系变革进行改革，长期依赖传统营销体系，渠道单一，缺乏多元化渠道经营，特别是对终端市场缺乏足够的重视，对经销场景的开拓不够，对销售全过程的控制力和整合力不强，没有理顺主力产品出厂到向渠道供货的通路，从而缺乏产品价格的控制权，出厂价相对较低，无法形成合理的利润。对营销渠道的控制缺乏最终导致中新药业优良的产品价值无法转化为市场价值和企业利润。

二是市场推广不够。中新药业最大的短板是营销问题，营销问题最突出的是市场推广问题。公司当前营销体系主要以产品来分队伍，如速效推广团队重点在做速效、更年安、舒脑欣、京万红四个品种，乐仁堂团队主要推广通脉养心丸、胃肠安；渠道资源共享不是特别畅通，产品营销的力度不够，公司速效营销重点更多地集中在OTC终端，依靠产品的实效性在消费者中口口相传；速度慢、效率低，没有根据市场变化和消费者的需求进行针对性的营销，消费者特别是新生代消费者对中新药业的认知度较低。

三是产品更新和品牌形象塑造落后。中新药业的产品品牌退化严重，对核心产品的迭代研发力度不够。速效救心丸是经几十年实证有效的治疗冠心病、心绞痛的优秀品牌产品，在心脑血管治疗药品占据药品主流市场的今天，中新在产品升级换代突破力度不大，与云南白药的创口贴和牙膏、上海和黄药业的麝香保心丸等依靠大单品超级品牌做到了几十亿元的营销收入形成了鲜明对比，在年轻一代的影响力远不如云南白药等品牌。

二、中新药业营销能力的崛起

中新药业针对自身的营销短板进行大刀阔斧的改革，引进高级营销人才，强化营销团队建设，并完成医药商业整合及销售平台整合，2021 年公司实现净利润 7.69 亿元，增长 16.23%，公司营销能力和盈利能力都得到较大提升。

一是整合销售平台。以品类为主线，构建新的市场营销秩序，而不再以生产部门来划分；优化组织架构，增加销售人员编制和销售费用投入；建立市场化的营销指标体系和绩效考核体系；成立企业文化部，宣传企业文化和挖掘品牌历史底蕴；同时，进行“线下+线上”联动。在线下：药品营销公司依托开放性的紫龙金片真实世界研究，选取具有相关资质的 9 个试点地区，共计 16 家医院加入科研项目，试水了地区学术推广的转型；达仁堂以山西省为试点探索新营销环境下的市场开发；继续深化了与中国医药物资协会成长药店分会板块战略合作，并形成业务全新增长点；第六中药厂自营品种进一步加强与龙头连锁合作，上半年开发中大型连锁超过 50 家；清咽滴丸在 25 个省份全部完成招商协议的签订工作。在线上，实现微信公众号全功能化运行；其速效救心丸成立电商组，对网络销售平台的渠道和价格进行管控，规范零售终端销售。

二是丰富营销方法矩阵。围绕市场宣传、品牌营销，通过新品发布会、制作短视频、广告植入、网络宣传等多种方式增加消费者的认知度。比如对乌鸡白凤片的营销中，贴片植入《乘风破浪的姐姐》迅速扩大品牌知名度；与知名旅行博主小小莎深度合作直播宣传，将乌鸡白凤片的“调气血、养红颜”“一次 2 片”等关键信息与“姐姐”们绑定；与樊登读书会达成战略合作，建立粉丝群，推出多重粉丝福利解锁全新消费场景，打通消费者情感共鸣，从而带动消费者的购买意愿，实现品销合一的效果。

三是聚焦受众需求，强化品牌构建。坚持“以服务消费者为中心”，实现产品、营销以及内容三者“合而为一”；深度聚焦目标受众，在探索新模式的同时，丰富产品与品牌上的新思维；不断推出新的品牌 IP，实行跨圈的合作营销。比如，中新药业乌鸡白凤片采用独家创新片剂剂型，让调气血、养红颜变得更加便捷，一次 2 片，帮助女性补气养血，高度契了合当下女性的生活理念。

第五节　太龙药业的网络营销故事

太龙药业股份有限公司创立于 1993 年，是集生产、经营、科研于一体，以中西药产品为主，生产口服液、片剂、胶囊、原料药等多种剂型共 100 多种产品的现代化制药企业。1999 年太龙药业股票在上海证券交易所上市，成为河南省医药行业的首家上市公司。太龙药业作为较为年轻的医药企业，对营销体系和营销能力的构建更加重视，近年来通过网络营销提升公司营销能力成为医药行业营销典型案例。

一、太龙药业的网络营销

一是强化网络营销体系。2020 年，河南太龙网络科技有限公司由河南太龙药业股份有限公司和河南源品网络科技有限公司共同出资设立。以大健康产业为主导，以互联网先进的营销方式为依托，综合运用一类电商、二类电商、社群电商、直播短视频、网红电商、大数据营销等主要营销渠道。公司业务板块主要分为两大部分，一个是利用先进的营销方式和丰富的运营经验为客户提供服务。第二个板块是以太龙药业为依托，太龙、桐君堂为主要品牌，建立互联网大健康产品营销体系。

二是大力开展网络微营销。随着互联网技术的日趋成熟和整个互联网经济的快速发展，以网络为传播平台的营销行业如雨后春笋般迅速壮大，并诞生了以网络技术为基础的精准营销模式，微营销成为时下营销的主角。2015 年，太龙药业计划用一种新的营销模式来提升企业的品牌影响力。与此同时，为顺应微博、微信为当下主流社交互动平台的趋势，以及延续此前“太浓”良好传播效果的考量，太龙药业以“太浓”为主题的 OTC 微营销模式应运而生，并陆续策划了“春意太浓”“秋意太浓”等微信、微博随手拍活动。太龙药业连续在 2015、2016、2017 年策划的“太浓”主题微营销，通过社交网络营销实现了“太浓”元素的大曝光，是近年来医药行业品牌传播案例中最具创新力和影响力的成功案例。从“春意太浓”的创意核心来分析，“太浓”一词来源于太龙药业旗下双黄连口服液广告片（曾志伟版）中的广告语“太龙太浓”，而“太浓”又是由“太龙药业”的“太”及“双黄连口服液（浓缩型）”中“浓”组合而成，另外“太浓”一词更是太龙药业产品品质的集中体现。所以“太浓”便成为微营销中话题传播的核心元素，同时结合季节特征，春暖花开的时候，网友在微信朋友圈中晒自己拍的各种花卉照片是很普遍的现象，将“太浓”结合春天的元素，“春意太浓”便应运而生，既包含太龙品牌元素，又迎合当下群众的传播语境，活动的参与度、传播度自然有了预期的效果。

三是挖掘并满足消费者的多样化需求。儿童用药严重短缺是临床存在的普遍现象。太龙药业在 2013 年便推出了专注于满足儿童群体需求的双黄连口服液（儿童型）。该产品作为唯一获得 CFDA 审批通过的儿童型双黄连口服液产品，仅适用于儿童服用，并依据临床试验研究确定了不同年龄段的用法用量。2006 年经 SFDA 批准，双黄连口服液（儿童型）进行过儿童（1～7 岁）144 例临床试验，其在治疗小儿外感风热所致感冒（急性上呼吸道感染）上的有效性以及临床应用的安全性都得到了验证。如今，凭借着口感好、药量精准更安全、不含西药感冒药成分盐酸金刚烷胺及麻黄碱等、不会给儿童身体造成任何负担的产品优势，双黄连口服液（儿童型）已在市场上享有相当高的知名度。

二、太龙药业的网络营销经验启示

一是构建面向市场的网络营销体系。太龙药业公司拥有数百人的营销队伍，在全国多个省、市、自治区设立了办事机构，与全国多家大型医药商业公司和二、三级医药商业公司建立了长期稳定的合作关系，构建了强大的营销服务网络，覆盖全国90%以上的地市级市场，自身营销服务体系比较完善，再加上建立了专门从事网络营销的公司，网络营销能力大幅提升。

二是实现品销结合，形成网络营销合力。将春天元素和太龙品牌元素相结合，号召内部员工、经销商、行业KOL及连锁终端客户广泛参与，并将作品在官方微信、微博、员工及客户的朋友圈进行传播，后又将优秀照片制成电子版配合软文在社交媒体进行二次传播。而在2015年国庆“秋意太浓”秋景主题随手拍活动中，与医药零售终端——河南美锐大药房合作，提升了双方品牌知名度，并增设了双黄连口服液（儿童型）和止咳橘红口服液新品类。

三是注重情感融入与文化融入。基于情感消费时代，消费者个人情感差异和需求应当成为企业营销核心的特点。太龙药业以情动人，以温情、亲切的情感元素激起消费者的情感需求，诱导消费者心灵上的共鸣。从战略上打造“太龙品质年”，以过硬产品质量打动经销商和客户，并提供相应后续增值服务助其提高销售。战术上延续升级和创新“太浓”主题营销，植入“健康太龙，品质太浓”的品质文化符号，广泛与医药零售终端深度合作，有效拉动销售，并在“太龙”品牌基础上延伸“小太龙”子品牌，打造药品、食品、健康产品产业链。

第六节 金花股份的学术营销战略

金花企业（集团）股份有限公司是一家以中成药、生物药、化学药的研发、生产和营销为主导，涉及医药物流领域的上市公司，1997年6月12日在上海证券交易所挂牌上市，经过二十年的快速发展，金花股份目前已经形成完整的药品研发、生产和销售体系。

一、金花股份的营销战略改革

金花股份主导产品人工虎骨粉/金天格胶囊，是经CFDA批准的国家一类新药，拥有专利技术和自主知识产权，2003年被授予“国家高新技术产业化示范工程（现代中药专项）项目”。作为天然虎骨的替代品，金天格胶囊成长为中成药治疗骨质疏松的领跑者，以技术领先带动产品发展，在骨科临床中成药领域一直保持前列。“金花”牌转移因子系列药作为人体免疫调节类药品，以其高品质和安全性，销量一直在全国市场稳居前列；“金花”牌儿童系列药在多年的持续运营中形成了质量稳、价格优、安全可靠的竞争优势，受到广大患者的认可和欢迎。

在带量采购、医改控费、“两票制”、药监新法等一系列政策措施的推动下，医药行业的利润空间被挤压，行业竞争日趋激烈，如何占领、强化、扩充销售渠道和终端消费市场，这关系到医药企业的生死存亡。金花股份在骨质疏松适应症产品上有极具竞争力的产品，如何让市场选择这一优质产品，金花股份独辟蹊径选择了学术营销战略。

金花股份设有金天格事业部、招商部、普药部和市场部，分管不同渠道的产品营销业务。主导产品以招商代理模式为主，目前已经建立了覆盖全国的营销网络。公司依托现有的营销体系，走专业的学术化推广道路，形成了战略规划、品牌建设、媒体宣传、会议推广、市场调研、促销活动以及专家网络建设等多维度的产品营销框架。

一方面积极争取专业认可。人工虎骨粉及金天格胶囊凭借其显著的临床疗效、优良的产品质量和良好的市场服务赢得了广大医生及患者的认可，陆续被收入《临床路径治疗药物释义：骨科分册》《中国骨质疏松性骨折诊疗指南》《骨质疏松性骨折诊疗指南》《骨关节炎诊疗指南（2018 年版新版）》《中国老年骨质疏松症诊疗指南》《中医风湿病学临床研究》《临床常用方剂与中成药》《中医药防治原发性骨质疏松症专家共识（2020）》《膝骨关节炎中医诊疗指南（2020 年版）》和全国高等教育“十三五”创新教材《中药调剂学》等，《金天格胶囊治疗骨质疏松症的疗效：网络 meta 分析》被 SCI 数据库收录，公司核心产品在骨科中药领域领先地位进一步巩固。

另一方面以学术带动营销。公司多年坚持学术推广模式，依靠专业学术推广队伍，积极与权威组织合作，联合领域学术带头人，构建专家网络体系，积极开展多项临床询证试验，不断完善和充实临床证据。公司每年开展多次的全国级学术会议、省级学术会议，形成学术片区的专家交流平台，通过学科学术带头人对产品临床应用的认可和解读，向各级医疗机构传递，促进公司产品在领域的应用和发展，提升产品在市场的活跃度。借助良好的学术合作基础，联合举办肌骨锵锵直播云课堂，借助线上运营，开展直播平台，加强品牌影响力和号召力，拓展市场空间。进一步完善数字化营销的战略与发展规划，建立完整的数据库和流量池，让推广资源更加精准化。

金花股份自 2016 年开始全面实施“学术营销 合规转型”新营销战略，特别是从 2018 年起，随着金天格事业部的成立，公司与全国服务商共同推进的“统一学术发展理念 联合提升学术推广综合能力”的新营销策略得到了比较扎实的落地。在金花股份与全国金天格服务商团队的共同努力下，国家一类新药金天格胶囊在临床研究、项目推进、诊疗指南、医生培训、医学专业推广、品牌塑造等多个维度进行了全新的构建，富有金花特色的学术推广营销新模式初步形成。

二、金花股份学术营销的启示

一是要不断强化核心产品和关键技术创新能力。金花股份拥有提取车间、溶液剂、片剂、胶囊剂、颗粒剂以及金天格胶囊专用车间等十多条先进生产线，是目前全球独家人工虎骨产业化生产基地。作为天然虎骨的替代品，金天格胶囊成长为中成药治疗骨质疏松的领跑者，以技术领先带动产品发展，在骨科临床中成药领域一直保持前列。金花股份的产品技术含量为其学术营销的成功奠定了基础，没有核心产品和关键技术，在学术领域、专业领域就没有话语权。金花公司以人工虎骨粉原料药为基础，不断加大研发投入，积极进行相关研究和系列产品开发，围绕骨科领域核心品种形成公司核心竞争力，持续扩大在骨科科研领域的影响力。

二是要注重塑造公司的品牌形象。公司“金花”商标为陕西省和西安市著名商标，

“金花”商标被原国家工商总局认定为中国驰名商标，转移因子系列产品、金天格胶囊被评为陕西省和西安市名牌产品。借助品牌力量，企业产品在市场中增强了企业的竞争力，树立了企业品牌形象，为产品推广奠定了坚实的品牌基础。通过学术营销大幅提升了公司“高科技、高品质、专业性”的品牌形象。

三是要建设精干的营销人才队伍。组建了精干营销人才队伍，建立了覆盖全国的市场营销网络。专业精干的营销团队及全国市场营销网络优势是公司产品直面行业激烈竞争的重要先决条件，终端布局能够与企业整体战略发展方向取得同步进展。公司通过强化团队产品知识培训，提升团队的专业化水平，进而推动营销业务更有效的开展。

第七节　沃华医药的电商营销变革

山东沃华医药科技股份有限公司，是一家具有百年历史的中成药生产企业，其历史最早可追溯到清朝乾隆年间的万和堂药庄。沃华医药作为国内主要的纯天然植物类心脑血管中成药生产企业，将心脑血管医药领域作为公司的长期发展方向，并专注于纯天然植物类心脑血管中成药这一细分市场，致力于将公司发展成为国内心脑血管领域纯天然植物药的最大生产商之一。近年来，沃华医药在营销上进行了全面的改革，特别是其电商营销成为行业营销变革的典型案例。

一、沃华医药的营销变革

沃华医药位于潍坊高新区，是一家集研发、生产、销售于一体的现代中药企业，是国家高新技术企业，通过自主研发、联合研发、引进收购，构筑了以沃华心可舒片、骨疏康胶囊/颗粒、荷丹片/胶囊、脑血疏口服液四大独家医保产品为支柱的强大独家产品线，拥有国家发明专利 38 项，药品批准文号 162 个，独家产品 15 个。如何将优质的医药产品推向市场，让更多的消费者接触、接受、认可，沃华医药实行由内到外的营销变革。

沃华医药坚持以营销为龙头，经过 20 多年的努力，针对心脑血管处方药的特点，采用专业临床推广为主、OTC 为辅的模式，建立了稳定的营销网络和专业的销售队伍。目前，已在全国建立了 22 个办事处，与 300 多家商业公司、2 200 多家医院、近万家门诊及大型药店建立了业务关系，产品覆盖了国内 29 个省市的 90 多个地市。通过实施学术、服务和文化营销，同时规范营销体制，将市场资源掌握在公司手中，实行预算制投入产出考核，杜绝了营销费用的浪费和无效投入。沃华医药根据市场竞争、自身经营等实际情况，对营销系统进行改革，对营销区域、品种、人员进行“不破不立”的优化组合，对营销区域进行重新划分，对品种进行重新组合，并对营销队伍进行优化调整。从外部引入营销总经理、总监、大区经理等优秀营销管理人才数十人，调整营销重点，改变营销费用结构，细化营销动作，营销能力不断提升。

在沃华医药一些的营销变革中，其电商营销的策略尤为引人注目。2022 年，与山东九州通医药有限公司签署了电商战略合作，就心脑血管、骨科、妇儿等领域品种开展全国范围内电商业务合作。九州通是一家科技驱动型的全链医药供应链服务型企业，立足于医药流通、物流服务及医疗健康等大健康行业，连续多年位列中国医药商业企业第四位，领跑中国民营医药商业企业。

沃华医药利用九州通强大的全国渠道网络和管控系统，将品牌产品引入线上销售平台，丰富和拓展产品营销渠道，为偏好线上购物的患者提供称心的购药选择。同时，九州通的线上线下供货、推广、产品价格一体化运作，还将有效减少渠道冲突。另一方面，九州通将为沃华医药的心可舒、骨疏康、荷丹系列以及 OTC 热销产品等品牌好药提供线上渠道的经销服务，丰富其在心脑血管、骨科等慢病领域的产品线。

二、沃华医药的经验启示

一是强化营销体系和模式的创新。依托众多品类丰富且具有独特竞争优势的独家产品，构建了国内少有的全终端、全模式的营销体系。经过多年持续投入和运营，公司已建立起相当完备和高效的预算制专业化临床学术推广、终端居间服务商、OTC 零售三大营销模式，市场覆盖等级医院、零售药店、基层医疗机构等全类别线下终端，并针对不同终端制定了不同的推广、营销策略。一方面组织开展产品临床治疗用药方案研究、学术会议、患者教育等市场活动，着力打造产品品牌，策划、指导公司的市场营销行为，不断提升产品的品牌影响力、市场渗透力。另一方面加强商务发货回款、终端渠道的控制能力，实现对产品销售的服务、促进和监督。全终端、全模式营销体系，是公司重要的核心竞争力之一。

二是着力强化营销人员的精准管理。沃华医药实施以终端客户为基础、预算制专业化临床推广模式为主导、终端居间服务商模式和 OTC 模式相互促进的长期策略，实行“坑位制”，按终端及客户拟定工作计划，按月、按周、按天落实到每个“坑位”，实现营销的精准管理，实行“一个中心四个基本点”，即以客户分级管理为中心，以提高销售技巧、提高产品知识、提高学术能力、提高开发能力为四个基本点。

三是注重平台的开发与合作。随着国家相关政策逐步放开，医药电商进入快速增长期，电商平台将是医药企业争夺的重要资源与渠道。没有平台的支持，医药企业的数字化转型将极为困难。沃华医药与九州通的合作是创新营销模式、拥抱互联网、开发新的市场机会的有益尝试，将对全终端、全模式营销体系注入发展新动力。

第八节　对比分析与展望

一、我国医药企业营销能力提升的对比分析

从云南白药、哈药集团、华海集团的营销能力提升探索中，我们可以看出数字经济时代，在新形势新环境下，各个企业都在力求自身变革，紧跟国家经济转型步伐，通过各种方式抢抓历史机遇，力争形成营销能力优势，探索出了各种不同路径，丰富了医药企业营

销能力提升模式和方法矩阵。

一是都强调转型升级是必然之路，但是侧重点不同。本章所举 7 家企业都结合行业特征、自身优势和发展环境，从企业战略、发展规划、生产和研发投入、市场销售部署等各方面进行大量调整，体现了我国医药企业管理正在进行一波新的改革浪潮。在巨大的市场竞争压力和残酷的优胜劣汰中，不改革就没有出路，不转型就会落后。有些企业侧重供给侧的变革，比如华海药业在科技研发、产品创新上投入比较大，力求通过产品质量优势获得市场竞争力，并在产业结构优化、产业纵深一体化等路径实现产品的多元和生产的安全自主保障。有些企业侧重需求侧的变革，注重产品对消费者需求的满足程度，通过保姆式代理商、新型终端零售、数字化营销、品牌营销、体验营销、内容营销等营销模式和方式，获得市场和客户对企业品牌和产品的认可。

二是都依赖市场导向、创新驱动，但是路径有所不同。在整个医疗市场快速发展、国家医疗体制改革不断深入、国内国际“双循环”格局正在形成的大背景下，医药企业明白市场份额就是生存空间，市场变化趋势就是发展方向，在激烈的市场竞争、行业调整中占据有利地位，将为今后一个时期的长稳发展打下基础。但是如何掌握主动、形成优势，不同类型、不同产品领域的医药企业选择有所不同。有的倾向横向拓展，通过并购快速提升市场影响力，实现多元化生产，扩大产品覆盖面，通过“内研外引”、与国外大型医药集团合作，提高企业的营销能力和竞争力，如迈瑞药业、九州药业，都在国际合作、产业布局上有比较大的调整和优势。有的倾向纵深发展，依托技术和研发优势，进行产品特性优化和市场细分，在模式上进行终端下沉。

三是都注重营销能力重塑，但营销理念有不同。营销能力是实现企业战略规划、实现产品价值和生产、突出研发优势的关键环节，也是当前很多医药企业成功崛起的重要因素，哈药集团在 20 世纪末和 21 世纪初的营销战略就是非常成功的案例。在营销模式和方法已经非常丰富的今天，如何进一步提升营销能力，是所有医药企业都非常重视的问题。一种是外延式发展，主要体现是模式、方法的创新，用数字化、智能化、信息化、虚拟仿真、新媒体技术等新技术新方式提升客户对产品的理解、接受程度，提高产品的覆盖面、可及度。一种是内涵式发展，认为产品的品质和满足特定需求的能力是营销能力的基础和关键，因此通过品牌创造、产品创新、需求引导、降低成本等方式提升市场占有率。

二、我国医药企业营销能力提升展望

我国医药企业在国家政策支持、基础实力、市场规模等因素加持下，必然会像美国、德国医药企业崛起一样，在新的时代扮演重要角色。

一是企业结构上的深度调整。随着市场逐步被分割完毕，龙头企业规模不断扩大，多元化的经营模式和一体化的生产模式必然会产生更高量级的龙头企业，无论是通过自身合并重组，还是国家政策调控，医药企业在数量上增长趋势将会放慢，但是在规模和产品质量上的竞争会更加激烈。

二是产品创新和研发能力将成为核心优势。随着知识保护意识和法律法制的完善，对创新药的专利保护水平越来越高。由于人口老龄化以及人们对卫生健康服务的需求更加具体、细化，人们对产品的创新要求更高，消费更加理性，产品的更新迭代速度将会加快。由于新型医药技术、生物技术的发展，产品的研发周期也会相应缩短，那么掌握了关键技术、具备较高研发能力的药企将会后劲十足，并代表中国医药企业走向国际市场和国际医药巨头竞争。

三是以需求为导向、向终端下沉的服务型营销模式将成为主流。如何以公司的产品和价值满足消费者需求、实现公司的价值将会成为未来医药企业的普遍价值观念，而不是简单以销售业绩和利润额为依据对公司营销能力进行判断。谁能够把握市场变化，满足消费者差异化的需求，将产品和服务向终端下沉，通过新型物流体系、销售体系，走向药店、网点、社区、农村，走近消费者，提供更加专业、更具针对性、更加全面的产品服务，谁就能获得未来市场。

四是数字化、智能化、信息化将成为企业营销的基本形态。随着数字理念、数字终端、数字平台的普及，数字应用场景已经扩展到人们生活的方方面面，没有数字化、智能化、信息化的营销体系，将会在客户覆盖率、服务精准性、服务效率、产品体验、应用场景、产品流通、消费成本等各个方面处于劣势，除非产品具有完全的不可替代性，不然很难获得客户认可。

五是营销能力的提升必然是公司发展战略、产品竞争实力、经营管理水平、研发创新能力等各方面的综合体现。目前各个医药企业特别是大型医药企业的改革都指向了产品研发和营销能力提升两个方向，特别是营销能力，一方面其反映企业的综合实力和管理水平，另一方面反映产品的竞争优势和发展空间。营销能力的提升也不再是通过单一的模式方法变更、人员扩张、系统平台建立就能实现的，必须作为公司发展的整体战略从全方位规划设计。

参考文献

（一）专著类

［1］胡兵. 企业社会责任、营销战略与企业价值创造［M］. 广州：暨南大学出版社，2020：228.

［2］周三多，陈传明，龙静. 管理学原理［M］. 南京：南京大学出版社，2020：338.

［3］赵晖，汪洋. 现代管理理论与实务［M］. 南京：南京大学出版社，2020：214.

［4］赖文燕，蔡影妮. 现代企业管理［M］. 南京：南京大学出版社，2019：327.

［5］朱金生，张梅霞. 国际市场营销学［M］. 南京：南京大学出版社，2019：312.

［6］钱志新. 数字新经济［M］. 南京：南京大学出版社，2018：97.

［7］袁建伟，丁志刚，庞飞，等. 中国大健康产业发展模式研究［M］. 杭州：浙江工商大学出版社，2017：222.

［8］朱建良，王廷才，李成，等. 数字经济［M］. 北京：人民邮电出版社，2017：293.

［9］丽睿客. 移动互联网时代的健康医疗模式转型与创新［M］. 北京：人民邮电出版社，2017：228.

［31］宋晓晴，唐红梅，苗小刚，等. 新网络营销［M］. 北京：人民邮电出版社，2017：266.

［32］刘冬冬，鲁四海. 赋能数字经济［M］. 北京：人民邮电出版社，2017：224.

［33］孙勇，刘博. 市场营销［M］. 南京：东南大学出版社，2017：250.

［34］吴兴海，杨家诚，张林，等. 互联网＋大健康［M］. 北京：人民邮电出版社，2017：239.

［35］秋叶，刘勇. 新媒体营销概论［M］. 北京：人民邮电出版社，2017：165.

［36］吴宏彪. 医院精细化管理［M］. 北京：新华出版社，2015：210.

［37］文丹枫. 微营销［M］. 北京：人民邮电出版社，2013：225.

［38］Maria Urbaniec. The Digital Economy and the European Labour Market［M］. Taylor and Francis：2022.

［39］Anna Brzozowska，Dagmara Bubel，Larysa Nekrasenko. Organisation Management in the Digital Economy：Globalization Challenges［M］. CRC Press：2021.

[40] Palestinian Digital Economy Assessment [M]. World Bank：2021.

[41] Magdalena Suska，Łukasz Dawid Dąbrowski. The European Union Digital Single Market：Europe's Digital Transformation [M]. Taylor and Francis：2021.

[42] Calderon Cesar，Cantu Catalina. The Impact of Digital Infrastructure on African Development [M]. The World Bank：2021.

[43] Gerard Hastings. Hyperconsumption：Corporate Marketing vs. the Planet [M]. Taylor and Francis：2021.

[44] Richard Afriyie Owusu，Robert Hinson，Ogechi Adeola，et al. Business-to-Business Marketing-An African Perspective：How to Understand and Succeed in Business Marketing in an Emerging Africa [M]. Taylor and Francis：2021.

[45] Ponter M E. Competitive advantage：creating and sustaining superior performance [M]. New York：Free Press，1985.

[46] Hines P. Integrated Materials Management-Redefining The Value Chain [M]. Proceedings of the Thirtieth International MATADOR Conference. 1993.

[47] Shank J K，Govindarajan V. Strategic Cost Management：The New Tool for Competitive Advantage [M]. New York：Free Press，1993.

[48] Richard E Plank，David A Reid，J David Lichtenthal. Fundamentals of Business Marketing Research [M]. Taylor and Francis：2020.

[49] Alan Zimmerman，Jim Blythe. Business to Business Marketing Management [M]. Taylor and Francis：2017.

[50] Balmer John M. T.. Foundations of Corporate Heritage [M]. Taylor and Francis：2017.

二、论文类

[51] 周倩. 我国医药制造企业数字化转型发展探析 [J]. 中国信息化，2021（10）：82-84.

[52] 崔静. 基于消费者画像的企业数字化赋能精准营销研究 [D]. 武汉科技大学，2021.

[53] 马凯. 移动互联网背景下 X 乳业企业营销策略研究 [D]. 山东师范大学，2021.

[54] 朱云霞. “两票制”下的医药企业税务风险评估 [D]. 昆明理工大学，2021.

[55] 蔡晓花. SCWD 生物制药有限公司营销人员薪酬激励研究 [D]. 电子科技大学，2021.

[56] 庹雪姣. GY 医药公司员工激励问题研究 [D]. 贵州财经大学，2021.

[57] 黄海波. FST 动物医药企业渠道管理策略研究 [D]. 贵州财经大学，2021.

[58] 韩东岐. 哈药股份财务战略案例研究 [D]. 哈尔滨商业大学，2021.

[59] 于婧婷. 医药市场营销的策略与发展路径 [J]. 现代营销（学苑版），2021（05）：72-73.

[60] 王文倩．数字经济背景下移动互联网产业价值转移研究［D］．北京邮电大学，2021.

[61] 刘洋．医药企业营销的策略研究［J］．环渤海经济瞭望，2021（03）：50-51.

[62] 程昱．医药企业营销转型［J］．财经界，2021（07）：72-73.

[63] 张伟明．医药行业变革下医药代表及团队管理［J］．中小企业管理与科技（上旬刊），2021（02）：52-53＋56.

[64] 刘洋．医药企业营销目标市场的选择［J］．现代营销（经营版），2021（01）：12-13.

[65] 卢怡阳．分析新媒体时代医药营销模式［J］．营销界，2020（51）：19-20.

[66] 杨斌，王琳．数字经济时代客户服务数字化转型策略研究［J］．东岳论丛，2020（11）：30-38.

[67] 刘洋．医药营销管理中的系统运作模式［J］．商业文化，2020（32）：52-53.

[68] 龚思羽．绿色营销视角下企业环境行为对消费者响应的影响机制研究［D］．吉林大学，2020.

[69] 付晓东．数字经济：中国经济发展的新动能［J］．人民论坛，2020（21）：20-23.

[70] 龙易．电子商务在医药营销中的应用［J］．中国市场，2020（20）：190＋192.

[71] 戚聿东，肖旭．数字经济时代的企业管理变革［J］．管理世界，2020（06）：135-152＋250.

[72] 张峰，刘璐璐．数字经济时代对数字化消费的辩证思考［J］．经济纵横，2020（02）：45-54.

[73] 王梦菲，张昕蔚．数字经济时代技术变革对生产过程的影响机制研究［J］．经济学家，2020（01）：52-58.

[74] 谈在祥，范舜．药品“4＋7”带量集中采购背景下医药企业的挑战与应对［J］．卫生经济研究，2019（08）：13-15＋19.

[75] 张阳．新兴电商营销模式下的企业决策模型研究［D］．南昌大学，2019.

[76] 刘向东，刘雨诗，陈成漳．数字经济时代连锁零售商的空间扩张与竞争机制创新［J］．中国工业经济，2019（05）：80-98.

[77] 贾康．数字经济时代的企业转型［J］．扬州大学学报（人文社会科学版），2019（02）：15-20.

[78] 董小英，胡燕妮，曹珅珅．数字经济时代的知识管理：挑战与趋势［J］．图书情报工作，2019（01）：60-64.

[79] 胡海波，卢海涛．企业商业生态系统演化中价值共创研究——数字化赋能视角［J］．经济管理，2018（08）：55-71.

[80] 李馥伊．中国制造业及其在数字经济时代的治理与升级［D］．对外经济贸易大学，2018.

[81] 孔令全，黄再胜．马克思劳动价值论之数字经济时代拓展——西方资本主义社

会数字劳动价值创造研究［J］．广东行政学院学报，2018（02）：14-21.

［82］费方域，闫自信，陈永伟，等．数字经济时代数据性质、产权和竞争［J］．财经问题研究，2018（02）：3-21.

［83］杨玉奇．新医改背景下医药企业市场营销策略研究［J］．中小企业管理与科技（上旬刊），2017（05）：26-28.

［84］吴瑶，肖静华，谢康，等．从价值提供到价值共创的营销转型——企业与消费者协同演化视角的双案例研究［J］．管理世界，2017（04）：138-157.

［85］袁靖波．企业营销竞争行动、战略群组与销售绩效的关系研究［D］．武汉大学，2016.

［86］何鑫渠．国内医药行业营销策略的现状与优化研究——基于案例对比分析［J］．上海经济，2016（03）：101-109.

［87］郝胜宇，陈静仁．大数据时代用户画像助力企业实现精准化营销［J］．中国集体经济，2016（04）：61-62.

［88］李琛．基于消费者视角的网络制度营销研究［D］．西南财经大学，2015.

［89］徐辉，李长华，彭万程．浅析我国医药企业营销渠道存在的问题及应对策略［J］．对外经贸，2015（06）：129-130.

［90］赵文，马爱霞．我国医药行业发展现状研究［J］．现代商贸工业，2015（03）：4-6.

［91］汲德群．试论企业市场营销战略的创新及其对策［J］．中国商贸，2014（28）：27-28.

［92］许守任．营销探索与开发及其双元性对企业绩效的影响机制［D］．南开大学，2014.

［93］李巍，席小涛．大数据时代营销创新研究的价值、基础与方向［J］．科技管理研究，2014（18）：181-184＋197.

［94］王惊雷．企业微信营销研究及策略分析［J］．价格月刊，2014（09）：68-71.

［95］刘泉红，刘方．中国医药产业发展及产业政策现状、问题与政策建议［J］．经济研究参考，2014（32）：39-67.

［96］周子悦．新环境下基于4R营销理论的药品营销策略选择［J］．时代金融，2014（12）：189-190.

［97］陈宁．营销动态能力与企业绩效关系的实证研究［D］．辽宁大学，2013.

［98］孟令全．我国网上药店管理的影响因素研究［D］．沈阳药科大学，2013.

［99］冯仁涛，张庆，余翔．商标、广告对企业市场价值的贡献研究——基于医药行业的实证分析［J］．管理评论，2013（06）：154-160.

［100］戚蕾，张莉．企业微信营销［J］．企业研究，2013（11）：50-52.

［101］覃凯．微信在企业营销中的利与弊［J］．电子商务，2012（11）：28-29.

［102］王勇，姚燕萍，吴晓明．我国医药企业营销模式的战略选择［J］．中国药事，2012（05）：436-438.

［103］王文涛，付剑峰，朱义．企业创新、价值链扩张与制造业盈利能力——以中国医药制造企业为例［J］．中国工业经济，2012（04）：50-62．

［104］金永生，王睿，陈祥兵．企业微博营销效果和粉丝数量的短期互动模型［J］．管理科学，2011（04）：71-83．

［105］杨宝珍．企业市场营销战略创新［J］．企业经济，2011（05）：76-78．

［106］黄敏，干荣富．新医改政策对医药行业影响分析［J］．中国医药工业杂志，2011（05）：396-399．

［107］朱天博，曲方，宋香云．市场营销组合及影响因素分析［J］．全国商情（理论研究），2010（22）：17-18．

［108］陶婷婷，蒋学华．运用“波特五力模型”分析我国医药企业的发展战略［J］．现代预防医学，2009（01）：69-70＋80．

［109］吴迺峰．中国医药企业营销转型研究［D］．南京农业大学，2008．

［110］常悦，田海玉．我国药品营销现状及发展初探［J］．中国医药技术经济与管理，2008（06）：25-29．

［111］王奕．我国医药生产企业营销渠道存在的问题及解决对策［J］．实用药物与临床，2008（01）：59-60．

［112］毛丽蓉，郑胜华．医药营销渠道模式分析与启示［J］．商场现代化，2007（19）：201-202．

［113］王维刚．中国医药产业成长特征与机理研究［D］．同济大学，2007．

［114］魏中龙．营销组合理论的发展与评析［J］．北京工商大学学报（社会科学版），2006（05）：57-61＋107．

［115］孟令全，刘志刚，施伯琰，等．美国医药电子商务发展情况及其对我国的启示［J］．中国药房，2006（07）：551-553．

［116］朱立．品牌文化战略研究［D］．中南财经政法大学，2005．

［117］刘素芬．从 4P、4C 和 4R 的关系谈中国企业的营销创新［J］．商业经济，2005（02）：118-120．

［118］陈涛，赵军．中国企业营销渠道冲突与管理战略研究［J］．商业经济与管理，2004（06）：4-7．

［119］徐伟青，黄孝俊．口碑传播的影响力要素及其对营销创新的启示［J］．外国经济与管理，2004（06）：26-30．

［120］张庚淼，陈宝胜，陈金贤．营销渠道整合研究［J］．西安交通大学学报（社会科学版），2002（04）：45-48＋57．

［121］刘凤军，雷丙寅，王艳霞．体验经济时代的消费需求及营销战略［J］．中国工业经济，2002（08）：81-86．

［122］吴君杨．网络经济研究［D］．中共中央党校，2002．

［123］王秉安，甘健胜．SWOT 营销战略分析模型［J］．系统工程理论与实践，1995（12）：34-40＋45．

[124] Kaplinsky R. Globalisation and Unequalization: What can be Learned from Value Chain Analysis? [J] Journal of Development Studies, 2000 (2): 117-146.

[125] Flecker J, Schonauer A. Messenger-cross-border Software Development within Converging Value Chains: An Analysis in the Functional Foods and Nutraccutical Industry [J]. British Food Journal, 2007 (1): 76-97.

[126] Rayport J F, Sviokla J J. Exploiting the virtual value chain [J]. Harvard Business School Press, 1999: 35-51.

[127] Saaty T L. Analytic hierarchy process [J]. 2001.

[128] Thomas C L, Kevin P M. Advancing to the virtual value chain: Learning from the Dell model [J]. Irish Journal of Management. 2001 (1): 91-112.

[129] Gereffi G. A Commodity Chains Framework for Analyzing Global Industries [J]. 1999.

[130] Kaplinsky R, Morris M, A Handbook for Value Chain Research [R] Paper for IDRC, Institute of Development Studies, Brighthton, 2001: 102-103.

[131] Gereffi G, Humphrey J, Sturgeon T. The governance of global value chains [J]. Review of International Political Economy, 2005 (1): 78-104.

后 记

现代药企经过多年积累，企业营销无论是从理论还是实践上，都有了丰富的经验和扎实的基础，医药生产企业经历了计划经济、市场过渡、改革深化、创新发展等四个阶段的淬炼之后，营销能力有了大幅度提升，同时每个企业也有了一套自己的营销模式。

在呼啸而来的数字经济时代，企业营销如何有机切入，如何应对新环境、新机遇、新挑战，如何顺应时代潮流、把握市场脉搏、满足人民群众日益增长的高品质医疗需求，是每一个医药生产企业需要认真思考、不断探索且必须回答的课题。

近几年来，笔者利用教学之余，走访了大量医药生产企业，与不少药企销售团队的同行进行了深入交流探讨，这些企业和同行的经营理念、营销模式、工作业绩，让我感受良多，受益匪浅。本书是笔者长期从事医药企业营销管理与教学过程中的总结与汇报，也是在大量调研与实证分析的基础上，对医药企业营销现实困境、可能走向以及营销能力提升途径的探索与思考。

基于数字经济视域下药企营销能力提升这一视角，本书系统梳理了我国医药企业营销的成长历程、行业特征，分析了其发展现状、主要困境以及在数字经济时代面临的机遇与挑战；运用企业管理、经济学、营销学、社会学、统计学、消费心理学等相关理论，阐述了医药生产企业营销能力的主要内涵、基本要求、影响因素；结合三阶段 DEA 模型对当前我国医药生产企业的营销能力进行评价，对数字经济转型和营销能力提升进行了系列探索；同时，结合国外经验和我国云南白药、哈药集团的实践，进行了对比分析，初步形成了数字经济时代医药生产企业营销能力提升的解决方案。

站在时代风口，医药生产企业亟须审时度势，紧跟时代步伐，拿出自我革命的勇气和壮士断腕的胆识，唯有创新发展，才能超越梦想，实现企业经营目标。其一，要紧跟国家政策导向，主动预判政策波动的影响，整合各种资源要素，不断拓展企业营销边界和深度，做好企业运营顶层设计；其二，要坚持以患者为中心，树立科学的营销理念，组建精干高效的营销团队，高度重视客户关系管理，实施有效的营销策略，做好企业内部运营管理；其三，面向数字化经济大潮和疫情防控常态化，需要制定与之相适应的发展策略，主动应变适变，不断优化营销渠道，做好市场细分和客户画像，转换营销模式，建立数字化营销管理考核制度，实现营销驱动；其四，需要加强技术革新，加大研发力度，做好品牌塑造，练好内功，增强企业核心竞争力；其五，需要强化企业公共关系管理能力，加快构建营销危机处理与应对体系，健全数字经济时代的营销保障机制，真实实现数字化转型升级，全面提升企业营销能力。

书稿虽付梓，求索始开篇。由于时间仓促，加之能力和水平所限，本书对数字经济的理解和对医药企业营销能力的提升探索还不够系统深入，个人的思考与体会难免管中窥豹，很多问题的想法可能带有一定的主观性，但好在是个人真实的想法和思考，也希望得到更多专家、同仁的批评与建议。本书在写作中，得到了不少来自医药企业营销专家、同道和高校同行的大力支持、鼓励和无私帮助，特别是要感谢中南大学博士生导师洪开荣教授、湘潭大学出版社编辑丁立松先生大力支持，在此一并致以衷心的感谢！

刘　欢

2022 年 6 月 18 日于长沙

图书在版编目（CIP）数据

营销的力量 : 数字经济时代医药企业营销能力提升研究 / 刘欢著. -- 湘潭 : 湘潭大学出版社, 2022.6
ISBN 978-7-5687-0898-2

Ⅰ. ①营… Ⅱ. ①刘… Ⅲ. ①制药工业－工业企业－营销－研究－中国 Ⅳ. ①F426.7

中国版本图书馆 CIP 数据核字（2022）第 189799 号

营销的力量——数字经济时代医药企业营销能力提升研究

YINGXIAO DE LILIANG——SHUZI JINGJI SHIDAI YIYAO QIYE YINGXIAO NENGLI TISHENG YANJIU

刘欢 著

责任编辑：丁立松 肖 迪
封面设计：张丽莉
出版发行：湘潭大学出版社
社 址：湖南省湘潭大学工程训练大楼
电 话：0731-58298960 0731-58298966（传真）
邮 编：411105
网 址：http://press.xtu.edu.cn/
印 刷：长沙印通印刷有限公司
经 销：湖南省新华书店
开 本：787 mm×1092 mm 1/16
印 张：13.25
字 数：329 千字
版 次：2022 年 6 月第 1 版
印 次：2022 年 6 月第 1 次印刷
书 号：ISBN 978-7-5687-0898-2
定 价：48.00 元